BIBLIOTECA TEOLÓGICA VIDA

6

LAS PARÁBOLAS DE *Lucas*

Un acercamiento literario a través de la mirada de los campesinos de Oriente Medio

Kenneth E. Bailey

La misión de Editorial Vida es ser la compañía líder en comunicación cristiana que satisfaga las necesidades de las personas, con recursos cuyo contenido glorifique a Jesucristo y promueva principios bíblicos.

LAS PARÁBOLAS DE LUCAS:
Un acercamiento literario a través de la mirada de los campesinos
Edición en español publicada por
Editorial Vida – 2009
Miami, Florida

Originally published in the USA under the title:
   Poet & Peasant and Through Peasant Eyes: A Literary–Cultural Approach to the Parables in Luke
   Copyright © 1983 por Wm. B. Eerdmans Publishing Company
Published by permission of Wm. B. Eerdmans Publishing Company

Traducción: *Dorcas González*
Edición: *Anabel Fernández Ortiz y Juan Carlos Martín Cobano*
Diseño interior: *José Luis López González*
Diseño de cubierta: *Pablo Snyder*

ISBN: 978-0-8297-5390-5

CATEGORÍA: Estudios bíblicos / General

LAS PARÁBOLAS DE LUCAS:

Un acercamiento literario a través de la mirada de los campesinos

À Ethel Jean

CONTENIDO

Presentación de la «Biblioteca Teológica Vida»

Cualquier estudiante de la Biblia sabe que, hoy en día, la literatura cristiana evangélica en lengua castellana aún tiene muchos huecos que cubrir. En consecuencia, el mundo de habla hispana muchas veces no cuenta con las herramientas necesarias para tratar el texto bíblico, para conocer el contexto teológico de la Biblia, y para reflexionar sobre cómo aplicar todo lo anterior en el transcurrir de la vida cristiana.

Esta convicción fue el principio de un sueño. La «Biblioteca Teológica Vida» es una serie de estudios bíblicos y teológicos dirigida a pastores, líderes de iglesia, profesores y estudiantes de seminarios e institutos bíblicos, y creyentes en general, interesados en el estudio serio de la Biblia. Antes de publicar esta serie de libros con la editorial Vida, este mismo equipo de traductores preparó los 28 libros de la «Colección Teológica Contemporánea», publicada por la editorial Clie.

Necesitamos más y mejores libros para formar a nuestros estudiantes, líderes de iglesia y pastores para sus ministerios. Y no solo en el campo bíblico y teológico, sino también en el práctico —si es que se puede distinguir entre lo teológico y lo práctico— pues nuestra experiencia nos dice que, por práctica que sea una teología, no aportará ningún beneficio a la iglesia si no es una teología correcta.

En esta «Biblioteca Teológica Vida», el lector encontrará una variedad de autores y tradiciones evangélicos. Todos los autores elegidos son de una seriedad rigurosa y tratan los diferentes temas de forma profunda y comprometida.

Esperamos que estos libros sean una aportación muy positiva para el mundo de habla hispana, tal como lo han sido para el mundo anglófono y que, como consecuencia, los cristianos —bien formados en Biblia y en Teología— impactemos al mundo con el fin de que Dios, y solo Dios, reciba toda la gloria.

Dr. Matt Williams

Editor de la «Biblioteca Teológica Vida»
y de la «Colección Teológica Contemporánea» (editorial Clie)
Profesor en Talbot School of Theology (Los Ángeles, CA., EEUU)
y en IBSTE (Barcelona)

Comentarios del Nuevo Testamento:

Douglas J. Moo, *Comentario de la Epístola de Santiago* (Biblioteca Teológica Vida, Volumen 4, 2009). El objetivo principal de Santiago es la integridad espiritual: hacer una reflexión teológica sobre la vida, pero, a la vez, motivar un estilo de vida de santidad y de obediencia, completamente centrado en Dios, y no en el mundo. Este comentario nos ofrece el contexto histórico, que va seguido del comentario propiamente dicho, donde versículo tras versículo vamos descubriendo cuál fue el mensaje de Santiago, tanto para los lectores originales como para la iglesia de hoy. El autor ha logrado una combinación ideal de exégesis rigurosa y exposición, y acercamiento homilético y devocional. A través de ello nos transmite de forma muy clara cómo aplicar esta epístola a la vida cristiana actual.

Douglas J. Moo es profesor de Nuevo Testamento en Wheaton Graduate School, después de haber enseñado durante más de veinte años en Trinity Evangelical Divinity School, y autor de *Comentario de la Epístola a los Romanos: del texto bíblico a una aplicación contemporánea*, publicado en esta misma colección.

Comentarios Bíblicos con aplicación: Serie NVI:

La mayoría de los comentarios bíblicos solo son un viaje de ida: nos llevan del siglo veintiuno al siglo primero. Pero nos dejan allí, dando por sentado que de algún modo sabremos regresar por nosotros mismos. Dicho de otro modo, se centran en el significado original del pasaje, pero no se adentran en su aplicación a la vida contemporánea. La información que ofrecen es muy valiosa, pero resulta tan solo una ayuda a medias. Los *Comentarios Bíblicos con aplicación: Serie NVI* [The NIV Application Commentary Series] nos ayudan con las dos partes de la tarea interpretativa, es decir, también nos ayudan a aplicar un mensaje de otra época a nuestro contexto actual. No solo nos explican lo que significó para los lectores originales, sino que nos demuestra que también hay un mensaje poderoso para la iglesia de hoy. Para lograrlo, analiza cada pasaje en tres partes: 1) Sentido original, 2) Construyendo puentes,

3) Significado contemporáneo. O sea, esta serie de comentarios comenta el texto en primer lugar. En segundo lugar, explora cuestiones concretas, tanto en el contexto del autor original como en el nuestro, para ayudarnos a entender el sentido completo de cada texto. Y, por último, sugiere cómo entender y cómo vivir hoy la teología que encontramos en aquel libro.

Klyne Snodgrass, *Comentario de Efesios: del texto bíblico a una aplicación contemporánea* (Biblioteca Teológica Vida, Volumen 4, 2009). El Dr. Snodgrass es profesor de Nuevo Testamento en North Park Theological Seminary, Chicago, Illinois.

Douglas J. Moo, *Comentario de Romanos: del texto bíblico a una aplicación contemporánea.* El Dr. Moo es profesor de Nuevo Testamento en Wheaton Graduate School, después de haber enseñado durante más de veinte años en Trinity Evangelical Divinity School, y autor de *Comentario de la Epístola de Santiago*, publicado en esta misma serie.

David E. Garland, *Comentario de Colosenses: del texto bíblico a una aplicación contemporánea.* El Dr. Garland es profesor de Nuevo Testamento en Truett Theological Seminary, Waco, Texas, y autor de numerosos comentarios.

Darrell L. Bock, *Comentario de Lucas: del texto bíblico a una aplicación contemporánea.* El Dr. Bock es profesor de Nuevo Testamento en Dallas Theological Seminary, Dallas, Texas.

Obras bíblicas, teológicas y ministeriales:

Lee Strobel, *El caso del Jesús verdadero: un periodista investiga los ataques más recientes contra la identidad de Cristo* (Biblioteca Teológica Vida, Volumen 3, 2008). La figura de Jesús se ha convertido en el blanco de una guerra intelectual, y recibe continuos ataques desde diferentes flancos: las aulas de las universidades, los *bestsellers*, Internet. Estos violentos ataques contra el retrato tradicional de Cristo han confundido a muchas personas con inquietudes espirituales y han sembrado la duda entre muchos cristianos. Pero, ¿qué ocurre si sometemos todas estas afirmaciones radicales y estas teorías revisionistas a un examen detallado?

En *El caso del Jesús verdadero,* el galardonado editor legal Strobel indaga cuestiones tan polémicas como: • ¿Escondió la iglesia documentos antiguos extra-bíblicos que ofrecían un retrato de Jesús más aproximado que el de los cuatro Evangelios? • ¿Distorsionó la iglesia la verdad sobre Jesús, manipulando los textos antiguos del Nuevo Testamento? • ¿Es cierto que las nuevas explicaciones y descubrimientos desmienten la resurrección? • ¿Son ciertos los nuevos argumentos que dicen que Jesús no es el Mesías? • ¿Adquirió el cristianismo sus ideas básicas de la mitología? Evalúa los argumentos y las evidencias que han presentado ateos prominentes, teólogos liberales, académicos musulmanes y otros. Examínalos cuidadosamente, y luego emite tu propio veredicto sobre *El caso del Jesús verdadero*.

Gordon D. Fee, *Pablo, el Espíritu y el Pueblo de Dios* (Biblioteca Teológica Vida, Volumen 1, 2007). Para la iglesia primitiva, el Espíritu era una presencia que capacitaba a los creyentes, y tal capacitación tenía que ver con el fruto, el testimonio y los dones. El Espíritu es el regreso de la presencia personal de Dios que viene a morar en nosotros (individualmente) y entre nosotros (colectivamente), una presencia que experimentamos y que nos capacita.

Esta obra pretende llevarnos a las Escrituras y, así, fortalecer nuestra visión de la forma en que el Espíritu obra para movilizar a los creyentes en la iglesia local.

Gordon Fee es profesor emérito de Nuevo Testamento en Regent College, Vancouver, Canadá.

Kenneth E. Bailey, *El hijo pródigo: Lucas 15 a través de la mirada de campesinos de Oriente Próximo* (Biblioteca Teológica Vida, Volumen 5, 2009). Del *hijo pródigo*, una de las parábolas más emotivas de Jesús, se ha escrito mucho a lo largo de los siglos. En este libro, Kenneth Bailey vuelve a narrar esta historia tan familiar, y lo hace a la luz de su larga experiencia como misionero y profesor de Biblia entre los campesinos de Oriente Próximo. Bailey conoce cómo es la vida en los pueblos de aquella zona, por lo que su comprensión de la parábola del hijo pródigo arroja mucha luz sobre el significado verdadero de esta parábola de Jesús.

En 2006 la revista *Preaching* le otorgó el premio al «Mejor libro del año para predicadores».

Kenneth E. Bailey vivió y enseñó Biblia durante cuarenta años en Egipto, Líbano, Chipre y Jerusalén. Ha escrito varios libros usando su conocimiento de Oriente Próximo para aportar una mejor comprensión del texto bíblico, entre los cuales está *Las parábolas de Lucas: un acercamiento literario a través de la mirada de los campesinos,* también publicado en esta colección.

Kenneth E. Bailey, *Las parábolas de Lucas: un acercamiento literario a través de la mirada de los campesinos.* La tesis de Bailey en este libro es que el paso del tiempo apenas ha afectado a las aisladas comunidades de campesinos de Oriente Próximo. Por ello, su cultura aún mantiene los valores de las gentes que escucharon a Jesús. Así, es posible averiguar lo que significaban detalles de las parábolas de Jesús para una persona de aquel entonces. Por ejemplo, cuando un amigo viniera a pedir pan en medio de la noche, o un juez se negara a escuchar el caso de una mujer, o alguien rechazara la invitación de un rey al banquete de la boda de su hijo.

Gracias a su experiencia, Bailey está perfectamente capacitado para explicarnos el conocimiento cultural de los que escucharon a Jesús, y el impacto que debieron de causar las parábolas en sus oyentes. Estas explicaciones del trasfondo cultural arrojan mucha luz sobre el significado de las parábolas para aquellos campesinos del siglo primero y, como resultado, sobre su significado para el día de hoy.

Kenneth E. Bailey vivió y enseñó Biblia durante 40 años en Egipto, Líbano, Jerusalén y Chipre. Ha escrito varios libros, incluyendo *El hijo pródigo: Lucas 15 a través de la mirada de campesinos de Oriente Próximo,* también publicado en esta colección.

Craig L. Blomberg, *De Pentecostés a Patmos: una introducción a los libros desde Hechos a Apocalipsis.* Este libro es una introducción al trasfondo y a los contenidos de todos los documentos bíblicos desde

Hechos hasta Apocalipsis. Ayudará a entender mejor los elementos históricos, lingüísticos y teológicos importantes de cada libro.

Para definirlo, Blomberg dice que es una guía que recoge todo lo que los estudiantes de Biblia y Teología necesitan saber sobre estos documentos bíblicos. Después de tratar de forma breve cuestiones introductorias como fecha y autoría, la mayor parte de este volumen es un estudio de los contenidos de cada libro, incluyendo los puntos principales de cada sección, las cuestiones exegéticas distintivas de cada libro y algunas aplicaciones contemporáneas.

Blomberg asegura que aquel que nunca haya estudiado en un seminario, pero que conozca el contenido de este libro, tendrá una excelente base sobre esta parte de la Biblia.

Craig L. Blomberg es profesor de Nuevo Testamento en Denver Seminary y ha escrito numerosos libros, algunos de los cuales se han traducido al español, como por ejemplo *3 preguntas clave sobre el Nuevo Testamento*, publicado en esta colección.

Craig L. Blomberg, *3 preguntas clave sobre el Nuevo Testamento.*

Este libro se enfrenta a tres cuestiones teológicas de conocida dificultad: 1) la fiabilidad histórica del Nuevo Testamento, 2) el debate sobre quién fue el verdadero fundador del cristianismo, Jesús o Pablo, y 3) el modo en que los creyentes del siglo veintiuno hemos de aplicar el Nuevo Testamento a la vida cotidiana. Todo ello lo hace ofreciendo respuestas bien trabajadas y razonadas, que nos ayudan a apreciar el valor de la fe cristiana y a acercarnos a ella de una forma más profunda.

Basado en las investigaciones más serias, pero escrito en un estilo accesible a todos los públicos, este libro es una excelente guía para pastores, estudiantes, y cualquier persona interesada en obtener una mejor comprensión del Nuevo Testamento.

Craig L. Blomberg es profesor de Nuevo Testamento en Denver Seminary y ha escrito numerosos libros, muchos de los cuales se han traducido al español, como por ejemplo *De Pentecostés a Patmos: una introducción a los libros desde Hechos a Apocalipsis*, publicado en esta colección.

Nancy Jean Vyhmeister, *Manual de investigación teológica* (Biblioteca Teológica Vida, Volumen 12, 2009). Nancy Vyhmeister escribió este *Manual* cuando estaba enseñando Teología en Latinoamérica. Más tarde se publicó en inglés, y pronto se convirtió en un libro de referencia para escribir trabajos de investigación en el campo de la religión y la Teología. Vyhmeister ha hecho una revisión profunda de la edición en castellano para una mayor difusión entre los lectores de habla hispana.

Bien organizado, lleno de ejemplos prácticos, y pensado para los estudiantes de Teología, este *Manual* es una herramienta imprescindible para escribir un trabajo concienzudo y bien elaborado.

Vyhmeister te explica paso a paso las diferentes fases:

- la selección del tema y la definición de sus límites
- el uso eficaz de los recursos físicos y electrónicos
- la elaboración de notas claras y relevantes
- la organización de tus pensamientos
- la creación del trabajo, incluyendo notas al pie y bibliografía
- el uso de estadísticas, tablas y gráficos

Nancy Vyhmeister (Ed.D., Andrews University) cuenta con cinco décadas de experiencia enseñando a futuros pastores y profesores no solo en los EE.UU., sino en diferentes lugares del mundo. Ahora que está jubilada, continúa con su ministerio global de enseñanza e investigación. Es autora de varios libros, publicados tanto en castellano como en inglés, como por ejemplo una gramática del griego para estudiantes de habla hispana.

PREFACIO

El compositor compone una canción, y un día la acaba. El escultor trabaja el mármol, y un día termina la estatua. Pero la tarea del exegeta nunca llega a su fin. Lo que puede hacer, como mucho, es detenerse a escribir sus descubrimientos, y hacerlo con mucha cautela, con la esperanza de que serán de utilidad para otros y de que ha sido fiel con lo que ha recibido. Esa es nuestra oración, ahora que concluimos este estudio. Nos preceden y nos seguirán expertos más sabios y más preparados. Las parábolas de Jesús nunca desvelan todos sus secretos a una sola persona. Tan solo podemos invitar al lector a unirse a nosotros en este viaje por el que hemos tenido el privilegio de caminar durante más de veinticinco años. Y nuestro deseo es que mire en la dirección en la que apuntamos y le encuentre sentido.

En cuanto a las citas que aparecen en el texto, hemos procurado que estén debidamente documentadas. Tan solo las traducciones de las versiones arábigas están hechas por un servidor, y yo soy el único responsable en caso haber alguna inexactitud.

La lista de aquellos con los que estamos en deuda es demasiado larga para incluirla en estas páginas. Solo podemos mencionar a algunos de ellos. Estoy profundamente agradecido a mis amigos cristianos árabes, a los que he tenido a mi lado durante más de dos décadas, desde Sudán hasta Iraq. Ellos me han enseñado mucho más de lo que yo les he podido transmitir. También debemos hacer una mención especial de los grandes eruditos cristianos árabes del pasado, como Ibn al-Assal, Ibn al-Salibi e Ibn al-Tayyib. Estos y otros eruditos cristianos árabes del periodo medieval son casi desconocidos, pero estamos en deuda con ellos por sus traducciones de la Biblia y sus comentarios. También hemos de dar las gracias al Museo Británico, a la Biblioteca Nacional de París y a la Biblioteca del Vaticano por permitirnos el acceso a los microfilmes de sus obras.

Dirijo un agradecimiento especial a la gente de la Iglesia Presbiteriana St. Stephen de Oklahoma City, en EE.UU., por sus generosos donativos que han hecho posible que pudiéramos conseguir los recursos necesarios para nuestra investigación. Además, nos animaron enormemente cuando, en forma de conferencias, les presentamos la mayor parte del material que ahora aparece en este libro. Mis colegas y estudiantes de la Escuela de Teología de Oriente Próximo aquí en Beirut siempre han sido un foro creativo para el estudio de las parábolas. Y no tengo palabras suficientes para expresar mi gratitud a mi esposa Ethel quien, además de regalarme su amor, crítica constructiva y ánimo, ha corregido mi torpe escritura. A ella le dedico esta obra, con todo mi afecto.

Beirut, Líbano
Otoño, 1979

Nota del Editor de la edición en castellano

Aunque siempre que ha sido posible hemos intentado seguir la versión NVI de la Biblia, al ser este un libro que hace mucho análisis textual, para poder seguir la argumentación del autor, en muchos casos hemos tenido que hacer una traducción de la versión bíblica que él usa, o una traducción de su traducción.

Nótese que el capítulo 11 no aparecía originalmente en este libro, sino que es el capítulo 6 de otra obra de K.E. Bailey titulada *Poet & Peasant*. Hemos creído interesante incluirlo en este libro.

INTRODUCCIÓN

En un reciente artículo de investigación, Walter Brueggemann hace un comentario sobre lo que él llama «la crisis de las categorías» de los estudios bíblicos. Brueggemann observa de forma inteligente:

> Cualquiera que intenta enseñar las Escrituras en el aula hoy es consciente de lo impacientes que los estudiantes se muestran con los métodos académicos, pues estos les resultan pedantes, se centran en cuestiones secundarias y no logran llegar a los elementos clave del material (Brueggemann, 432).

El autor citado expresa una preocupación por «la vitalidad y el dinamismo» (*Ibíd.*). En este estudio usamos los métodos académicos, pero a la vez intentamos llegar a «los elementos clave del material». Este estudio está escrito desde dentro del «círculo hermenéutico», es decir, desde la familia de la fe hacia la comunidad de creyentes, con la esperanza de recuperar algo de la «la vitalidad y el dinamismo del texto» que uno encuentra cuando se acerca a él teniendo en cuenta la cultura de Oriente Próximo. Nuevas realidades salen a la luz cuando tomamos en serio ese contexto y lo tenemos en cuenta a la hora de analizar tanto la forma como el contenido. El propósito de este estudio es, por tanto, redescubrir todo lo que perdemos cuando no tenemos en cuenta el mundo en el que el texto fue escrito. La comunidad de creyentes desde la que escribo es la comunidad árabe cristiana de Oriente Próximo. Vivo y trabajo en medio de esta comunidad desde hace treinta años. Ellos son mi familia en la fe más cercana. Aunque en nuestro estudio no vamos a evitar las cuestiones más polémicas, no es nuestra intención recoger ni debatir todas las opiniones académicas más recientes. Por ello, el lector no encontrará en esta obra mucha de la documentación típica de una publicación especializada. Ya realicé un acercamiento más técnico a las parábolas en mi obra anterior (Bailey, *Poet*). [*Nota del Editor*: al final del libro hemos incluido un capítulo de esa obra anterior de Bailey]. No tengo palabras para expresar lo agradecido que estoy a las obras de otros estudiosos; no obstante, nuestro propósito no ha sido hacer un compendio de las interpretaciones ya existentes, sino aportar *nuevos datos*.

La mayor parte del estudio sobre las parábolas se ha centrado en las cuestiones que tienen que ver con su redacción: la forma en la que cada uno de los evangelistas usa, recopila o crea un material al servicio de su interés teológico particular para cubrir las necesidades de la iglesia de su tiempo. En este estudio examinamos diez de las parábolas de Jesús como relatos palestinos que forman parte de su ministerio. Se podría argumentar que se trata de un material creado o manipulado en gran parte por la comunidad palestina en obediencia al Señor resucitado que continúa enseñándoles a través del Espíritu. Como ha dicho Bultmann, el material que surge del Jesús histórico es culturalmente indistinguible de cualquier creación de la comunidad palestina (Bultmann, *Jesus*, 12-14). Sin embargo, después de vivir durante muchos años en una comunidad campesina y de tradición oral de Oriente Próximo, no encontramos ninguna razón convincente para cuestionar que el creador de las parábolas de los Evangelios fue el mismo Jesús de Nazaret. Ciertamente se trata de un material palestino. No hay duda de que los evangelistas usaron este material con unos propósitos teológicos concretos. Pero creemos que el hecho de que usaran este material no oscurece de forma significativa la intención original del mismo, intención que podemos determinar cuando examinamos cuidadosamente la forma literaria y la cultura subyacente. La búsqueda de la teología de los evangelistas realizada por la Crítica de la redacción es una búsqueda válida y digna de esfuerzo, pero no es el tema que nos ha movido a nosotros. El objetivo de nuestro estudio es el escenario original palestino junto con el contenido teológico atemporal. Hemos elaborado este estudio con la firme convicción de que la forma literaria de las parábolas y la cultura que hay detrás de ellas merecen una mayor atención de la que los estudios contemporáneos les han prestado hasta ahora. Nuestro deseo es que esta obra sea comprensible para el lector no especializado y, también, de interés para el especialista.

Antes de adentrarnos en la tarea mencionada es necesario aportar algunas definiciones y algunos apuntes sobre la metodología. Empezaremos con la espinosa pregunta: «¿Qué es una parábola?».

¿QUÉ ES UNA PARÁBOLA?

Existe un gran debate en torno a esta pregunta. Hay estudiosos que dicen que en los Evangelios Sinópticos hay más de setenta parábolas y, otros, que no hay más de treinta. Para clasificar los tipos de parábolas, los intérpretes han usado diferentes categorías como parábola, símil, ilustración, etcétera. En ese sentido, Jeremias, el intérprete de las parábolas más influyente del siglo XX, comenta:

> Este término [parábola] designa figuras retóricas de toda clase, sin que se pueda establecer un esquema: símil, comparación, alegoría, fábula, proverbio, revelación apocalíptica, enigma, seudónimo, símbolo, ficción, ejemplo (paradigma), motivo, argumentación, disculpa, objeción, chiste (Jeremias, *Parábolas*, 24-25, p. 20 de la edición en inglés).

Teniendo esto en mente, nosotros preferimos centrarnos en la *función* que la parábola tiene en el texto del Nuevo Testamento, en lugar de centrarnos en los diferentes tipos. Así, enseguida queda claro que las parábolas no son ilustraciones. Manson describe esta idea de una forma muy profunda cuando comenta que «las mentes formadas al modo del pensamiento occidental» están acostumbradas a los argumentos teológicos expuestos de forma abstracta. Entonces, para ayudar a «popularizar esas conclusiones», se pueden ilustrar con referencias de la vida cotidiana. Pero:

> La verdadera parábola … no es una ilustración para ayudarnos a entender una argumentación teológica, sino que es un modo de experiencia religiosa (Manson, *Teaching*, 73).

Una parte de lo que entiendo que Manson está diciendo quizá pueda verse mejor creando una comparación. En Lucas 9:57-58 el texto dice: «Iban por el camino cuando alguien le dijo: "Te seguiré a dondequiera que vayas"». Si Jesús hubiera sido de Occidente, habría contestado algo parecido a esto:

> Es fácil hacer declaraciones así de valerosas, pero tienes que considerar seriamente el precio que vas a tener que pagar para seguirme. Es evidente que aún no lo has pensado bien. Tienes que saber que no te puedo ofrecer un salario ni ningún tipo de seguridad. Si no lo has entendido bien, quizá sea útil utilizar una ilustración: por ejemplo, ni siquiera tengo una cama propia donde dormir.

Pero Jesús responde:

> Las zorras tienen madrigueras y las aves tienen nidos, pero el Hijo del hombre no tiene dónde recostar la cabeza (Lucas 9:58).

En lugar de contestar con una explicación abstracta seguida de una ilustración clarificadora, Jesús recurre a una confrontación directa, pronunciada de forma sucinta y drástica. La respuesta parabólica está impregnada del carácter sublime de Jesús. El oyente/lector queda impactado y se siente llamado a responder. Las implicaciones teológicas obligan a nuestra mente a pensar en las diferentes direcciones que podemos tomar. El texto no incluye la respuesta de aquel discípulo. Le toca responder al lector. Todo esto ocurre en un instante, en un intenso enfrentamiento. ¡Esto es una parábola! Pensar que podemos captar todo lo que ocurre en una parábola en una definición abstracta es no haber entendido la naturaleza de este rico recurso literario. No obstante, lo hemos de intentar.

Las parábolas de Jesús son una forma de lenguaje teológico concreta y dramática que apremia al oyente a dar una respuesta. Las parábolas revelan la naturaleza del reino de Dios o indican la forma en la que un hijo del reino debería actuar. Con esta definición en mente, ahora toca preguntarnos dónde están las parábolas.

LAS PARÁBOLAS ESTÁN DONDE LAS ENCUENTRAS

En cuanto a los formatos en los que encontramos las parábolas de Jesús, hay al menos seis tipos diferentes. Para su interpretación, es crucial ver de qué forma funcionan en cada uno de los diferentes escenarios. Los seis escenarios son los siguientes:

1. La parábola en un diálogo teológico
2. La parábola en la narración de un suceso
3. La parábola en el relato de un milagro
4. La parábola en una colección temática
5. La parábola en un poema
6. La parábola aislada

Cada uno de ellos requiere un breve análisis. Un ejemplo del primer escenario lo encontramos en la discusión teológica entre Jesús y el joven rico (Lc 18:18-30). El clímax de la discusión llega, como ya veremos, con la narración de la parábola del camello y la aguja. La función de la parábola es clave como clímax del escenario en el que aparece, y no la podemos analizar si no tenemos en cuenta dicho escenario.

El banquete en casa de Simón el fariseo (Lc 7:36-50) es un ejemplo de una parábola en la narración de un suceso. La parábola del acreedor y los dos deudores funciona como parte de la narración del suceso. Hay diálogo, pero el elemento central de la escena está formado por las acciones calladas de la mujer.

El relato de la curación de la mujer que estaba encorvada por causa de un demonio (Lc 13:10-17) se convierte en un debate teológico entre el principal de la sinagoga y Jesús, por lo que se solapa con el tipo 1. Sin embargo, se encuentra dentro de la narración de un milagro, y de nuevo la parábola del buey y del burro funciona como una parte clave del todo.

En Lucas 11:1-13 encontramos una colección temática sobre el tema de la oración. La parábola del amigo a medianoche (Lc 11:5-8) es una parte de esa colección. En este tipo de colección, se debe distinguir entre las diferentes unidades de la tradición que se han incluido en la colección. Es decir, dado que se trata de una agrupación de diversos dichos sobre un tema concreto, es fácil no percibir el lugar en el que debería haber un cambio de párrafo y, por tanto, es muy fácil hacer una interpretación errónea del material (cf. Bailey, *Poet*, 110ss., 134ss.).

En Lucas 11:9-13, encontramos un poema cuidadosamente elaborado sobre la oración. En la estrofa central del poema, Jesús introduce tres parábolas sorprendentes (*Ibíd.*, 134-141). Su función en ese punto climático es la clave para entender todo el poema.

Por último, en algunas ocasiones podemos encontrar una parábola de forma aislada. En Lucas 17:1-10 aparecen tres temas que se suceden de forma rápida, y cada uno de ellos tiene algo de discurso parabólico. La primera es la parábola de la piedra de molino y el tema del juicio sobre el temperamento. Le sigue la parábola del grano de mostaza y el clamor de los apóstoles pidiendo más fe. Por último aparece la dramática parábola del siervo obediente en los vv. 7-10. Las tres están relativamente aisladas, no poseen una clara conexión con lo que las rodea, ni tienen un contexto concreto.

Así, en todos menos en el último tipo, la parábola funciona como parte crucial de la unidad literaria a la que pertenece, unidad que debe examinarse cuidadosamente para determinar el sentido de la parábola. Con estas definiciones de «la parábola en el Nuevo Testamento» y «dónde las podemos encontrar», pasamos a preguntarnos cómo debemos interpretarlas.

LA INTEPRETACIÓN DE LAS PARÁBOLAS

La literatura sobre este tema es tan extensa que puede llevar al intérprete a la desesperación. En esta sección no vamos a hacer un recopilatorio de todo lo que ya se ha dicho, sino que propondremos nuestra perspectiva particular desde el análisis de la cultura de Oriente Próximo e indicaremos nuestra propia metodología. Es necesario explicar algunos aspectos de la interpretación de parábolas. La primera idea consiste en ver la parábola como una pieza teatral dentro de otra pieza teatral.

(1) Una pieza teatral dentro de otra pieza teatral

En su famosa obra *Hamlet*, Shakespeare usa el fenómeno relativamente poco común de una pieza teatral dentro de la pieza teatral mayor. En el acto 3, escena 2, Hamlet está desesperado por «apelar a la conciencia del rey». Hamlet hace entrar a una tropa de actores para que interpreten el asesinato de su padre, perpetrado por el rey. El espectador de esta escena está siguiendo la acción en dos niveles. Por un lado, la actuación de los actores. Por otro, el conflicto entre Hamlet y su tío el rey. Hamlet usa a los actores y su actuación para transmitirle algo a su tío. Mientras los actores continúan con su «pieza teatral dentro de la pieza teatral principal», nosotros, el auditorio, pasamos de centrarnos en esa actuación a centrarnos en Hamlet y su tío.

En las parábolas de Jesús ocurre algo similar. La *pieza teatral* tiene lugar entre Jesús y sus oyentes. En muchas ocasiones, su auditorio está compuesto por sus enemigos teológicos y, por eso, nos encontramos inmersos en un tenso conflicto. Normalmente, la *parábola* aparece como «la pieza teatral dentro de una pieza teatral». Es decir, tal como lo expresa Hunter, las parábolas son «armas de guerra en una gran campaña contra los poderes de las tinieblas que llevaron a Jesús a la cruz» (Hunter, *Then*, 9). En algunos casos, como en la escena en casa de Simón el fariseo, tenemos toda la pieza teatral mayor (una escena relativamente larga) y dentro de esa pieza aparece la parábola. En otros casos, la «pieza» es bastante corta, como en Lucas 18:9, donde se reduce a una parte del versículo. A veces, ni siquiera aparece, como en Lucas 17:7-10. Siempre que sea posible hemos de establecer quién es la audiencia e intentar entender la actitud de la audiencia original ante el tema de la parábola. Algunos estudiosos creen que estos escenarios de las parábolas se añadieron posteriormente y que debemos ignorarlos para así poder descubrir el mensaje original de la parábola. Es cierto que los escenarios son obra del evangelista o su fuente. No obstante, ¿no es nuestra responsabilidad tomar en serio dichos escenarios y ver si nos ayudan a entender el mensaje original de la parábola? Es decir, puede que hayan sido escritos por cristianos de la iglesia que se formó después de la resurrección de Jesús. Es muy probable que se trate de interpretaciones.

Pero, ¿no es posible que sean interpretaciones *correctas*? ¿No es posible también que algunos de estos escenarios formaran parte junto con las parábolas de la tradición que se transmitió? Este estudio está elaborado dando por hecho que eso es perfectamente viable. Por tanto, hay dos niveles de interés que no podemos perder de vista: el debate teológico entre Jesús y sus oyentes y el uso que Jesús hace de las parábolas para transmitir algo a sus oyentes sobre el debate en cuestión. Eso nos lleva a considerar otro aspecto de la relación entre Jesús y su auditorio: la relación entre el narrador de historias y sus oyentes.

(2) El narrador de historias y su oyente

Si un inglés oye a otro inglés que narra una historia sobre los días del rey Arturo y su corte, entre el narrador y el oyente se da una conexión mental invisible. Todos los ingleses saben cómo actúan los personajes en el mundo de los caballeros y de la mesa redonda. Se espera que el caballero Lancelot respete a las damas, obedezca al rey, rescate a los oprimidos y proteja su propio honor. Es como si el narrador tuviera una «música de fondo» que acompañara su narración. Esa música de fondo está compuesta por las costumbres y conductas de los días del rey Arturo. La idea principal, el clímax, los toques de humor y la ironía se pueden percibir por «las variaciones musicales de un tema», es decir, al cambiar, reforzar, rechazar, intensificar, etcétera, las costumbres y conductas conocidas. Imaginémonos a un inglés que le cuenta la misma historia sobre el caballero Lancelot a un auditorio formado por esquimales de Alaska. Está claro que la «música de fondo» no se oirá porque esta solo existe en las mentes de los oyentes ingleses que tienen la misma historia y la misma cultura que el narrador. En el caso de las parábolas de Jesús, *nosotros somos los esquimales*. Los que pudieron escuchar la «música de fondo» de las parábolas fueron los campesinos palestinos del siglo I. Nosotros los occidentales nos encontramos muy lejos, tanto en tiempo como en espacio. Han pasado dos mil años, y nuestra cultura occidental es muy diferente a la cultura oriental. Entonces, ¿qué tenemos que hacer?

(3) Descubrir cómo era esa cultura de oriente próximo que nos aporta información sobre las parábolas

El principal objetivo de este estudio es intentar oír de forma más precisa la «música de fondo» que acompaña a las parábolas. Yo, el autor de esta obra, ya he dedicado veinticinco años de mi vida a esta tarea y soy totalmente consciente de sus peligros y dificultades. Brevemente, diré que el método que hemos desarrollado consiste en hacer uso de cuatro herramientas. En primer lugar hemos comentado los aspectos culturales de cada parábola con un amplio círculo de amigos de Oriente Próximo cuyas raíces están en poblados tradicionales y aislados; así, intentamos averiguar la comprensión del campesino palestino que en muchos sentidos aún vive como se hacía en el pasado. En segundo lugar hemos examinado cuidadosamente las cuatro traducciones del Nuevo Testamento en siríaco y en árabe para averiguar la forma en la que los cristianos en esta parte del mundo han entendido el texto desde el siglo II hasta nuestros días. Somos conscientes de que la traducción *siempre* es interpretación. Antes de traducir el texto, el traductor debe decidir qué significa dicho texto. Antes de llegar a un nuevo idioma, la parábola pasa por la mente del traductor. Cuando uno hace una lectura pausada de una serie de esas de traducciones puede aprender mucho sobre la forma en la que las gentes de Oriente Próximo han entendido un texto dado. En tercer lugar, hemos intentado encontrar en la literatura paralelos tan próximos al Nuevo Testamento como nos ha sido posible. La última tarea consiste en examinar con esmero la estructura literaria de la parábola o del pasaje de la misma.

Tres de estas cuatro herramientas no deberían plantearnos ningún problema. Está claro que con esfuerzo es posible entender la estructura literaria de un pasaje, examinar los paralelos literarios que encontramos en otros escritos y tener en cuenta las traducciones a los idiomas de la zona geográfica de la que estamos hablando. Pero el principio de «comentar los aspectos culturales de las parábolas» con los campesinos contemporáneos siempre suscita la siguiente pregunta: «¿Cómo sabemos que la cultura de los campesinos de Oriente Próximo no ha cambiado con el paso de los siglos?». Obviamente, no hay problema si podemos encontrar en la literatura antigua un patrón cultural que aún se conserva en los poblados tradicionales de Oriente Próximo. Por ejemplo, observamos que el patriarca del poblado siempre que va por la calle camina a un ritmo lento y pomposo para preservar su honor. El padre del hijo pródigo *salió corriendo* para abrazar a su hijo (Lc 15:20). Hoy en día, para el patriarca del poblado, correr por la calle sería humillante y degradante. ¿Sería lo mismo en tiempos de Jesús o habrá cambiado este patrón de conducta? En este caso somos afortunados. Ben Sirá, erudito de Jerusalén de principios del siglo II d.c. nos dice, hablando del hombre sabio, que «todo su porte revela lo que él es» (*Eclesiástico* 19:30). Así, la literatura anterior al Nuevo Testamento nos confirma lo que descubrimos hoy en los poblados aislados del norte de Siria e Iraq, en las tierras altas de Galilea y en el sur de Egipto. Pero, ¿qué ocurre cuando no encontramos nada en la literatura cercana en el tiempo al Nuevo Testamento? ¿Y qué ocurriría si Ben Sirá no hubiera escrito *Eclesiástico*? ¿Podríamos fiarnos de lo que observamos en nuestros tiempos? En este estudio somos conscientes de que este es un problema del que no podemos escapar. Escogemos sugerir una interpretación con la esperanza de que de forma milagrosa aparezca un rollo del Mar Muerto que conteste nuestras preguntas. Interpretar una parábola es escoger un camino a través de un bosque de opciones, cada una de las cuales está condicionada culturalmente. Es decir, si no hubiéramos encontrado el texto del *Eclesiástico* que confirma la importancia del porte también en la Antigüedad, ¿qué ocurriría? Entonces diríamos: «En ese caso, ¡no podríamos entender el significado de la carrera que el padre del hijo pródigo protagoniza!». Pero decir eso es hacer un juicio cultural. En este caso, el juicio consiste en decidir que esa carrera no tiene ningún significado. Y lo que hacemos es caer de nuevo de forma inconsciente en nuestro pensamiento y cultura occidentales, en los que basamos nuestra interpretación. Los estadounidenses ven a las personas que aparecen en las parábolas como si fueran estadounidenses (es decir, como si actuaran como los estadounidenses); los franceses, los ven como franceses; y los alemanes, como alemanes. Así que, cuando no hay alternativa, lo más sabio al parecer es partir de la base del patrón cultural de Medio Oriente, aunque sea el patrón de la actualidad, y tener en cuenta que, si encontramos más evidencias, puede que estas confirmen nuestras presuposiciones, pero también podría ser que las tuviéramos que revisar o, incluso, abandonar. Mientras tanto, pongamos todo nuestro empeño en trabajar lo mejor que podamos. La pregunta no es si al interpretar vamos a hacer juicios culturales o no. Lo que tenemos que preguntarnos es: ¿qué cultura debemos tener en cuenta a la hora de interpretar? ¿La nuestra o la de otros?

Quizá podamos clarificar esta situación por medio de otra ilustración. El occidental lee Lucas 2:7, «[María] lo acostó en un pesebre», y da por sentado que Jesús nació en un establo porque, claro está, los pesebres están en los establos. Lo sepamos o no, este juicio es una decisión condicionada por nuestra cultura (porque nosotros guardamos los animales en establos). Sin embargo, un granjero palestino lee el mismo texto y da por sentado que Jesús nació en una casa particular. En Oriente Próximo, las casas de los poblados son de una habitación con dos niveles: en el de abajo se guarda por la noche al burro y a la vaca, y en el de arriba vive la familia. Los pesebres están en el segundo nivel, que se construyen en el suelo del lado más próximo a los animales. Por lo que el campesino de Oriente Próximo lee el mismo texto y decide que Jesús nació en un hogar. Aquí en Oriente Próximo he visto casas del siglo XI con pesebres construidos en el suelo. Esta es la evidencia más temprana que puedo aportar. Nos quedan, por tanto, tres opciones:

1. Podemos seguir centrados en nuestra cultura occidental y seguir con nuestra interpretación tradicional de que Jesús nació en un establo.

2. Podemos decir: «No tenemos ninguna evidencia del siglo I sobre el lugar en el que se guardaban los animales, por lo que no podemos saber dónde nació Jesús. Como no hemos encontrado ninguna evidencia cercana a la fecha del nacimiento de Jesús, no podemos hacer ningún tipo de sugerencia. Así, Lucas 2:7 debe considerarse como un texto que no se puede interpretar».

3. Podemos decir tímidamente: «*Sabemos* que el campesino de Oriente Próximo no ha cambiado su modo de vida desde el siglo XI, y es razonable dar por sentado que lo mismo ocurrió en los siglos anteriores. La presuposición de que Jesús nació en una casa particular encaja con el texto y con todo lo que sabemos sobre la naturaleza de la sociedad de Oriente Próximo, por lo que no hay razón para no usar las evidencias que tenemos y afirmar que Jesús nació en una casa particular».

La pregunta sobre el lugar en el que Jesús nació, si en un establo o en una casa particular, no es realmente importante (cf. Bailey, *Manger*). En el caso de Lucas 2:7, si escogemos la segunda opción y nos negamos a hacer ningún tipo de interpretación, no se pierde demasiado. Pero en el caso de las parábolas se pierde mucho, porque gran parte de las enseñanzas de Jesús nos ha llegado en forma de parábola. Negarse a interpretarlas por falta de evidencias es algo impensable. También es totalmente inaceptable continuar imponiendo sobre las parábolas nuestra propia cultura. La tercera opción representa y se convierte en la presuposición metodológica que aplicaremos en este estudio cuando, y solo cuando, no haya otras evidencias. Resumiendo, las parábolas son historias sobre gente que vivió en un tiempo concreto y en un lugar concreto. Al interpretar esas historias, tomaremos decisiones que estarán culturalmente influenciadas. Usaremos *todas* y *las mejores* evidencias que estén a nuestro alcance aunque estén incompletas. Por último, ¿qué tipo de cuestiones culturales hemos de tener en cuenta?

Para poder entender la cultura que hay detrás de las parábolas tenemos que tener en cuenta la cuestión *interna*. Nuestro interés principal no está en la geografía, la vestimenta, las costumbres formales, el tiempo atmosférico o los periodos agrícolas, sino en la forma en la que los oyentes reaccionaban, qué sintieron y cómo respondieron. Concretamente, para poder oír esa «música de fondo» que acompaña a las palabras del narrador de las parábolas, tendremos que hacer cinco preguntas en su debido momento. Y estas preguntas tienen que ver con *la respuesta, los juicios de valor, las relaciones, las expectativas* y *la actitud.* ¿Cómo se espera que un padre *reaccione* y *responda* cuando su hijo menor le pide su parte de la herencia siendo que el padre aún está vivo? ¿Cuál es la *relación* entre un amo y un sirviente? ¿Qué *juicios de valor* hacen los oyentes cuando los invitados deciden no ir al banquete? ¿Cuál es la *actitud* de las gentes de Oriente Próximo hacia los gobernantes imperialistas? ¿Qué tipo de héroe *esperan* los oyentes en la parábola del buen samaritano? A veces usamos estas preguntas pensando en los protagonistas de las parábolas. Otras veces, pensando en los oyentes. Ambas serán cruciales para la interpretación.

Algunos objetan diciendo que ese tipo de preguntas son un intento de psicoanalizar a los personajes de las parábolas, y un proceso así no es legítimo. Sin embargo, todo oyente de cualquier cultura tiene una compleja serie de actitudes, juicios de valor, reacciones previsibles, etcétera (la «música de fondo» de la que hablábamos anteriormente). Este mismo principio de la comunicación también se dio entre Jesús y sus oyentes. Es obvio que, para averiguar el significado original, hemos de buscar en aquella red de comunicación. Ahí es donde la teología de la parábola está encerrada, y si no hacemos estas preguntas estaremos imponiendo nuestra propia cultura y, por tanto, no llegaremos a comprender el dinamismo de la parábola. Lo que pretendemos no es especular sobre lo que hay en las mentes de los personajes de las parábolas, sino averiguar cuál era la respuesta natural en Oriente Próximo a las situaciones humanas que aparecen en ellas.

(4) Estructura literaria

A la investigación de la estructura literaria en la literatura bíblica se la ha llamado la Crítica de la Retórica. Se trata de una campo amplio y aún en desarrollo que ya describí en mi otro libro (Bailey, *Poet*, 44-75), por lo que ahora solo incluiré algunos apuntes introductorios a esta importante disciplina.

Estamos intentando descubrir las repeticiones de palabras y expresiones y la importancia que estas tienen para la interpretación. Las formas básicas de estas repeticiones las encontramos en el Antiguo Testamento. Ahora veremos algunas, que nos servirán de ilustración y de las que extraeremos algunas definiciones.

Los libros poéticos del Antiguo Testamento, junto con la mayoría de los escritos proféticos y muchas secciones de otros libros, hacen un amplio uso del paralelismo hebreo. Este recurso literario consiste en la utilización de dos versos relacionados entre sí de una forma especial. El segundo verso puede ser sinónimo del primero, y en tal caso recibe el nombre de «paralelismo sinónimo». Cuando el segundo verso es lo opuesto al primero se le llama «paralelismo antitético». El segundo verso también puede ser el clímax o una ilustración del primero, o completarlo de algún modo. Este paralelismo a veces se llama «sintético».

Usando este paralelismo de dos versos como herramienta, los poetas del Antiguo Testamento desarrollaron básicamente tres estilos literarios para relacionar las partes del paralelismo. Los hemos llamado paralelismo *estándar*, paralelismo *invertido* y paralelismo *escalonado*. En Isaías 55:6-10 aparecen estos tres recursos literarios. El autor empieza (en los vv. 6 y 7) con tres paralelismos *estándar*. En los tres, la idea del primer verso se repite en el segundo:

A   Busquen al Señor mientras se deje encontrar,
A   llámenlo mientras esté cercano.
B   Que abandone el malvado su camino,
B   y el perverso sus pensamientos.
C   Que se vuelva al Señor, y de él recibirá misericordia,
C   a nuestro Dios, que es generoso para perdonar.

En los versículos 8 y 9, el autor usa el paralelismo *invertido*, que se puede ver mejor si se ordena el texto de la siguiente forma:

A   Porque mis pensamientos no son sus pensamientos,
    B   ni sus caminos son mis caminos —afirma el Señor—.
      C Así como los cielos son más altos que la tierra
    B   mis caminos son más altos que sus caminos;
A   y m*is pensamientos*, que *sus pensamientos*.

Aquí también tenemos parejas de versos, pero el autor les ha dado un orden diferente (tal y como indica la cursiva). La idea de «mis pensamientos/sus pensamientos» aparece al principio y se repite al final. La idea de «mis caminos/sus caminos» aparece en los versos dos y cuatro.

La ilustración/parábola de los cielos y la tierra aparece en el medio. Seguimos estando ante un paralelismo, pero ante uno *invertido*.

En los versículos 10 y 11, Isaías pasa al paralelismo *escalonado*:

A   Así como la *lluvia* y la *nieve descienden del cielo*,

   B   y *no vuelven* allá sin regar antes la tierra

      C   *y hacerla fecundar* y *germinar*

         D   *para que dé semilla* al que siembra y pan al que come,

A   así es también la *palabra que sale de mi boca*:

   B   *No volverá* a mí vacía,

      C   sino que *hará lo que yo deseo*

         D   y *cumplirá con mis propósitos*.

Los cuatro versos del segundo versículo coinciden con los cuatro versos del primer versículo, ofreciéndonos un esquema escalonado (ABCD—ABCD), por lo que este recurso poético se puede llamar paralelismo *escalonado*. El primer verso de cada estrofa habla de algo que «sale». El segundo, de que «no vuelve». Y los dos últimos nos presentan los resultados.

Estos tres recursos estilísticos se pueden usar en distintas combinaciones, pero la estructura literaria básica está conformada por los tres paralelismos que acabamos de recoger. Dentro del paralelismo *invertido* (a veces llamado quiasmo) se puede dar una gran variedad de esquemas. Por lo que hemos de dedicar algo más de espacio a este recurso.

El texto de Isaías 55:8-9, que acabamos de analizar, es un claro ejemplo de paralelismo invertido. En este caso tenemos pareados en los que los versos se relacionan de forma invertida. En la literatura bíblica, la inversión de conceptos a veces va más allá de los simples paralelismos. No solo encontramos pareados, párrafos e incluso capítulos que se han compuesto sobre la base de una serie de ideas que luego se repiten de forma invertida; también hay libros enteros que se han escrito siguiendo ese patrón (cf. Bertram, 165-68). Por tanto, nos vemos obligados a ir más allá del paralelismo invertido y hablar del *principio de inversión*. En la ilustración de los tres pareados de paralelismo *estándar* que acabamos de ver (Is 55:6-7), Isaías ha usado el principio de inversión. Empieza en el primer pareado haciendo un llamamiento a buscar al Señor. El segundo pareado les dice a los malvados qué deben abandonar. En el tercer pareado volvemos a la idea del primero. Con frecuencia (aunque no en este caso), el autor coloca el clímax en el centro, antes de empezar a repetir. También a menudo, la parte central está relaciona con el principio y con el final de alguna forma concreta. Justo después de la parte central puede darse un *punto de inflexión* que hace que la segunda mitad sea considerablemente diferente de la primera. Como vemos, había una gran variedad de formas en las que el autor podía destacar su mensaje por medio de la inversión. Cuando nos encontramos estos recursos retóricos, sabemos que son importantes para entender el texto en el que aparecen. Así que ahora nos preguntamos: ¿cuál es su importancia en las parábolas?

En tres de los pasajes seleccionados para este estudio, la parábola forma parte de un diálogo teológico. En dos de ellos (Lc 7:36-50; 18:18-30), la parábola en sí aparece exactamente en el centro del diálogo y este se ha estructurado siguiendo el principio de inversión. Lo más frecuente es que las parábolas se organicen en una serie de escenas breves o estrofas. A este fenómeno lo llamo *balada parabólica* (Bailey, *Poet*, 72ss.). No podemos probar de forma concluyente si esta forma literaria es o no intencional. No obstante, el movimiento de la parábola se estructura claramente en torno a estas escenas. Por tanto, para una mayor comprensión de la parábola, hemos de analizarlas y estudiarlas. A veces, la relación que hay entre estas escenas es clara y visible, como en la parábola del buen samaritano. Estos esquemas internos también serán importantes para la interpretación.

Antes de acabar, debemos hacer un llamamiento a la precaución. Aquel que esté dispuesto a aceptar cualquier relación teológica, por sutil que sea, encontrará paralelismos hasta debajo de las piedras. Si uno se empeña puede hacer que todos los conceptos teológicos del Nuevo Testamento estén interrelacionados. A principios del siglo XX, el fundamentalista británico E.W. Bullinger escribió *The Companion Bible*, en la que trabajó la estructura literaria de una forma tan irresponsable que la disciplina cayó en el descrédito casi total, descrédito que duró toda una generación. Con mucha cautela, T.W. Manson reanudó los estudios y nuestra obra es una continuidad de lo que él empezó. Después de trabajar durante años con mis estudiantes el tema de la estructura literaria, he descubierto la tendencia natural a sacar conclusiones de forma apresurada y a ver todo tipo de relaciones que realmente no aparecen en el texto. Por tanto, es evidente que nuestro análisis tiene que ser más cuidadoso. Esperamos que nuestras aportaciones sean útiles en ese sentido.

Quizá sea buena idea presentar una serie de principios que nos ayudarán a ser más cautos:

a. Las ideas que se repiten en los versos que tienen relación entre sí son las más importantes del verso y, por tanto, de todo el poema. Si las palabras que se repiten o ideas que coinciden son palabras secundarias, la estructura que algunos creerán ver es tan solo imaginaria.

b. Todas las formas estructurales deben encajar en alguno de los tipos de catalogación. Antes de que pueda decir que ha identificado algo importante, el investigador debe encontrar tipos similares en el Antiguo y el Nuevo Testamento (cf. Bailey, *Poet*, 44-76).

c. Para poder determinar el principio y el fin de un verso poético, el investigador siempre debe tener en mente el verso poético hebreo del Antiguo Testamento y la sintaxis del hebreo y el arameo. Por ejemplo, en las lenguas semíticas, la estructura «él le dio» suele ser una sola palabra y no se puede dividir.

d. A menudo, una pieza de literatura más antigua va acompañada de algunos comentarios que se han añadido para una mejor comprensión. La presencia de estas pequeñas frases en algunas de las estructuras literarias del Nuevo Testamento se convierte en un juego en el que pueden participar todos los jugadores que quieran. Marca suficientes palabras o expresiones como comentarios añadidos y podrás sacar de cualquier pasaje del Nuevo Testamento casi cualquier estructura literaria. Hemos de ser sumamente cuidadosos a la hora de decir que una palabra o frase es un comentario del editor. Solo podremos marcar algo como comentario añadido, y separarlo de lo demás, cuando la división entre lo uno y lo otro sea totalmente inequívoca. La razón que llevó a alguien, en algún momento de la transmisión del material, a añadir un breve comentario tiene que ser clara y visible.

e. No podemos fiarnos de ninguna traducción. Hay traducciones más cercanas al texto original, como la traducción del Nuevo Testamento de La Biblia Textual, que pueden ser de ayuda para el estudiante. Todos sabemos que las traducciones más modernas se toman ciertas libertades y reordenan el texto para crear un texto fluido en la lengua en cuestión. Por ello, para un estudio preciso de la estructura literaria de un pasaje, lo ideal es conocer las lenguas originales.

f. Cuando en el texto hay una estructura, las relaciones entre los versos son claras e inconfundibles. La sutileza es un enemigo fatal.

g. Si las partes del material que guardan relación son relativamente largas, tiene que haber *una serie* de elementos relacionados entre sí. Por ejemplo, si uno encuentra en una epístola de Pablo una referencia a la cruz, puede, de forma imprudente, seguir leyendo hasta llegar a una segunda referencia y entonces afirmar que hay una conexión entre ambas. Y mientras avanza para encontrar lo que él llama paralelo, puede haber pasado por alto una docena de ideas importantes. La obra de Bullinger está llena de este tipo de errores en casi cada una de sus páginas. Si eliges 4 pasajes del Nuevo Testamento al azar, seguro que encuentras algo que coincide y que hace que tengan una estructura ABBA o ABAB.

h. La inversión se da de forma inconsciente en todo tipo de comunicación: en las cartas, actas de reuniones, en las conversaciones (Schegloff, 78-79). En este estudio estamos buscando repeticiones deliberadas que tienen sus raíces en los paralelismos hebreos del Antiguo Testamento. El intérprete tiene que buscar elementos especiales, como por ejemplo un clímax central que tiene conexión con el principio o el final; o un punto de inflexión justo después de la parte central; o indicios de una doble inversión (cf. Bailey, *Recovering*, 269, 290ss.); o redundancias utilizadas para completar el paralelismo; o repeticiones claramente deliberadas. Cuando aparecen este tipo de elementos, el intérprete puede estar bastante seguro de que está ante una construcción literaria que es importante para la exégesis del texto.

Del saxofón se ha dicho que «es fácil tocarlo mal». En el mismo sentido, de la Crítica de la Retórica, de esta herramienta para el estudio del Nuevo Testamento, diremos que «es fácil usarla mal».

(5) Varios conceptos teológicos, una sola respuesta esperada

A lo largo de la ya longeva vida de la iglesia, el método de interpretación más común ha sido el alegórico, por el que a todos los elementos de la parábola, por pequeños que fueran, se les asignaba un significado místico. La interpretación de las parábolas se convirtió en una tarea tan confusa que no nos sorprende que se creara el proverbio latino que decía *Theologia parabolica non est theologia argumentative*, afirmando así que las parábolas no podían servir de base para desarrollar una doctrina. Con el método alegórico, cada parábola podía tener un sinfín de significados. La ruptura con este método empezó con la Reforma, y concluyó con el erudito alemán A. Jülicher, a principios del siglo XX. Debido a las irresponsables extravagancias del pasado, un número de estudiosos se fue al otro extremo y rechazó *toda* alegoría, insistiendo en que cada parábola contiene *una sola* enseñanza. Nuestra compresión es que las parábolas contienen más de una idea principal y que dichas ideas se pueden llegar a entender sin destruir la unidad de las parábolas y sin volver a la alegorización del pasado. Es útil recordar el episodio de David y el profeta Natán. Natán le cuenta al rey una historia de un hombre rico, un hombre pobre y una ovejita (2S 12:1-6). David había tomado la mujer de otro hombre, al que había hecho asesinar. La historia de Natán contiene tres símbolos:

El hombre rico representa a David.

El hombre pobre representa a Urías.

La ovejita representa a Betsabé.

Al acercarnos a esta parábola, vemos que hay dos cuestiones independientes que hemos de tener en cuenta. La primera es este grupo de símbolos que David (el oyente original) entendió de forma instintiva. Recordemos que se trata de *símbolos*, no de alegorías. Un símbolo *representa* otra cosa, mientras que una alegoría *es* otra cosa y no tiene más que esa existencia. Estos tres símbolos tienen una función concreta, y sin ellos la parábola no tiene ningún sentido. Después de identificar los tres símbolos que el oyente original (David) identificó instintivamente, *no* tenemos la libertad de hacer otro tipo de identificaciones. Es decir, podríamos tomar otros elementos, como el pueblo, los rebaños de ovejas y vacas, el plato, el vaso y el viajero, y otorgarles diferentes significados, y al final hacer que la parábola diga lo que nosotros queremos que diga. Sin embargo, sí hay símbolos en la parábola. Moule compara una parábola con las tiras cómicas sobre política que el lector tiene que «entender» (Moule, 96ss.). Esas tiras cómicas contienen símbolos. El dibujante establece identificaciones simbólicas que sabe que la mayoría de lectores interpretará de forma correcta. Del mismo modo que las tiras cómicas, las parábolas de los Evangelios también tienen símbolos. *Los símbolos que hemos de buscar son aquellos que el narrador original puso en la historia con el propósito de transmitir algo al oyente/s original/es*. El narrador, cuando cuenta la parábola, usa estos símbolos hábilmente para que el oyente original tome una decisión o reaccione de alguna forma. En el caso de la historia que hemos mencionado, David debe entender que él es ese hombre. La unidad de la parábola se encuentra en la reacción del que se ha visto interpelado.

Esto nos lleva a la segunda cuestión, que consiste en la pregunta: «¿Qué significa para mí?». Ahora ya han pasado unos 3.000 años desde los tiempos de David. Si el objetivo de esa parábola fue llamar al arrepentimiento a un rey de Oriente que había cometido un pecado particular, ¿qué puede significar esa historia para nosotros, que vivimos en un mundo muy diferente? La respuesta a esta pregunta se encuentra en el «conjunto teológico» que hay en cada parábola. Esta parábola en cuestión tiene un conjunto de «cuestiones teológicas» que, juntas, llevan al oyente a tomar una decisión. Natán está intentando que David dé *un paso concreto*, pero para animarle a ello el narrador combina *una serie de* conceptos teológicos. ¿Cuáles son algunos de ellos? Sugerimos los siguientes:

1. El rey está bajo la Ley, no por encima de ella. La Ley es de Dios, no del rey. Dios ha sido ofendido.

2. La Ley habla de los derechos del «extranjero que llega a una ciudad». Urías es hitita. David le ha negado los derechos que Dios mismo le ha concedido.

3. A diferencia de lo que ocurría en Egipto y Babilonia, el rey no podía disponer de las mujeres del reino a su antojo.

4. David tiene muchas mujeres; Urías solo una. La justicia ha sido violada.

Todos estos conceptos, unidos, llevan al rey David a dar *un paso concreto*. Así, aunque yo no soy un rey de Oriente ni le he quitado la mujer al vecino, en la parábola encuentro un contenido teológico atemporal que sirve para mí y para todos nosotros. Una vez identificamos al oyente original y percibimos la respuesta que se espera de él, podemos descubrir el grupo de conceptos teológicos que le llevan a dar esa respuesta. El mensaje para nosotros, y para toda persona de cualquier momento y lugar, lo encontramos en esa serie de conceptos teológicos. La lección de la parábola de Natán para hoy *es mucho más* que «No tomes a la mujer de tu vecino». Principalmente responde a una pregunta que sirve para todos los tiempos: «¿Está el líder de una nación por encima de la Ley?». En este estudio intentaremos identificar al oyente original e intentaremos descubrir lo que Jesús quería que entendiera e hiciera. Entonces, mediante un análisis de esa respuesta o decisión inicial, podremos ver lo que el texto nos dice a nosotros. Intentaremos discernir la multiplicidad de temas teológicos que aparecen en una parábola (cuando los haya) sin destruir su unidad y sin alegorizar los detalles.

Resumiendo, para entender las parábolas de Jesús y para discernir cuál es su mensaje para la actualidad, el intérprete tiene que seguir ocho pasos básicos, los cuales servirán tanto para la persona no especializada como para el especialista, que realizará un estudio mucho más detallado.

1. Determinar quiénes son los oyentes. ¿A quién se dirige Jesús? ¿A los fariseos y escribas, a las multitudes o a sus discípulos?

2. Examinar cuidadosamente el escenario/interpretación provisto por el evangelista o su fuente.

3. Identificar «una pieza teatral dentro de la pieza teatral mayor» y acercarnos a la parábola a estos dos niveles.

4. Intentar discernir las presuposiciones culturales de la historia, teniendo en cuenta que los personajes que aparecen son campesinos palestinos.

5. Ver si la parábola se puede dividir en una serie de escenas, y ver si los temas de las diferentes escenas se repiten y lo hacen siguiendo un esquema claro.

6. Intentar discernir qué símbolos identificaría de forma instintiva el oyente original al escuchar la parábola.

7. Determinar cuál es la respuesta/decisión que la parábola espera del oyente original.

8. Discernir el conjunto de conceptos teológicos que la parábola afirma o presupone y determinar lo que la parábola dice sobre esos conceptos.

En los siguientes capítulos, nuestra intención es aplicar el método que acabamos de explicar a diez de las parábolas que encontramos en el Evangelio de Lucas, con la esperanza de que nuestro esfuerzo le sirva al lector para recuperar ese impacto que las parábolas tuvieron en su contexto original, y que, al hacerlo, «los elementos clave del material» y «la vitalidad y el dinamismo» del texto nos hablen de forma viva y eficaz en nuestros días.

Capítulo 1

LOS DOS DEUDORES (Lucas 7:36-50)

Este diálogo-parábola, que a simple vista parece sencillo, encierra una belleza artística y una complejidad teológica dignas de estudio. Como la parábola del camello y el ojo de la aguja (Lc 18:18-30), este texto aparece a modo de parábola breve en medio de un diálogo teológico. La cultura y la acción se solapan para dar forma a la Teología. Por tanto, hemos de examinar la parábola a la luz de estos dos factores. Analizaremos la estructura global de las siete escenas y estudiaremos de forma detallada cada una de esas partes. Empecemos, pues, por la estructura general:

El esquema general del mosaico teológico de esta parábola vendría a ser el siguiente:

Introducción (el fariseo, Jesús, la mujer)
    La mujer derrama su amor (entrando en acción)
        Un diálogo (Simón juzga erróneamente)
            Una parábola
        Un diálogo (Simón juzga acertadamente)
    La mujer derrama su amor (en retrospectiva)
Conclusión (los fariseos, Jesús, la mujer)

El texto completo, compuesto por siete estrofas, se correspondería con el siguiente esquema:

1 Uno de los fariseos invitó a Jesús a comer,
así que fue a casa del fariseo y se sentó a la mesa.
Ahora bien, vivía en aquel pueblo una mujer que tenía
fama de pecadora.

2 Cuando ella se enteró de que Jesús estaba comiendo
  en casa del fariseo,
    se presentó con un frasco de alabastro lleno de
    perfume.

INTRODUCCIÓN:

y *se arrojó a los pies* de Jesús,
llorando, empezó a *bañarle* los *pies* con
sus *lágrimas.*
Luego se los *secó* con los *cabellos*;
también se los *besaba*
y se los *ungía* con el *perfume.*

EN CASA DEL
FARISEO:
¡UNA MUJER
ENTRA EN ACCIÓN!

3   Al ver esto, el fariseo que lo había invitado
dijo para sí:
«Si este hombre fuera profeta, sabría quién
es la que lo está tocando, y qué clase de
mujer es:una pecadora.»
Entonces Jesús le dijo a manera de
respuesta:
«Simón, tengo algo que decirte.»
«Dime, Maestro», respondió.

UN DIÁLOGO:
SIMÓN JUZGA
ERRÓNEAMENTE

4   Y Jesús dijo:
«Dos hombres le debían dinero
a cierto prestamista.
Uno le debía cincuenta monedas de
plata,
y el otro quinientas.
Como no tenían con qué pagarle,
les perdonó la deuda a los dos.

UNA PARÁBOLA

5   Ahora bien, ¿cuál de los dos lo amará más?»
«Supongo que aquel a quien más le
perdonó», contestó Simón.
«Has juzgado bien», le dijo Jesús.

UN DIÁLOGO:
SIMÓN JUZGA
ACERTADAMENTE

6   Luego se volvió hacia la mujer y le dijo a Simón:
«¿Ves a esta mujer? Cuando entré en tu casa, no
me diste agua para los pies,
pero ella me ha bañado los pies en lágrimas y me
los ha secado con sus cabellos.
Tú no me besaste, pero ella, desde que entré, no
ha dejado de besarme los pies.
Tú no me ungiste la cabeza con aceite,
pero ella me ungió los pies con perfume.
Por esto te digo:
si ella ha amado mucho, es que sus muchos
pecados le han sido perdonados.
Pero a quien poco se le perdona, poco ama.»
Entonces le dijo Jesús a ella: «Tus pecados quedan
perdonados.»

EN CASA DEL
FARISEO:
¡UNA MUJER
ENTRA EN ACCIÓN!

7   Los otros invitados comenzaron a decir dentro de sí: CONCLUSIÓN:
«¿Quién es éste, que también perdona pecados?»
«Tu fe te ha salvado», le dijo Jesús a la mujer; «vete   JESÚS
en paz».

La estructura de la acción en estas siete estrofas es bien visible: las ideas principales se repiten en la segunda mitad de la estructura (diferenciándose de forma significativa en ambos casos de la primera mitad). Vemos que en la repetición se usa el principio de inversión. La parábola aparece en el centro climático (a modo de clímax). Ahora, vamos a examinar cada una de estas secciones.

INTRODUCCIÓN (Escena 1)

Uno de los fariseos invitó a Jesús a comer,

así que fue a la casa del fariseo y se sentó a la mesa.

Ahora bien, vivía en aquel pueblo una mujer que tenía fama de pecadora.

En estos primeros versos ya se nos presenta a los tres personajes principales. Se nos habla del fariseo (unos versos después descubrimos que su nombre es Simón); de Jesús, que acepta la invitación; y de una mujer, «que tenía fama de pecadora». En Lucas 15:1-2 encontramos una presentación similar (los fariseos, Jesús y los pecadores). En Lucas 15:11, la parábola del hijo pródigo empieza con las siguientes palabras: «Un hombre tenía dos hijos». De nuevo, una presentación de los tres personajes en la primera línea de la parábola.

No se nos dice nada sobre el momento en el que se dio esta invitación. El comentario que Jeremias hace sobre esta cuestión es muy útil:

Podemos concluir ... que a la historia precede probablemente una predicación de Jesús, que ha impresionado a todos, al anfitrión, a los invitados y también al huésped intruso, la mujer (Jeremías, *Parábolas*, 156, p. 126 de la edición en inglés).

Esta sugerencia encaja con todos los detalles de la historia y es la mejor propuesta que he encontrado, así que en ella nos basaremos. Jesús predica. Le invitan y él acepta. Estamos en la escena del banquete, que le añade a la trama un colorido especial. De esta historia podemos inferir que el fariseo, a diferencia del asceta de Qumrán, no comía solo con los de su comunidad, aislados de todos los demás. No obstante, como Neusner nos recuerda, «Los rituales de pureza eran obligatorios antes de cada una de las comidas» (Neusner, 340). La cuestión es que el fariseo, durante la comida, estaba en contacto con personas que no eran fariseas, y:

> Este hecho hace que las reglas de pureza y las restricciones alimenticias fueran mucho más importantes, porque esas eran las marcas que diferenciaban a los fariseos de la gente que les rodeaba (*Ibíd.*).

Por tanto, cuando el fariseo se disponía a comer, debía alejarse de la comida y de la gente impura. Ese es el mundo en el que Jesús entra cuando acepta aquella invitación.

Además, como Safrai observa en su descripción de la religión de la Palestina del siglo I, había grupos con intereses comunes que formaban asociaciones religiosas, *haberim*, y organizaban comidas en las que se dedicaban también al estudio religioso.

> En particular estudiaban la Torá y a veces seguían hasta altas horas de la noche discutiendo, o escuchando las lecciones de su maestro o de un sabio itinerante (Safrai, *JPFC*, II, 803ss.).

Quizá nuestra parábola encaje con ese tipo de situación. Jesús, un «sabio itinerante», es invitado a una comida con los intelectuales de la ciudad. Todos esperan tener la oportunidad de enzarzarse en un debate teológico. Nadie se habría imaginado lo que iba a ocurrir.

Se nos dice de forma críptica que «entró» y «se reclinó». Cuando los Sinópticos hablan de «reclinarse» en una comida en la casa de alguien, están haciendo referencia a un banquete (Jeremias, *Palabras*, 48ss. de la edición en inglés). Al final de la escena se menciona a otros invitados, por lo que podemos deducir que se trataba de una ocasión relativamente formal, en la que se desempeñarían los roles esperados entre invitados y anfitrión.

Tristram, un inteligente viajero del siglo XIX, describe de forma detallada algunos de los elementos culturales de Oriente Próximo que este texto da por sentado:

> … el entretenimiento es una cuestión pública. La verja del patio y la puerta … quedan abiertas. … Colocan una mesa baja y larga, o si no tan solo los fantásticos platos de madera, que se ponen a lo largo del centro de la sala y, a los lados, sillones bajos en los que los invitados, colocados por orden según su rango, se reclinan, apoyándose sobre su hombro izquierdo, con los pies hacia el

lado contrario de donde está la mesa. Al entrar, todos se quitan el calzado y lo dejan en la entrada. Los sirvientes se sitúan detrás de los divanes y colocan una palangana, ancha y bajita, para recoger el agua que echan sobre los pies de los invitados. Omitir esta señal de cortesía sería transmitir al visitante que se le considera de un rango inferior ... Detrás de los sirvientes, los haraganes de la ciudad se amontonan para curiosear, y no se les impide (Tristram, 36-38).

Las observaciones de Tristram explican cómo es que la mujer logró entrar en la casa y cómo es que pudo situarse detrás de Jesús, a sus pies. Yo mismo, por experiencia, puedo confirmar mucho de lo mencionado por Tristram.

Safrai también ha documentado este tipo de escena en su tratado sobre el hogar y la familia en la Palestina del siglo I.

Siguiendo la costumbre que había entre los griegos, los comensales se reclinaban sobre divanes individuales ... Esos divanes se utilizaban tanto para comidas normales como para banquetes ceremoniales (Safrai, *JPFC*, II, 736).

Dalman hace la misma observación y encuentra documentación en el Talmud (Dalman, *Words*, 281; P.T. *Berakhot* 12b). También, Ibn al-Tayyib, un famoso erudito iraquí del siglo XI, al escribir un comentario en árabe sobre este texto observa:

Y la expresión «a sus pies» y la expresión «ella estaba detrás de él» responden a que él estaba reclinado con las piernas levemente dobladas con los pies hacia atrás, y si ella estaba «de pie detrás de él», eso hace que estuviera a sus pies (Ibn al-Tayyib, folio 89^{v}).

Ibn al-Salibi, otro famoso comentarista de Oriente Próximo, que escribía en siríaco en el siglo XII, habla de la importancia de que ella se colocara a sus pies.

Ella se coloca detrás de él porque está avergonzada de verle la cara, porque él conoce sus pecados, y por el respeto que ella le tiene (Ibn al-Salibi, 98).

Además, los pies siempre se colocan hacia atrás, debido a la naturaleza impura y ofensiva que tienen en la cultura oriental, desde tiempos inmemorables hasta el presente. En el Antiguo Testamento, la victoria final del vencedor y el insulto para los vencidos era convertir al enemigo en estrado para los pies (cf. Sal 110:1). Al odiado Edom se le dice: «sobre Edom arrojo mi sandalia» (Sal 60:8; 108:9). A Moisés se le obliga a que se quite el sucio calzado ante la zarza ardiente, porque estaba pisando tierra santa (Éx 3:5). Juan el Bautista usa la ilustración de desatarle las sandalias para expresar su completa indignidad ante la presencia de Jesús (Lc 3:16). A medida que la acción avanza, este escenario es crucial en lo que al huésped intruso, la mujer, se refiere.

Así, el escenario exterior está claro. Jesús es famoso y la comunidad le ha oído hablar. Se le invita a un banquete para seguir debatiendo. En este tipo de escenas en el Oriente Próximo tradicional, las puertas quedaban abiertas y la gente de la calle podía entrar libremente. Jesús y los otros invitados están reclinados en los bajos divanes, listos para comer. No obstante, en esa escena falta algo.

Como Tristram observa, el anfitrión no le había lavado los pies a Jesús y eso tenía un gran significado en aquel mundo, y también para nuestra historia. Pero eso no es todo. Jesús tampoco ha recibido un beso a modo de saludo. De nuevo, el comentario de Tristram, escrito en el año 1894, es muy útil:

> Aparte de omitir el agua para sus pies, Simón no había besado a Jesús. Recibir a un invitado hoy y no darle un beso en la mejilla cuando entra es una señal de desprecio, o al menos una demostración de que se le considera de un estrato social inferior (Tristram, 36-38).

Continúa explicando cómo una vez, en el interior de Túnez, recibió una invitación y, en medio del banquete, su sirviente le dijo al oído que no se fiara de su anfitrión, porque no le había dado un beso al entrar. Tristram observa que la advertencia de su sirviente fue increíblemente «oportuna» (*Ibíd.*, 38). Está claro que el saludo formal en tiempos de Jesús era de vital importancia. Windisch define el verbo «saludar» como «abrazar» y observa que puede significar tanto el abrazo de un saludo como el abrazo erótico del amante (Windisch, *TDNT*, I, 497). También comenta lo siguiente: «Ofrecer a un rabino el *aspasmos* (saludo) que ellos codiciaban era el impulso de todos los judíos piadosos» (*Ibíd.*, 498). En esta historia, a Jesús se le identifica como un rabino (maestro). Por tanto, desde la perspectiva de la cultura de aquel entonces, el hecho de que aquel fariseo no besara a Jesús fue una falta muy grave (contra Marshall, 306, 311). Este anfitrión tampoco realizó la unción con aceite, pero es muy probable que eso no fuera tan ofensivo; aunque sí era una práctica común (cf. Dt 28:40; Rt 3:3; Sal 23:5; Judit 16:8). Por tanto, queda claro que lo que ocurre no es que la narración de esta historia pase por alto los rituales comunes, sino que fue el anfitrión el que no los realizó.

Incluso en sociedades orientales menos formales, cuando un invitado entra en la casa también hay ciertas tradiciones, como por ejemplo:

1. Palabras de bienvenida al abrir la puerta y una invitación a entrar.

2. Tomar los abrigos de los invitados y colocarlos en un lugar preparado para el efecto.

3. Invitar a tomar asiento.

Si en un banquete y ante la llegada de un invitado de honor no se siguieran estas normas, sería un insulto. Como dice Scherer, que en el siglo XIX vivió durante un largo periodo en Oriente Próximo: «Simón violó las costumbres de hospitalidad» (Scherer, 105). La importancia de estas omisiones y la reacción de Jesús se irán haciendo evidentes a medida que avancemos.

La traducción tradicional de la expresión inicial que describe a la mujer es: «Entonces una mujer de la ciudad, que era pecadora» (RV60). Algunas traducciones árabes tempranas, incluida la Hibat Allah Ibn al-Assal, dice: «Y una mujer que era una pecadora en la ciudad...». Esta traducción es gramaticalmente legítima. A través de estas traducciones árabes podemos ver que esta es la forma en la que muchos estudiosos cristianos de Oriente Próximo entendieron el texto en el primer milenio de la era cristiana. Estas traducciones árabes hablan de una mujer que participaba de forma activa en el pecado de la ciudad. Este énfasis nos recuerda los dos aspectos que la expresión encierra. Se nos da una información clave sobre su estilo de vida: era una pecadora que comerciaba en la ciudad. Y, a la vez, se identifica cuál es su comunidad: vive en la ciudad. Simón (como veremos más adelante) sabe perfectamente quién es esa mujer. Ella es parte de aquella comunidad (aunque es una marginada, y odiada por los grupos religiosos). Esta identificación de su comunidad es un dato importante para la tensión que se creará más adelante.

EN CASA DEL FARISEO: ¡UNA MUJER ENTRA EN ACCIÓN! (Escena 2)

Cuando ella se enteró de que Jesús estaba comiendo en casa del fariseo,
llevando un frasco de alabastro lleno de *perfume*,
   y *situándose a los pies* de Jesús,
      y *llorando*, empezó a *bañarle* los *pies* con sus *lágrimas*.

> Luego se los *secó* con los *cabellos*;
> también se los *besaba*
> y se los *ungía* con el *perfume*.

Se puede ver claramente el paralelismo invertido de las tres acciones que ejecuta la mujer. La mujer realiza tres acciones que tienen que ver con los pies de Jesús. Los lava, los besa y los unge. Y a cada uno de estos servicios se le asocian dos acciones. Si las organizamos en una secuencia lógica, quedaría de la siguiente forma:

a. Ella trae el perfume   – entonces le unge los pies con el perfume.

b. Está de pie detrás de él, a sus pies   – entonces le besa los pies.

c. Le baña los pies con sus lágrimas – los seca con sus cabellos.

Este arreglo invertido de los versos (a b c – c´ b´ a´) *podría ser* el curso natural de la historia. No obstante, he aquí una forma mucho más simple de describir la acción:

> Ella entró y, colocándose a sus pies, empezó a bañárselos con sus lágrimas, y a secarlos con sus cabellos, y a besarlos y a ungirlos con el perfume que había traído.

Se describen seis acciones específicas y parece que el paralelismo invertido es deliberado. Además, el orden de las tres acciones (lavar, besar y ungir) se mantiene al final de la escena en las palabras que Jesús le dirige a Simón. En este último caso, el curso natural de las acciones sería: (1) el beso al entrar en la casa; (2) el lavado de los pies; (3) la unción de la cabeza con aceite. Es significativo cómo se invierte el orden normal para que encaje con las acciones de la mujer. Las formas gramaticales también indican la naturaleza deliberada del paralelismo invertido. En los tres primeros versos el texto griego contiene tres participios (trayendo, colocándose, llorando). En los tres últimos aparecen tres verbos en pasado (secó, besó, ungió). Ehlen ha demostrado que en el Libro de Himnos de los Manuscritos del Mar Muerto el paralelismo de la construcción gramatical es una parte importante de la composición paralelística paralela de la poesía de los himnos (Ehlen, 33-85). Por último, como veremos, (cf. la sección sobre la Escena 6), la descripción que Jesús hace de las acciones de la mujer también viene en forma de paralelismos poéticos. Así, no nos sorprende encontrar paralelismos en la descripción de las primeras acciones, la que encontramos aquí al principio de la escena. Y su uso va más allá del interés artístico. Cuando un autor bíblico usa la inversión de versos paralelos de forma deliberada, suele colocar el clímax en el centro. Eso es lo que ocurre aquí, pues en el centro aparece la mujer llorando y soltando su cabello. Vamos a centrarnos en estos detalles.

En los banquetes en Oriente Próximo, la puerta de la casa queda abierta y, como hemos observado, hay mucho movimiento de gente que entra y sale. La BT traduce: «Al enterarse de que estaba reclinado a la mesa en la casa del fariseo...», lo que indica que la mujer descubre dónde está Jesús después de que él ha entrado en la casa. El tiempo pasado del verbo «estar» no aparece en el texto, y el «que» (gr. *hoti*) tiene más sentido si interpretamos que introduce una proposición en estilo directo, y no en estilo indirecto. La historia misma (cf. v. 45) nos dice que o bien entró en la casa con Jesús, o antes que él, puesto que ella entró en acción «desde que entré» (v. 45). Parece pues que la historia da por sentado que ella había oído que a Jesús lo habían invitado a aquella casa. El versículo 37 dice que la siguiente noticia llegó a sus oídos: «¡Está invitado a comer en la casa del fariseo!». Tomando algunos regalos, ella fue con él o antes que él a aquel lugar.

Sus regalos son una expresión de devoción a través de un sacramento de gratitud. Está claro que ella ya había planeado ungirle los pies, pues había ido preparada. Sin embargo, la acción de lavarle los pies no es premeditada, porque no tiene con qué secárselos y se ve obligada a usar sus cabellos. Cuando aceptamos la información que nos da la misma historia de que ella ya está allí cuando Jesús llega, es fácil reconstruir qué la lleva a actuar así. Jesús ha sido aceptado por aquella comunidad como rabino. Simón le llama (en el texto griego) «maestro», que es una de las palabras que Lucas usa para referirse a los rabinos (Dalman, *Words*, 336). En Oriente Próximo, todos los invitados son tratados con gran deferencia; siempre fue así. Solo hemos de recordar la hospitalidad con la que Abraham recibió a los tres visitantes en Génesis 18:1-8. Levison, un cristiano hebreo de Palestina, describe la escena y su significado:

> La estudiada insolencia de Simón hacia su invitado nos hace preguntarnos por qué invitó a Jesús a su casa. El que recibe una invitación espera recibir un trato hospitalario. Cuando el invitado es un rabino, el deber de ofrecer hospitalidad es aún mayor. Pero Simón invitó a Jesús y luego violó todas las normas de hospitalidad ... En Oriente, cuando se invita a alguien, lo normal es reci-

birle con un beso. En el caso de un rabino, todos los hombres de
la familia le esperan a la entrada de la casa y le besan las manos.
Una vez dentro, lo primero de todo es lavarle los pies. Nadie hizo
estas cosas por el Maestro… (Levison, 58ss.).

Esta mujer ha oído a Jesús proclamar que Dios ama a los pecadores
con un amor incondicional. Estas buenas nuevas sobre el amor de Dios,
que llega hasta una pecadora como ella, la han dejado abrumada y han
puesto en ella un profundo deseo de ofrecer su gratitud. Edersheim, otro
cristiano hebreo, nos aporta más detalles. Traduce «ungüento» como
«perfume» y dice: «las mujeres llevaban atado al cuello un frasco con
ese perfume, que colgaba hasta debajo del pecho». Ese frasco se usaba «tanto para endulzar el aliento como para perfumarse» (Edersheim,
Life, I, 566). Es fácil entender lo importante que era un frasco así para
una prostituta. Su intención era derramarlo todo sobre los *pies* de Jesús
(¡ya no lo necesita!). Para ella, ungirle la cabeza sería algo impensable.
El profeta Samuel podía ungir la cabeza de Saúl y de David (1S 10:1;
16:3), pero una mujer pecadora no podía ungir la cabeza de un rabino.
¡Hacer algo así sería algo extremadamente presuntuoso! Con este con-
movedor gesto de gratitud en mente, gesto además con un profundo
significado, la mujer es testigo del trato que Jesús recibe cuando entra
en la casa de Simón, de cómo Simón decide deliberadamente no darle
el beso ni lavarle los pies. El malintencionado insulto hirió el alma de
los invitados allí reunidos. Se ha declarado una guerra, y la gente está
ansiosa por ver cuál será la reacción de Jesús. Lo normal sería que,
ofendido, hubiera dicho un par de frases sobre la falta de hospitalidad
y, acto seguido, se hubiera marchado. Pero él se traga el insulto y el
rechazo y se queda. Como si ya estuviera anunciando lo que había de
pasar, «no abrió su boca». Como ya vimos, la decisión de no lavarle los
pies transmite «al visitante que se le considera de un rango inferior»
(Tristram, 38). La mujer no da crédito. ¡Ni siquiera le han dado *el beso
de bienvenida*! Su gratitud y devoción se mezclan con un sentimiento
de rabia. Olvida que está en presencia de un grupo de hombres que la
desprecia. Aunque sabe que ella no puede darle el beso de bienvenida,
pues solo lograría crear un malentendido. ¿Qué puede hacer? ¡Ah! ¡Le
besará los *pies*! Con valentía, se inclina, pero, como rompe a llorar,
literalmente le baña los pies con sus lágrimas. ¿Y ahora qué? ¡No tiene
toalla! Obviamente, Simón no le va a dar una. Así que se suelta el pelo
para, haciendo uso de él, secarle los pies. Después de acariciarlos con
sus besos (el verbo significa literalmente besar una y otra vez), derrama
su precioso perfume sobre los pies del que anuncia el amor de Dios por

ella, que está siendo rechazado por aquel grupo de hombres tan crueles. Ella ofrece su amor *e* intenta compensarle por aquellos insultos que está recibiendo (contra Marshall, 306). En medio de todo eso, realiza un tierno gesto que puede ser malinterpretado. Se ha soltado el cabello, un gesto íntimo que una mujer honrada solo puede hacer delante de su marido. El Talmud dice que un hombre se puede divorciar de una mujer si ella se suelta el pelo en presencia de otro hombre (cf. Tosefta *Sota* 59; P.T. *Git* 9:50d; citado en Jeremias, *Parábolas*, 156, n. 57, p. 126 de la edición en inglés). Por esa misma razón, en las zonas conservadoras del mundo islámico contemporáneo, no está permitido que un hombre sea peluquero de mujeres.

Aún más sorprendente es la evidencia del Talmud en relación con las regulaciones sobre la lapidación de una mujer inmoral. A los rabinos les preocupa que este tipo de mujeres logre que los sacerdotes tengan pensamientos no castos. El texto dice lo siguiente:

> El sacerdote la toma por la ropa, no importa si esta se rasga, hasta dejar al descubierto el pecho y soltarle el cabello. R. Judá dijo: si su pecho es bello no lo dejaba al descubierto, y si su pelo era lindo, no lo soltaba (B.T. *Sanedrín* 45a, *Sonc.*, 294; cf. también *Sota* 8a, *Sonc.*, 34).

Está claro que, para los rabinos, descubrir el pecho y soltar el cabello eran dos acciones de la misma categoría. Para proteger a los sacerdotes de pensamientos impuros, solo se mencionan estos dos actos. Esto demuestra, por tanto, el significado de que una mujer se soltara el cabello en presencia de un grupo de hombres. Este texto talmúdico nos hace pensar en el silencio que se debió de hacer en la sala cuando la mujer inmoral de nuestro texto se soltó el cabello ante Simón y sus invitados. Todos se percatan de la naturaleza provocativa de aquel gesto; sobre todo Simón, como veremos más adelante.

Dos de las acciones de la mujer, como hemos visto, eran respuestas espontáneas nacidas de lo que acababa de ocurrir ante ella. Pero lo cierto es que vino preparada para ungir los pies de Jesús con su perfume. Lamartine, un viajero francés que en 1821 pasó por Oriente Próximo con una amplia comitiva, recibía en todos los lugares una calurosa bienvenida, digna de un príncipe. En sus escritos recoge que en el poblado de Edén, en las montañas del Líbano, al llegar le ungieron la cabeza con aceite (Lamartine, 371). Pero aquí, la mujer unge los pies de Jesús. Para poder entender esta extraordinaria acción volvemos a recurrir a los antiguos comentaristas árabes. Ibn al-Tayyib (siglo XI; además de comentarista, también era médico del califa de Bagdad) dice sobre este versículo: «Pues en el pasado era costumbre que en la casa de reyes y sacerdotes se ungiera a los nobles con ungüento» (folio 89^v). Este apunte cultural es muy esclarecedor. Para ella, ungirle la cabeza hubiera sido extremadamente presuntuoso, como ya vimos anteriormente. Pero lo que sí podía hacer, como si de una sirviente se tratara, era ungirle los pies y así honrarle reconociendo su nobleza. Por tanto, mientras el gesto de Simón transmite que para él Jesús era de un rango inferior, la acción de la mujer le otorga el honor que le rendían al noble que visitaba la casa del rey.

El acto de besarle los pies no solo sirve para ofrecer lo que Simón le había negado, sino que también es un gesto público de gran humildad y de una devoción absoluta. De nuevo, la obra de Jeremias es iluminadora pues recoge una ilustración talmúdica de un hombre acusado de asesinato que besa los pies de su abogado porque ha logrado que le absuelvan (Jeremias, *Parábolas*, 156, n. 55, p. 126 de la edición en inglés). Resumiendo pues, movida por la hostilidad que Jesús recibe de parte de su anfitrión, esta mujer marginada explota y ejecuta uno tras otro tres gestos, a cual más chocante. Esos hombres se están burlando de aquel al que ella quiere mostrar su más profunda devoción. Con sus lágrimas le lava los pies y, con increíble gesto de intimidad, se suelta el cabello para secarle los pies. Como no se considera digna de besarle las manos, le besa los pies una y otra vez. Un perfume costoso que normalmente usaba para estar atractiva (para sus clientes, quizá) baña los pies de Jesús. Puede que con este gesto también esté dándole el tributo que se les daba a los nobles que llegaban a la casa de un rey. Toda esta escena tiene lugar en silencio; las palabras no tienen cabida ante tales expresiones de devoción y gratitud. A continuación, de forma automática y natural, se pasa a la respuesta de Simón, el anfitrión.

A Simón las cosas no le están saliendo como había planeado. Su falta de hospitalidad ha dado lugar a un acto de devoción sin precedentes. Ahora, la reacción de un hombre sensible hubiera sido disculparse humildemente ante su invitado y darle gracias a la mujer por haber hecho lo que debería haber hecho él. Pero Simón no actúa así.

UN DIÁLOGO: SIMÓN JUZGA ERRÓNEAMENTE (Escena 3)

Al ver esto, el fariseo que lo había invitado dijo para sí:

«Si este hombre fuera profeta, sabría

quién es la que lo está tocando, y qué clase de mujer es:

una pecadora.»

Entonces Jesús le dijo a manera de respuesta:

«Simón, tengo algo que decirte.»

«Dime, Maestro», respondió.

En la escena 1, los personajes principales aparecen en el orden siguiente: el fariseo, Jesús y, por último, la mujer. Ahora vuelven a aparecer en el mismo orden. Primero se menciona al fariseo, no como un hombre humilde que confiesa que no ha sido un buen anfitrión, sino como alguien que se considera digno para criticar la validez de las palabras proféticas del joven rabino y el estado espiritual de la mujer. Ha sido testigo de la dramática escena que aquella mujer ha protagonizado. Él solo ha sido capaz de ver a una mujer inmoral que se ha soltado el cabello y que, a través del tacto, ha contaminado a uno de sus invitados, quien, al parecer, no se ha dado cuenta de la gravedad del asunto.

De nuevo, estamos ante una escena altamente dramática. Simón protagoniza lo que en una función teatral llamaríamos un «aparte». El fariseo pronuncia un soliloquio que es, de hecho, muy revelador, pues nos deja entrever cuál fue su intención al invitar a Jesús: probar si Jesús era lo que decía ser, un profeta. Su forma de expresarse demuestra desprecio; en el original, se refiere a Jesús como «éste» (Plummer, 211). La palabra clave es «tocando». El término griego se puede traducir por «tocar» y por «encender un fuego». La palabra «tocar» se usa a veces en el vocabulario bíblico para referirse a la relación sexual (Gn 20:6; Pr 6:29; 1Co 7:1). Está claro que eso no es a lo que aquí se refiere, pero el uso que Simón hace de esta palabra en este contexto tiene connotaciones claramente sexuales. Está diciendo que en su opinión han presenciado una escena del todo inadecuada y Jesús, si realmente fuera un profeta, habría sabido quién era ella y (por descontado) habría rechazado las atenciones de una mujer así. Está claro; Simón no ha sabido ver lo que ha tenido lugar ante sus ojos. Jesús sí sabe quién es esa mujer (cf. v. 47). Sus caricias no son las de una mujer impura, sino que son la muestra de amor de una mujer arrepentida. Simón no se goza ante esta muestra de arrepentimiento y, aunque las acciones de esta mujer sacan a la luz aquello que él no ha hecho, no muestra remordimiento alguno. Su reacción es ser aún más hostil hacia su invitado. Y, curiosamente, Simón también sabe quién es ella. El conocimiento que Jesús tiene de ella es una evidencia más de que en esta historia se da por sentado que Jesús y la mujer habían tenido algún contacto antes de que se diera este incidente. Simón *solo* la conoce como una mujer inmoral. Esto no significa que Simón hubiera hecho uso de sus servicios. En aquellos poblados de Oriente era normal saber quiénes eran las mujeres inmorales: era algo que toda la comunidad conocía. Pero toda la escena nos demuestra que a Simón no le importa su restauración.

Otra vez, Ibn al-Tayyib hace una observación inteligente. Cuando comenta por qué Jesús aceptó la invitación, dice: «Él va con la esperanza de que él (Simón) acepte el arrepentimiento de la mujer» (Ibn al-Tayyib, folio 89ᵛ). Así, Ibn al-Tayyib también insinúa que Jesús ha tenido contacto con ella antes y que ella viene para mostrarle gratitud por el regalo del perdón. De hecho, Ibn al-Tayyib se atreve a sugerir que esta mujer ha hablado con la mujer samaritana de Juan 4. Aunque no podemos estar seguros, su sugerencia nos hace pensar en cuál es el tema central de esta escena. Claramente, esta mujer está dando un giro a su vida, un giro radical. La historia no da pie a albergar dudas sobre la autenticidad de su arrepentimiento. Sin embargo, también se nos dice que ella reside en esa misma población y que está claro que Simón la conoce. Si Simón y sus otros amigos religiosos no aceptan la autenticidad de su arrepentimiento, la restauración de esa mujer no va a ser total, pues la comunidad hará lo que los religiosos digan. La oveja perdida vuelve *al rebaño*. El hijo pródigo vuelve *a la familia*. Zaqueo es «*también* un hijo de Abraham» y, según Jesús, ya no se le puede rechazar (Lc 19:9). Así que, aquí, Simón tiene que ver la autenticidad de ese arrepentimiento para que la mujer pueda ser de nuevo aceptada *en la comunidad*. No importa si creemos que Ibn al-Tayyib no tiene razón en cuanto a la primera escena. Su aportación para esta tercera escena es altamente válida.

En este momento, Simón hace una afirmación que es crucial para el desenlace de la historia, y crucial también para que podamos entenderla. El fariseo rechaza la validez del arrepentimiento de la mujer. Aún es una «pecadora» (v. 39). Las caras largas que hay en la sala dejan claro que ella (a pesar de la conmovedora demostración de sinceridad) sigue siendo vista como una pecadora. ¿Qué hacer? El propósito de la parábola y del diálogo que sigue puede entenderse como un intento deliberado de romper con las actitudes hacia los «pecadores» y los «piadosos» que había en aquella sociedad, y de hacer posible que esta mujer pudiera entrar a formar parte de una comunidad caracterizada por el amor, la aceptación y la preocupación por los demás.

Ahora es el turno de Jesús. Cualquier maestro «piadoso» en cualquier época habría rechazado a la mujer. Jesús acepta sus expresiones de amor con el pleno conocimiento de que Simón y sus amigos las rechazan y, además, las malinterpretan. Ahora que el diálogo avanza hacia el clímax que se encuentra en la breve parábola, Jesús dice: «Simón, tengo algo que decirte». Plummer da por sentado que Jesús está pidiendo permiso para hablar (Plummer, 211). No obstante, en la actualidad, en los poblados de todo Oriente Próximo esta expresión se utiliza para introducir algo que el oyente probablemente no quiera oír. Eso es precisamente lo que ocurre en esta escena, así que esta última interpretación encaja perfectamente con la forma en la que se desarrolla el diálogo. Al dirigirse a Jesús con el título de rabí/maestro, Simón está confesando indirectamente que no ha sido un buen anfitrión. Si ese hombre es digno de ser llamado maestro, también es digno del honor debido a alguien que ostenta ese título. Y Simón no lo ha tratado como tal. Las palabras que Jesús escoge cuidadosamente vienen en forma de una breve parábola cuya estructura examinaremos a continuación.

UNA PARÁBOLA (Escena 4)

Y Jesús dijo:

«Dos hombres le debían dinero	LOS DEUDORES
a cierto prestamista.	EL PRESTAMISTA
Uno le debía cincuenta monedas de plata,	UN DEUDOR
y el otro quinientas.	EL OTRO DEUDOR
Como no tenían con qué pagarle,	LOS DEUDORES
les perdonó la deuda a los dos.	EL PRESTAMISTA

Como hemos visto, Lucas 18:18-30 también consiste en un diálogo que tiene una breve parábola en el medio. En ambos pasajes, la parábola viene con una estructura literaria bien simple. Los deudores y el prestamista aparecen en los dos primeros versos, y otra vez (pero con una diferencia) en los dos últimos. En el centro se nos explica qué diferencia hay entre el uno y el otro, diferencia que es crucial para el desenlace de la historia. La estructura es tan simple que lo más probable es que la estructura no encierre ninguna intención concreta. No obstante, contribuye a la composición literaria del pasaje en general. La idea está clara. El verbo que traducimos por «perdonó» es el verbo paulino «ofrecer gracia». Los dos deudores tienen una necesidad a la que no pueden hacer frente. Ambos reciben la misma gracia. La única diferencia entre ellos dos aparece en la mitad de la parábola. Pero son iguales en cuanto a que tienen una deuda (al principio), son incapaces de hacerle frente y ambos necesitan un acto de gracia (al final de la parábola).

Aquí tenemos un precioso juego de palabras que sirve para darle una mayor intensidad al pasaje. No es este el único pasaje con un juego de palabras así. En Lucas 16:9-13, justo en el medio, hay un juego de palabras muy hábil que aparece cuando el pasaje se retrotraduce al arameo del siglo I (cf. Bailey, *Poet*, 112-14). El presente histórico que encontramos aquí en el versículo 40 es una evidencia más de la existencia de una tradición pre-lucana (cf. Jeremias, *Palabras*, 150ss. de la edición en inglés). Black ha identificado un juego de palabras similar en este pasaje (Black, 181-83). La mujer es una *pecadora*; la parábola es sobre *deudores* y *prestamistas*; y la conversación pasa a centrarse en los temas del *pecado* y el *amor*. Black hace una lista del equivalente arameo de estas palabras:

mujer pecadora	=	*hayyabhta*
prestamista	=	*mar hobha*
deudor	=	*bar hobha* o *hayyabh*
pecado	=	*hobha*
amar	=	*habbebh* o *ahebh*

En arameo, la palabra *hobha* significa tanto deuda como pecado. Podemos verlo también en las dos versiones del Padrenuestro (Mt 6:12; Lc 11:4) y en la parábola de Pilato y de la torre (Lc 13:2, 4; cf. p. 138 más adelante). Jesús usa este juego de palabras para comparar y establecer un contraste entre, de un lado, la mujer pecadora (*hayyabhta*) y su pecado (*hobha*) y, al otro lado, Simón, que está en deuda (*bar hobha*) con la sociedad y no ha sabido amar (*habbebh*). Esta comparación (ambos son pecadores) y contraste (la una ama, el otro no) se convierte en el centro del diálogo.

UN DIÁLOGO: SIMÓN JUZGA ACERTADAMENTE (Escena 5)

Ahora bien, ¿cuál de los dos lo amará más?»

«Supongo que aquel a quien más le perdonó»,

contestó Simón.

«Has juzgado bien»,

le dijo Jesús.

Mediante el método socrático, algo modificado, Simón se ve obligado a pensar y llegar por sí mismo a la conclusión que Jesús tiene en mente. Jesús le hace una pregunta; Simón se ve acorralado y su débil «supongo...» denota que, a regañadientes, «reconoce que ha caído en una trampa» (Marshall, 311). Aunque Simón no logra entender la profundidad de lo que acaba de ocurrir delante de él, la lógica de la parábola habla de forma muy clara. En la parábola, el amor es una respuesta ante un favor inmerecido, es decir, una respuesta ante un acto de pura gracia. Después de establecer este principio, Jesús hace una aplicación volviendo a mencionar las acciones de la mujer, y deja impactados a los invitados (y al lector) al elogiar la valentía de la pecadora.

EN CASA DEL FARISEO: ¡UNA MUJER ENTRA EN ACCIÓN! (Escena 6)

Luego se volvió hacia la mujer y le dijo a Simón:

«¿Ves a esta mujer? Cuando entré en tu casa,

no me diste agua para los pies,

pero ella me ha bañado los pies en lágrimas y me los ha secado con sus cabellos.

Tú no me besaste,

pero ella, desde que entré, no ha dejado de besarme los pies.

Tú no me ungiste la cabeza con aceite,

pero ella me ungió los pies con perfume.

      Por esto te digo:

si ella ha amado mucho, es que sus muchos pecados le han sido perdonados.

Pero a quien poco se le perdona, poco ama.»

Entonces le dijo Jesús a ella: «Tus pecados quedan perdonados.»

En el Evangelio de Lucas se usa varias veces el paralelismo entre un hombre y una mujer. En Lucas 4:25-27, dos héroes de la fe sirven para ilustrar el tipo de personas que responde con fe y recibe los beneficios de la gracia de Dios. Uno es una mujer (la viuda de Sarepta) y el otro un hombre (Naamán el sirio). En Lucas 13:10-17 encontramos la curación de una mujer en sábado. Y en 14:1-6, lo mismo le ocurre a un hombre. En cada uno de estos casos, la conversación menciona el trato que se le daba a los bueyes y a los burros. La estructura literaria del relato de los viajes de Jesús tiene su paralelo en estas dos historias (Bailey, *Poet*, 79-85). En Lucas 11:5-8 vemos a un hombre que se encuentra en una situación adversa y recibe respuesta a sus ruegos. En 18:1-5 aparece una parábola similar, pero en este caso con una mujer como protagonista. Estos dos textos también tienen un paralelo en el esquema general del material (*Ibíd.*). En Lucas 15:3-10, dos personas buscan con diligencia algo que han perdido. Uno es un hombre y la otra una mujer. En todos estos casos, todos los protagonistas son gente noble. Pero en nuestra parábola, la *mujer* tiene un carácter noble (a pesar de la opinión que tienen de ella los hombres que hay en la sala), mientras que el hombre tiene un carácter vil (a pesar de la opinión elevada que tiene de sí mismo). En la cultura de Oriente Próximo, dominado aún por los hombres, este tipo de escenas eran y son una profunda afirmación del valor de la mujer (cf. Bailey, *Women*, 56-73). Alabar a una mujer marginada en una reunión de hombres ya era un gran desafío. Ahora bien, la verdadera crítica solo se entiende a la luz de las expectativas culturales suscitadas ante una escena así.

En cualquier cultura, se espera que el invitado muestre aprecio por la hospitalidad que se le ha ofrecido, por escasa que haya sido. Además, en Oriente Próximo, este comportamiento forma parte de una ley no escrita. Se espera que el anfitrión diga que la calidad de sus ofrecimientos no está al nivel del rango y la nobleza de su invitado. E, independientemente de lo que se le ofrezca, el invitado está *obligado* a decir una y otra vez que no merece la hospitalidad recibida. Richard Burton, conocido orientalista y viajero del siglo XIX, escribe lo siguiente en su relato sobre su famoso viaje a la Meca:

> La vergüenza es una pasión de las naciones orientales. Tu anfitrión se sonrojaría si te tuviera que señalar por el indecoro de tu conducta; y las leyes de la hospitalidad le obligan a ofrecer al invitado todo lo que este quiera, incluso si se trata de un criminal (Burton, I, 37).

La posibilidad de que un *invitado* apunte al indecoro de las acciones de su *anfitrión* son tan remotas que Burton ni siquiera la menciona. Y sin embargo, eso es lo que ocurre en nuestro pasaje. Citando fuentes judías tempranas, Edersheim nos cuenta qué se esperaba normalmente de un invitado noble:

> Un invitado correcto reconoce los esfuerzos del anfitrión y dice, «¡Qué molestias se ha tomado mi anfitrión, y todo para procurar mi bienestar!». Mientras que el invitado desconsiderado dice, con desdén: «¡Tampoco ha hecho tanto!» (Edersheim, *Social*, 49).

Nelson Glueck, el famoso arqueólogo especializado en Oriente Próximo, recoge una ilustración que muestra cómo era el intercambio social entre el invitado y el anfitrión en la Antigüedad. Glueck estuvo de invitado en casa de una familia árabe en las ruinas de Pella, en la orilla oriental del Jordán.

> Vino a recibirnos y a entretenernos durante la comida Diva Suleiman, el *Mukhtar* («jefe») del poblado. Vestía pobremente, su casa era pequeña y su gente vivía en la pobreza, pero eso no importaba … Estábamos manteniendo una conversación agradable con un príncipe de Pella. Bebimos de su café, que alivió nuestra sed. Mojamos trozos de un pan recién hecho en un plato de salsa de queso y comimos huevos que él mismo hirvió y peló. Nosotros expresamos de forma sincera exclamaciones ante su generosidad … Bajo ninguna circunstancia podíamos rechazar su hospitalidad o mirar con desdén o pena la escasa provisión. He olvidado muchas fiestas donde no faltaba de nada, pero nunca olvidaré el pan que partimos con él. Nos trató como a un rey, y la invitación a aceptar sus ofrecimientos era una citación del rey a la que nosotros los plebeyos teníamos que responder de forma obediente (Glueck, 175ss.).

Yo he vivido la misma experiencia que Glueck en cientos de ocasiones a lo largo de todo el Oriente Próximo, desde Sudán hasta Siria, durante más de veinte años. Atacar la calidad de la hospitalidad ofrecida, independientemente de las circunstancias, no tiene precedentes, ni en la historia ni en la ficción, ni en mi experiencia personal ni en las historias tradicionales. No obstante, en el relato bíblico que estamos comentando sí se da un ataque sin precedentes sacando a la luz la poca calidad de la hospitalidad recibida de una forma directa y contundente. Después de esta explosión, los oyentes se ven obligados a tomar una decisión en cuanto al que está hablando. Los términos de esta decisión deberán ser examinados en la conclusión de las palabras finales, que ahora vamos a considerar.

La forma del lenguaje que aquí se usa sigue, como se dice desde hace tiempo, el patrón de los paralelismos hebreos del Antiguo Testamento (Jeremias, *Teología*, 16 de la edición en inglés). Plummer dice, «La serie de contrastes produce un paralelismo similar a la poesía hebrea...» (Plummer, 212). Vimos el uso del paralelismo en la primera descripción de las acciones de la mujer (en ese caso, paralelismo invertido). Por tanto, al lector no le sorprende encontrar un paralelismo en esta descripción de los hechos de la mujer. Los paralelismos no solo tienen una función artística o literaria, sino que, como veremos, también clarifican la mala interpretación que se ha hecho de este texto durante siglos.

En cuanto al escenario de este diálogo, debemos decir que Jesús, «se volvió hacia la mujer ... le dijo a Simón». Es decir, son palabras dirigidas a Simón, pero las dice mirando a la mujer. Por tanto, son palabras cuyo objetivo es alabar su amabilidad y su valor. Si Jesús estuviera mirando a Simón, lo lógico sería que usara un tono duro y de acusación: «¡Tú, que no has cumplido con tus obligaciones!». Pero, al pronunciarlas mirando a la mujer, el tono es de gratitud, expresado a una mujer valiente que necesita con desesperación sentirse aceptada. El discurso concluye con un clímax dirigido a ella, en el que se le recuerda que sus pecados han sido perdonados.

La introducción al discurso nos describe el escenario de lo que viene a continuación. Jesús empieza con una pregunta: «¿Ves a esta mujer?». Simón se ha centrado en recoger evidencias para poder juzgar a Jesús. Ahora se le pide que esté atento a la mujer y sus acciones. Jesús empieza la confrontación con: «Cuando entré a tu casa...». La idea está clara. Jesús le recuerda: «He entrado en tu casa. Soy tu invitado. Tu responsabilidad era tratarme según las normas de hospitalidad, ¡pero no lo has hecho!». Y añade: «Esta mujer, a la que tú desprecias, ha hecho lo que deberías haber hecho tú». El lenguaje del texto original es muy preciso: «No me has dado agua para los pies». Jesús no le dice: «No me has lavado los pies». Hubiera sido presuntuoso esperar que Simón tomara el rol de un sirviente. Jesús es cortés y solo menciona el agua. Si Simón le hubiera ofrecido el agua, ¡Jesús mismo se podría haber lavado los pies! Pero ni siquiera fue capaz de ofrecerle un barreño de agua. Por el contrario, la mujer sí le lava los pies, no con agua sino con lágrimas, y los seca con su corona y gloria como mujer, su cabello. Esta costumbre de ofrecer a los invitados que se pudieran lavar los pies se practicaba en Oriente Próximo hasta el siglo XIX (cf. Jowett, 79).

Jesús continúa: «Tú no me besaste». Jesús no menciona dónde debía besarle el anfitrión, en señal de humildad y deferencia. En el caso de las otras dos acciones, sí se menciona la parte del cuerpo. (Ella le lavó los *pies*. En la siguiente ilustración se menciona la *cabeza* y los *pies*). Pero, ¿dónde debería haberle besado Simón? Las personas del mismo rango se besaban en la mejilla. El discípulo besaba las manos de su rabí, el sirviente, besaba la mano de su amo, y el hijo las manos de su padre. Está claro que en el huerto de Getsemaní Judas besó a Jesús en la mano (contrariamente a la opinión popular). En la parábola del hijo pródigo, al hijo se le impide besar la mano o el pie de su padre porque este, comportándose de una forma sin precedentes, se abalanzó sobre el *cuello* de su hijo para abrazarlo y besarle. En este caso, no se trata de un saludo entre iguales, sino de una señal de reconciliación. Está claro que el padre actuó así para impedir que su hijo llegara a besarle la mano o los pies (cf. Bailey, *Poet*, 182). De hecho, como Simón ha saludado a Jesús diciéndole «Rabí/Maestro», le hubiera correspondido besar a su invitado en la mano. Pero, con un gran toque de sensibilidad, Jesús no le da importancia a eso, sino que simplemente le recuerda que no le ha ofrecido un beso. Por el contrario, la mujer ha cubierto de besos los pies de Jesús. (Como vimos más arriba, los pies y el calzado son, en Oriente Próximo, una señal de degradación; cf. Scherer, 78). Tenemos aquí dos contrastes. Simón no le da ningún beso; la mujer le da muchos. Simón no se digna ni a besarle en la mejilla; la mujer lleva a cabo un gesto de devoción increíble al besarle los *pies*. (El beso en los pies era muy poco común, pero sí tiene algún precedente. En el Talmud, Bar Hama le besa los pies a un rabino en agradecimiento porque este logra que lo absuelvan en un juicio; B.T. *Sanedrín* 27b; Sonc., 163).

La tercera acción también es un contraste doble. El aceite de oliva se usaba con frecuencia para ungir la cabeza del invitado. Ese aceite era y sigue siendo barato. Se trataba de uno de los productos más comunes en la Palestina rural del siglo I, y era, de hecho, una de sus principales exportaciones (Applebaum, *JPFC*, II, 674). La cabeza, la corona de la persona, se considera una parte digna de ungir. Por el contrario, la mujer le ha ungido los *pies* (parte del cuerpo que nadie ungía, ni siquiera con aceite de oliva) y lo ha hecho con un caro *perfume*. Por tanto, la acción de la mujer cuando le unge los pies tiene un doble impacto sobre el oyente/lector (cf. Tristram, 39). En tres acciones la mujer ha demostrado que está por encima de Simón. Y, para que a este no se le olvide, se le dice delante de todos en unas palabras poéticas que serán recordadas por siempre.

Después de esta mordaz amonestación, se nos introduce la idea principal de la conclusión con la frase «Por eso te digo». La intención de estas palabras es un tanto ambigua. Parece ser que la mejor interpretación es: «A la luz de todos tus errores, te digo…». Y a continuación aparecen esos versos finales tan discutidos que, de forma literal, traduciríamos como sigue:

> Sus pecados, que son muchos, han sido perdonados,
> por lo que ella amó mucho.
> Pero al que poco se le perdona,
> poco ama.

De hecho, Jesús no perdona los pecados de la mujer en ese mismo instante (en el versículo siguiente, tergiversan sus palabras). Lo que Jesús anuncia es un perdón que ya tuvo lugar en el pasado. El texto griego usa una pasiva perfecta, «sus pecados … han sido perdonados». La pasiva se usa así para no tener que decir el nombre de Dios (Jeremias, *Parábolas*, 157, p. 127 de la edición en inglés). El tiempo perfecto indica una condición presente que es el resultado de una acción pasada. Ibn al-Silibi, el erudito sirio del siglo XII, llegó a la misma conclusión: «Sus acciones muestran que sus pecados habían sido perdonados» (Ibn al-Salibi, 98). Jesús anuncia lo que Dios ha hecho y le confirma a la mujer esa acción.

Y por último, la expresión tan discutida: «por lo que ella amó mucho». Durante más de un milenio, tanto en Oriente como en Occidente se ha traducido como «porque amó mucho». Y es la traducción que aparece en muchas versiones de la Biblia, aunque contradice claramente lo que aparece tanto antes como después. La pregunta es, ¿qué va primero, el perdón o la muestra de amor? Cuando miramos la parábola y el pareado final de la sección que estamos examinando ahora, podemos observar lo siguiente:

El texto	*La relación entre el amor y el perdón en el texto*
En la parábola de los dos deudores:	a. Primero está el perdón b. Le sigue una respuesta de amor agradecido
En el pareado final («al que poco se le perdona, poco ama»):	a. Primero está el perdón b. Le sigue una respuesta de amor agradecido
En la traducción tradicional del v. 46 («sus pecados … han sido perdonados, *porque* amó mucho»):	a. *Primero* aparece la demostración de amor b. Le sigue el perdón a modo de recompensa.

Lo increíble es que durante siglos las versiones de la Biblia han recogido esta contradicción, y lo mismo ocurre hoy en día con algunas traducciones. Si el texto tiene coherencia interna, esta traducción debe ser un error. La Biblia de Jerusalén dice: «Por eso te digo que quedan perdonados sus muchos pecados, porque ha mostrado mucho amor». Eso es lo mismo que decir que la mujer se ha ganado el perdón gracias a sus acciones (idea totalmente opuesta a la enseñanza de la parábola). Lo mismo ocurre con la RV, tanto la revisión del 60 como la del 95, y con LBLA. Y con la BT, aunque a pie de página explica: «es decir, su mucho amor demostró que era consciente de que se le había perdonado mucho»). La NVI sí refleja lo que ahora vamos a explicar: «si ella ha amado mucho, es que sus muchos pecados le han sido perdonados».

En el texto griego aparece la partícula *hoti*, que, aunque normalmente significa «porque», también puede tener lo que los lingüistas llaman «uso consecutivo»: apuntar al resultado. En ese caso, la traducción adecuada es «por tanto». En el versículo 47 nos encontramos un caso muy claro de ese uso consecutivo (cf. Jeremias, *Parábolas*, 157, p. 127 de la edición en inglés; Robertson, 1001; Bauer, 593; Plummer, 213; Blass, 456). Eso hace que el versículo 47a esté en armonía tanto con la parábola como con la frase que le sigue, y así le devolvemos la coherencia interna al texto y a su mensaje. Claramente, Jesús está diciendo que esta mujer no es una pecadora que les vaya a contaminar, sino que se trata de una mujer perdonada que es consciente del grado de su maldad y está empezando a conocer la gracia de Dios, la cual se le ofrece de forma gratuita a través del perdón. Ese descubrimiento es lo que la lleva a expresar su muestra de agradecimiento y amor. Jesús concluye con unas palabras que son una clara referencia a Simón. Vamos a analizarlas con detenimiento.

Refiriéndose a Simón, Jesús dice: «al que poco se le perdona, poco ama». Esto se puede interpretar de dos formas. Podemos interpretar que Jesús está diciendo: «Tú, Simón, eres un hombre recto, y tus pecados son pocos, por lo que el perdón de Dios necesario para cubrir esas "deudas" es poco. Por eso (o el "por tanto" de arriba) has amado poco». Pero lo más probable es que su intención fuera la siguiente: «Tú, Simón, has cometido muchos pecados (de hecho, acabamos de hacer referencia a algunos de ellos). No eres consciente de su seriedad, y no te has arrepentido. Por eso se te ha perdonado poco y, naturalmente, has amado poco». Jesús acaba de hacer una lista de los errores (deudas) de Simón, y reflejan lo lejos que ha estado de ser un buen anfitrión. Y reflejan también su profundo egoísmo, arrogancia, dureza de corazón, hostilidad, espíritu crítico, poca comprensión sobre lo que realmente contamina, su rechazo de los pecadores, su insensibilidad, su falta de comprensión de la naturaleza del perdón de Dios y su sexismo. La crítica más grande de todas es el hecho de que Simón ha sido testigo de la acción de la mujer y aún la tacha de «pecadora» (v. 39). No ha querido aceptar su arrepentimiento y ha optado por seguir rechazándola por ser pecadora. Ibn al-Tayyib tiene algunas reflexiones muy interesantes sobre esta cuestión:

> Y los dos deudores hacen referencia a dos tipos de pecadores. Uno es un gran pecador como la mujer y el otro es un pequeño pecador como el fariseo. Al decir «pequeño pecador», o se refiere al pecado o se refiere a la actitud engreída de Simón, que se cree perfecto. Este engreimiento o vanidad anula toda virtud y toda capacidad de comprender que aquel al que se le perdona más, ama más. Ciertamente, le dijo a Simón esta parábola con el propósito de reprobarle por no querer tener ningún contacto con pecadores y para demostrarle que el amor de esta mujer por Dios es mayor que el amor del fariseo, porque ella ha aceptado toda la gracia de Dios (Ibn al-Tayyib, folio 90ʳ).

En el mismo pasaje también escribe:

> Y cuando Jesús dice «al que poco se le perdona, poco ama», lo que quiere decir es que aquel que ha pecado mucho experimenta un arrepentimiento profundo, que va seguido de un amor sincero hacia Dios. Pero el que tiene pocos pecados se jacta de su rectitud y cree que tiene poca necesidad de perdón, y tiene poco amor hacia Dios (Ibn al-Tayyib, folio 89ʳ).

Así, con Ibn al-Tayyib, entendemos que el texto presenta al lector un cuadro en el que aparecen dos grandes pecadores. Uno peca sin la Ley, y el otro dentro de la Ley. El primero (la mujer) ha aceptado el perdón por sus muchos pecados y responde con mucho amor. El segundo (Simón) no es consciente de la naturaleza de la maldad que hay en su corazón. Cree que tiene muy pocas deudas espirituales, por lo que no necesita la gracia tanto como los pecadores de verdad. Consecuentemente, como recibe poca gracia, muestra poco amor (si es que muestra alguno). Este mismo contraste lo podemos ver en la parábola de la oveja perdida. ¿Realmente piensa Jesús que hay «noventa y nueve que no necesitan arrepentirse»? ¿O se está riendo de la mentalidad farisaica que piensa que es así (cf. Bailey, *Poet*, 154ss.)? Los hijos de la parábola del hijo pródigo (Lc 15:11-32) y los dos hombres que oran en el templo (Lc

18:9-14) ofrecen un contraste similar. La amonestación es impresionante. El gran pecador que no se ha arrepentido (cuya presencia contamina)
es Simón, no la mujer. El profeta no solo ha leído el corazón de la mujer,
sino que también ha leído el corazón de Simón. El juez (Simón) pasa a
ser el acusado. Al principio de la escena, Jesús es el objeto de examen.
Ahora se giran las tornas y Simón queda al descubierto. Finalmente, la
pregunta que hemos de hacernos es la siguiente: ¿qué aprendemos sobre
Jesús?

Las afirmaciones que se desprenden sobre la persona de Jesús son realmente importantes. Simón ha pensado que Jesús podría ser un profeta,
incluso «el profeta» del que se habla en Deuteronomio 18:15 (un texto
griego temprano, el Vaticanus, ofrece esta lectura en Lucas 7:39). Según
Simón, la cuestión será ver si Jesús es capaz de conocer el interior de las
personas. Jesús demuestra que conoce a la perfección la naturaleza de
la mujer, y también la de Simón. Pero la acción va más allá de la simple
afirmación de que Jesús es un profeta. Queda claro que Jesús es el único
agente de Dios a través del cual Dios anuncia el perdón, y toda muestra de amor y gratitud deben ir dirigidas a él. La mujer es alabada por
mostrar amor hacia Jesús en respuesta al amor que ha recibido. Simón
es duramente criticado porque no actúa como ella. Estas afirmaciones
sobre la persona de Jesús tienen la intención de evocar en el oyente/
lector una respuesta de reconocimiento, afirmación y obediencia, o de
acusación de blasfemia contra el impostor que cree actuar como el único
agente de Dios. Al final de este episodio no hay lugar a dudas de cuál es
la situación de los presentes en aquel banquete.

CONCLUSIÓN: EL FARISEO, JESÚS, Y LA MUJER (Escena 7)

Los otros invitados comenzaron a decir dentro de sí:
«¿Quién es éste, que también perdona pecados?»
    «Tu fe te ha salvado», le dijo Jesús a la mujer; «vete en paz».

En el principio se nos presentaba a los tres personajes principales.
Ahora que llegamos al final, el texto nos obliga a detener nuestra mirada
en ellos. Los otros invitados no están impresionados. No se pusieron a
hablar «entre sí»; junto con las versiones árabes y siríacas, preferimos
hacer una traducción más literal: «dentro de sí». Como a Simón, les
pone un poco nerviosos la idea de verbalizar sus críticas (después de ver
el ataque fulminante dirigido en contra de Simón). Sin embargo, su espíritu de crítica no tiene nada que ver. De hecho, él no ha perdonado los

pecados de la mujer (aunque tiene capacidad para hacerlo; cf. Lc 5:17-26); tan solo ha actuado como Dios anunciando el perdón y recibiendo la gratitud. Están sorprendidos y, como mucho, ofendidos. De nuevo con las versiones árabes y siríacas, preferimos la siguiente traducción: «¿quién es éste, que también perdona pecados?». Junto con otros escándalos, *también* perdona pecados (Plummer, 214). Y, por último, tenemos la frase final dirigida a la mujer: «Tu fe te ha salvado; vete en paz». Su *fe* (no sus obras de amor) la ha salvado.

Cuando el autor bíblico usa el principio de inversión, normalmente coloca el tema principal en el centro y lo repite al final (Bailey, *Poet*, 50ss.). Esto es lo que ocurre aquí. La idea principal de la parábola, que aparece en el centro de la unidad literaria, es el amor de Dios, que él ofrece de forma gratuita y que se acepta como un don inmerecido. Esta idea vuelve a aparecer al final en la contundente afirmación de que la salvación es por fe. En presencia de aquellos que desprecian a la mujer, Jesús, de forma misericordiosa, la despide en paz y habiéndola reconciliado con el Padre celestial y amante, cuyo único agente debe seguir soportando el rechazo, mientras sigue proclamando esa reconciliación a los pecadores como ella y como Simón. La escena (como la parábola del hijo pródigo) concluye de forma abierta. No se nos dice cuál es la respuesta de Simón (del mismo modo que no conocemos la respuesta final del hijo mayor de Lc 15 o de los tres discípulos en 9:57-62). ¿Se parará a pensar en las deudas que él tiene, se arrepentirá y ofrecerá estas muestras de amor agradecido que hasta ahora no ha sido capaz de ofrecer? ¿O se endurecerá aún más? Tanto entonces como ahora, el lector/oyente debe completar la parábola decidiendo cuál es su respuesta ante ese único agente del perdón y de la paz de Dios. La parábola acaba, la unidad literaria se cierra, y se hace necesario mirar atrás.

En cada parábola tendremos que identificar la decisión/respuesta que el lector/oyente original debía hacer, y determinaremos el conjunto de cuestiones teológicas que se suman para formar el impacto de la parábola, cuestiones que instruyen a los creyentes de cualquier época. Como ha dicho Marshall, «en la historia hay bastantes temas diferentes» (Marshall, 304).

En primer lugar, el oyente original. Simón es llamado a entender y confesar:

Soy un gran pecador (como lo era esta mujer). Hasta ahora no me había percatado. Al contrario que ella, no me he arrepentido ni he prestado atención el ofrecimiento de la gracia de Dios. Se me ha perdonado poco, por lo que he amado poco al agente de Dios (Jesús). Si Jesús no quisiera mezclarse con pecadores, debería evitarme a mí, y no a esa mujer a la que yo he despreciado.

El conjunto de temas teológicos que se suman para formar el impacto de esta parábola es el siguiente:

1. El perdón (salvación) es un regalo que no merecemos y que Dios ofrece de forma gratuita. La salvación es por fe.

2. Cuando se acepta, esta salvación por fe nos lleva inmediatamente a realizar acciones costosas. Estas acciones de amor son expresiones de gratitud por la gracia recibida, y no intentos de ganar más gracia.

3. Jesús es el único agente a través del cual Dios anuncia su perdón, y el único al que debemos dirigir nuestras muestras de amor agradecido, con el conocimiento de que, a través de él, a los creyentes se nos ha perdonado mucho. La pregunta que aparece al final de la escena 7 no queda respondida. El lector debe dar su propia respuesta.

4. El ofrecimiento del perdón a los pecadores nos recuerda que el agente de ese perdón lo demostró de una forma costosa e inesperada. Dentro de este tema podemos entrever parte del significado de la pasión.

5. Hay dos clases de pecados y dos clases de pecadores (Simón y la mujer). Simón peca dentro de la ley y la mujer peca fuera de la Ley. Los pecadores como la mujer normalmente saben que son pecadores; los pecadores como Simón normalmente no lo saben. El arrepentimiento es más difícil para los «justos».

6. En un mundo de hombres, y en un banquete de hombres, se nos presenta a una mujer despreciada como una heroína de la fe, el arrepentimiento y la devoción. En cuanto a estas tres cualidades, está por encima de aquellos hombres. En esta parábola queda bien claro el valor inherente de la mujer y el hecho de que el ministerio de Jesús es para hombres y para mujeres.

7. Al encontrarnos con Jesús, las opciones posibles son la fe o el rechazo. No hay una opción intermedia. Para Simón, o Jesús es un hombre maleducado que insulta a su anfitrión, por no mostrarse agradecido por el banquete que prepara en su honor, y por

actuar como si fuera Dios, o realmente es el agente de Dios, el mediador del perdón de Dios que espera nuestra humilde y costosa devoción.

8. Jesús acepta la invitación de Simón sin vacilar. Es conocido como el amigo de los pecadores, lo que no solo incluye una preocupación por los marginados, sino también por los «que se creen justos».

Que esta parábola nos sirva de catarsis, del mismo modo que lo ha hecho para millones a lo largo de la historia.

Capítulo 2

LA ZORRA, EL FUNERAL Y EL ARADO (Lucas 9:57-62)

El texto:

Iban por el camino
A.   cuando alguien le dijo:
   —Te seguiré a   SEGUIR
     dondequiera que vayas.   IR
          Le respondió Jesús: ¿COSTE
     —Las zorras tienen madrigueras   DEMASIADO
     y las aves tienen nidos,   ELEVADO?
     pero el Hijo del hombre no tiene dónde   (Una parábola)
     recostar la cabeza.

B.   A otro le dijo:
   —Sígueme.   SEGUIR
     le contestó: —Señor — primero déjame ir   IR
     a enterrar a mi padre.   COSTE
          Le replicó Jesús:
     —Deja que los muertos entierren a sus   COSTE
     propios muertos,   IR
     pero tú ve   SEGUIR
   y proclama el reino de Dios —.

A´   Otro afirmó:
   —Te seguiré, Señor;   SEGUIR
     pero primero déjame despedirme de mi familia.   IR
          Jesús le respondió:
     —Nadie que pone la mano en el arado   ¿COSTE
     y mira atrás   DEMASIADO
     es apto para el reino de Dios.   ELEVADO?

Los tres breves diálogos que aparecen en este pasaje no se suelen incluir en la lista de parábolas. Es cierto que no encajan con el prototipo de parábola, pero aquí Jesús también transmite sus enseñanzas a través de unas comparaciones. En estos diálogos encontramos dos proverbios-parábolas. Según el uso palestino del siglo I, ambos merecen el título de *mashal*. Hemos decidido incluir esta trilogía bajo la categoría de las parábolas de Jesús. En nuestro estudio sobre cómo interpretarlas (ver la Introducción), vimos que la respuesta al primero de los hombres es una ilustración clásica del uso que Jesús hace de este método de comunicación.

En un estudio reciente sobre la estructura literaria de este pasaje, Louw escribe: «La semántica del estilo proverbial debe basarse en el análisis de las expresiones y no en la exposición tradicional palabra por palabra» (Louw, 107). Quizá esta sea una afirmación demasiado contundente, pues ambos acercamientos son necesarios. La exposición de Louw es defectuosa, porque no se detiene a considerar la cultura que hay detrás del texto, pero su trabajo, al menos, nos habla de la presencia de una estructura literaria en el texto y en algunas ocasiones es muy útil. El análisis que hemos ofrecido arriba nos permite ver un número de elementos entrelazados que merece la pena mencionar.

Como ocurre a menudo en la literatura bíblica, estamos tratando con un pasaje que tiene tres partes (cf. Bailey, *Poet*, 69). Típico de este tipo de formato, la primera y la tercera estrofa están unidas de diferentes formas. En este caso son cuatro los elementos que se comparan y que sirven de unión entre estas dos estrofas. Al principio, en la primera y la tercera estrofa (A y A´), la persona que habla es un voluntario. Se *ofrece* como discípulo. Por el contrario, la persona del diálogo del medio no lo es. Jesús lo *llama* para que le siga. En segundo lugar, en A y A´, Jesús responde con parábolas que toman elementos que encontramos en la intemperie. El primero es de la naturaleza y el segundo de la agricultura que se practicaba en la Palestina rural. El diálogo (B) no contiene ninguna palabra; en su lugar, encontramos una orden directa. Las ilustraciones del diálogo están sacadas de las costumbres de la convivencia y las relaciones, no de la naturaleza. En tercer lugar, en el caso de A y A´, ambas partes solo cuentan con una intervención. El segundo diálogo contiene tres intervenciones. Por último, la forma literaria de la primera y la última conversación es idéntica. El orden de las ideas es SEGUIR + IR + una parábola. En cambio, en la estrofa central encontramos un paralelismo invertido: SEGUIR – IR – COSTE + COSTE – IR – SEGUIR/PROCLAMAR. Esta estructura tiene tres estrofas con un paralelismo escalonado que une la primera y la última estrofa, mientras la estrofa central rompe con un paralelismo invertido. Es la estructura que también aparece en Lucas 15:4-7 (Bailey, *Poet*, 144s.).

Además de los elementos que unen el primer y el último diálogo, hay un grupo de enlaces semánticos que unen el segundo y el tercero. Ambos acaban con una referencia al reino de Dios. Las dos personas dejan claro que están dispuestas a seguirle, «pero primero...». Por último, hay algunos elementos que unen los tres diálogos. Obviamente, en todos los diálogos se repiten las tres ideas principales: seguir + ir + coste. El primero está dispuesto a seguir y a ir dondequiera que su maestro vaya, pero no ha tenido en cuenta el coste. Al segundo, Jesús le dice, «sígueme». Él quiere ir a casa primero (pero recibe la orden de ir y proclamar el reino). El coste del discipulado aparece en forma de mandato. El tercero quiere seguirle y, como el segundo, primero quiere ir a casa. (La antigua versión siríaca contiene el verbo «ir» en este texto, y sugerimos que es muy probable que apareciera en el original. Sea como sea, es implícito). Él, como el primero, oye a un Jesús que le reta a calcular el coste. A la vez, las estrofas A y A´ no son idénticas. Hay una progresión. En la primera, el hombre no pone condiciones y Jesús le anima a considerar cuál es el coste. El último parece haberlo hecho ya. Quiere seguir a Jesús, pero pone una condición. Teniendo en cuenta todos estos paralelismos, ahora examinaremos cada uno de los diálogos.

EL PRIMER DIÁLOGO

A un hombre le dijo,
  «Te *seguiré*   SEGUIR
     dondequiera que *vayas*».   IR
        Y Jesús le dijo,
        «Las zorras tienen madrigueras, ¿COSTE DEMASIADO
        y los pájaros del aire tienen   ELEVADO?
        dónde descansar.
        Pero el Hijo del hombre no tiene
        dónde recostar la cabeza».

Esta parábola no contiene elementos culturales difíciles de entender. No obstante, podría tener dos niveles de significado. El primer nivel está claro. Este primer aspirante a discípulo representa la fuerza *centrípeta* de la misión. Se ve atraído a unirse a la comunidad de discípulos. Nadie lo llama. Sin embargo, no tiene una comprensión muy profunda de lo que implica seguir a Jesús. Sa´id dice: «No entiende que "seguir" quiere decir Getsemaní, Gólgota y sepulcro» (Sa´id, 258). La idea de seguir a un Hijo del hombre rechazado y sufriente era ajena para el judío del siglo I. En Daniel, el Hijo del hombre tiene dominios, gloria y reino y pueblos, naciones y lenguas le sirven (Dn 7:14). El lector ya ha oído que «El Hijo del hombre tiene que sufrir» (Lc 9:22). Aquí, al voluntario no se le dan detalles, sino una imagen gráfica de un rechazo total. La idea no es tan solo «Quizá tú también tengas que sufrir privaciones, ¿lo has pensado bien?», sino también «Sea cual sea tu motivación, ten en mente que te estás ofreciendo para seguir a un líder rechazado». Mejor que «nidos» (como aparece en algunas traducciones) es «lugar donde descansar». Los pájaros siempre tienen dónde descansar, pero solo construyen nidos en momentos concretos del año. La idea es (parcialmente) que incluso animales como los pájaros tienen un lugar para descansar, pero el Hijo del hombre no.

A parte de este obvio significado extraído de la naturaleza (las zorras y los pájaros), también podría haber aquí un simbolismo político. T.W. Manson dice que los «pájaros del aire» eran un símbolo apocalíptico en el periodo intertestamentario, que hacía referencia a las naciones gentiles. La «zorra» era un símbolo de los amonitas que, como Manson recuerda, «tenían la misma raíz que los israelitas, pero eran un pueblo enemigo» (Manson, *Sayings*, 72). De la misma forma, la familia de Herodes (debido al origen de Herodes Idumeo) era mixta, y la población judía de la Palestina del siglo I siempre lo vio como extranjero (Stern, *JPFC*, I, 261-277). Jesús llama a Herodes Antipas «aquella zorra» (Lc 13:32). Manson escribe:

> Entonces, el sentido de esta expresión podría ser: todos están en casa en la tierra de Israel, menos el verdadero Israel. Los pájaros del aire, los jefes romanos, las zorras, los intrusos edomitas, han desheredado a Israel: y si te arriesgas a seguirme te unes a las filas de los desposeídos y tienes que estar dispuesto a servir a Dios bajo esas condiciones (Manson, *Sayings*, 72s.).

Creemos que suele pasarse por alto el tono político que hay en estas palabras de Jesús. Todo aquel que vive en Oriente Próximo (donde cualquier aliento religioso tiene un cariz político) está obligado a considerar algunas cuestiones de este texto que raramente se mencionan. El amplio uso de las parábolas, con sus símbolos un tanto velados; la expresión críptica «el que tiene oídos para oír, oiga»; la presión popular para hacerle rey; la necesidad de ir al norte en varias ocasiones, saliendo de Galilea y adentrándose en provincias no judías; estos y otros pasajes indican que la dimensión política era una parte constante del mundo en el que Jesús vivía (cf. Manson, *Messiah*). Aquí también. Por lo general, los oprimidos no pueden declarar públicamente que están oprimidos. Se ven obligados a hablar de la opresión a la que están sometidos a través de símbolos. La atrocidad de la era herodiana, con sus torturas y asesinatos, estaba aún en la mente de todos. Nadie se atrevía a criticar a Roma. Los romanos y sus seguidores herodianos eran los poderosos de la tierra, y sus espías estaban por todas partes. Como Manson sugiere, quizá Jesús estaba diciendo de forma un tanto velada: Mirad, si queréis poder e influencia, id a los «pájaros» que «construyen sus nidos» por todas partes. Seguid a «la zorra» que lidera con astucia. Porque, a pesar de vuestras expectativas, el Hijo del hombre no tiene poder y está solo. ¿Estás seguro de que quieres seguir a un Hijo del hombre *rechazado*?

La afirmación cristológica del pasaje es bien clara. Jesús es el Hijo del hombre, pero su ministerio no es un cumplimiento triunfante de ese título, sino un cumplimiento sufriente.

No se nos dice cuál fue el resultado. El voluntario no contesta. Y en muchas de las parábolas de Jesús (cf. Lc 7:47; 14:24; 15:32) hay un final abierto. No sabemos si el voluntario respiró hondo, dio un paso adelante y se unió a los demás discípulos, o si, sorprendido por el precio que tenía que pagar y ante la idea de un líder rechazado, dio media vuelta y se volvió por donde había venido. Está claro que este voluntario es un reflejo de aquellos que en todas las épocas se ofrecen rápidamente para seguir a Jesús, antes de pensar seriamente en el precio y las implicaciones que tiene seguir a un maestro rechazado y sufriente. Al lector se le obliga a completar esta conversación con su propia respuesta.

El segundo aspirante a discípulo no se ofrece como voluntario, sino que le llaman a filas. Estamos ahora ante la fuerza *centrífuga* de la misión. Jesús lanza tres órdenes a alguien que pasaba por allí. Son las siguientes:

EL SEGUNDO DIÁLOGO

B A otro le dijo: «*Sígueme*». SEGUIR

Pero el hombre le contestó: «Señor, déjame *ir*   IR
primero
a *enterrar* a mi padre». Pero él le dijo: COSTE
«Deja que los muertos *entierren* a sus muertos.
Pero tú *ve*   IR
y *proclama* el reino de Dios».   SEGUIR

Ya hemos comentado arriba el uso del paralelismo invertido. Además, la estructura verbal del griego es muy precisa. El tipo de imperativo que se usa aquí (aoristo) es una orden para iniciar una nueva acción. La persona a la que Jesús se dirige no le está siguiendo aún y recibe la orden de empezar a hacerlo. Se ha malinterpretado en muchas ocasiones su respuesta. Plummer cree que o bien el padre acababa de morir, o bien está a punto de hacerlo (Plummer, 266; Marshall, 410-12). Pero cualquier persona que conoce bien la cultura oriental sería incapaz de hacer esa interpretación. Ibn al-Salibi comenta: ««Déjame ir a enterrar» significa «Déjame ir y servir a mi padre mientras viva y, cuando muera, lo enterraré y te seguiré»» (Ibn al-Salibi, I, 223). Sa´id, comentarista árabe de nuestros días, dice algo similar: «El segundo (discípulo) está pensando en un futuro lejano, pues la idea de seguir a Jesús la posterga al día en que su padre haya muerto...» (Sa´id, 258). Al comentar la petición que este hombre hace, «déjame ir ... a enterrar a mi padre», Sa´id escribe:

> Si su padre acababa de morir, ¿por qué no estaba él en ese momento velando su cuerpo? En realidad, lo que él hace es dejar la cuestión de seguir a Jesús para un futuro lejano, cuando su padre muera de viejo, quién sabe cuándo. Él no sabe que, en breve, Jesús mismo entregará su espíritu (Sa´id, 259).

El comentario de Sa´id tiene sentido. Se nos dice que estas tres conversaciones tienen lugar «en el camino». Si el padre de este hombre acababa de morir, ¿qué hacía él pasando el rato junto al camino? De hecho, el argumento de Sa´id tiene más peso del que él dice. La expresión «enterrar al padre» es un modismo tradicional que hace referencia al deber de un hijo de quedarse en casa y cuidar de sus padres hasta después de haberles hecho un entierro digno. Yo mismo he oído esta expresión una y otra vez cuando he mantenido conversaciones sobre la emigración aquí en Oriente Próximo. En medio de una conversación sobre ese tema, alguien pregunta: «¿No vas a enterrar a tu padre primero?». Esta suele ser una pregunta dirigida al joven de unos treinta años que está pensando en emigrar a algún otro lugar. Por lo que estamos hablando de un padre al que le quedan aproximadamente unos veinte años más de vida. La idea es: «¿No vas a quedarte hasta que cumplas con el deber de cuidar de tus padres hasta que mueran? ¡Ya emigrarás entonces!». Existen otras expresiones coloquiales que reflejan este trasfondo cultural. En el siríaco coloquial de las aisladas aldeas de Siria e Iraq, cuando un hijo rebelde intenta afirmar su independencia, las palabras del enfadado padre son *kabit di qurtly* («¡Quieres enterrarme!»). Es decir: «Quieres que muera pronto para que ya no tenga autoridad sobre ti y para poder hacer lo que quieras». Aquí encontramos la misma idea cultural que la mencionada más arriba. Entre los libaneses, una persona anciana aun le hace un cumplido a una persona más joven cuando, como expresión de cariño, le dice en árabe: *tuqburni ja ibni* («Hijo mío, tú me vas a enterrar»). El sentido es: «Tengo un concepto tan algo de ti que te considero mi hijo y sinceramente espero que tú seas el que me cuides en mi vejez y con respeto me deposites en la tumba». De nuevo, la idea que hay detrás de este modismo es que el hijo tiene el deber de quedarse en casa hasta la muerte de los padres. Entonces, y solo entonces, podrá considerar otras opciones. Aquí estamos hablando del tema de las expectativas de la comunidad, que traducido a nuestra cultura occidental vendría a ser, también, la presión social. El hombre que está en el camino dice: «Mi comunidad me exige ciertas cosas, y esas expectativas tienen mucho peso. ¿No querrás que viole las convenciones sociales?». Eso es precisamente lo que Jesús espera. La proclamación del reino de Dios solo puede significar anunciar el reino de Dios como una realidad presente. Jesús dice que los que están muertos espiritualmente pueden cuidarse de las responsabilidades tradicionales de la comunidad local, pero *tú* ve y proclama la llegada del reino (en el texto griego, el pronombre *tú* es enfático).

EL TERCER DIÁLOGO

A´ Y otro dijo,
    «Te seguiré, Señor,   SEGUIR
        pero primero déjame ir a despedirme   IR
        de los que están en mi casa».
            Y Jesús dijo: ¿COSTE
        «Ninguno que pone su mano en el arado DEMASIADO ALTO?
        y mira hacia atrás
        es útil en el reino de Dios».

Como el primer hombre, este aspirante a discípulo se ofrece de forma impetuosa a seguir al maestro. Como el hombre del segundo diálogo, pone una condición. Esta condición normalmente se traduce de la siguiente forma: «Deja que primero vaya a despedirme de los que están en mi casa». Esta petición parece tan legítima como la del segundo voluntario. ¡Claro que le va a dejar ir a su casa para despedirse! Eliseo, cuando Elías le dijo que le siguiera, pidió que le diera tiempo para «besar a mi padre y a mi madre» (1R 19:20). Elías le concedió ese deseo, y Eliseo no solo hizo eso sino que también aprovechó para matar y cocinar dos bueyes. ¿No sería razonable que a este hombre se le concediera su petición? La respuesta solo la encontraremos si realizamos un análisis más detallado de la petición.

La palabra griega que tradicionalmente se ha traducido como «decir adiós» es *apotasso*. Puede significar «decir adiós» o «ausentarse». Casi todas las versiones castellanas traducen «despedir» en todas las ocasiones (también en Mr 6:46; Hch. 18:18; 18:21; 2Co 2:13) impidiéndonos apreciar que en Oriente Próximo existen los dos sentidos y que la diferencia entre ellos es importante. La persona que se *marcha*, para poder ausentarse, debe pedir permiso a los que se *quedan*. Los que se *quedan* son los que «dicen adiós» a los que se *marchan*. Esta es una formalidad que en Oriente Próximo se tiene que cumplir, ya sea en ocasiones formales o informales. El que se marcha pide permiso para ausentarse. Pregunta: «¿Con vuestro permiso?». Los que se quedan, responden: «Ve en paz» o «Dios contigo» (cf. Rice, 74s.). Esas respuestas dan a entender que el permiso ha sido concedido. Vemos, pues, que al traducir *apotasso* por «despedir» o «decir adiós» se ha perdido este pequeño pero importante matiz. La cuestión es que el hombre de nuestro texto está diciendo que le deje ir a casa a *pedir permiso* a «los que están en mi casa» (es decir, a sus padres). Todo el que estuviera escuchando aquella conversación sabía que era normal que el padre no le diera permiso para irse a formar parte de una empresa cuestionable. Por tanto, ese hombre ya tenía la excusa preparada. Por mucho que llore o insista, su padre no le va a dejar marchar. La antigua traducción siríaca refleja esta idea: «Deja que primero explique mi caso a los que están en mi casa». Estos traductores sabían perfectamente que este hombre no iba a casa a darle a su padre el último abrazo ni a oír las palabras de despedida y de buenos deseos de boca de su madre. Iba a casa para dejar que sus padres ejercieran su autoridad sobre él; es decir, a poner el llamamiento de Jesús bajo la autoridad de sus padres. Las traducciones siríacas más modernas no recogen este matiz.

En las versiones árabes aparecen otras dos alternativas, ambas traducciones legítimas del texto griego. El texto griego dice literalmente «saludar a aquellos en mi casa». El artículo definido griego (que aquí traducimos por «aquellos») puede ser masculino (con el significado de «la gente» o «las personas») o neutro (con el significado de «las cosas»). También, el verbo *apotasso* es el verbo *tasso* con una preposición como prefijo. El verbo *tasso* significa «reparar», «ordenar», «determinar» o «arreglar». Cuando en griego se antepone una preposición a una palabra, normalmente le cambia el significado. Pero a veces tan solo hace hincapié en el significado de la raíz original. *Apotasso* significa «ausentarse» o «decir adiós». Cabría la posibilidad de que en este texto *apotasso* significara «arreglar». Durante casi mil años, algunas versiones árabes han optado por esa traducción: «Primero permite que *deje hechos los arreglos necesarios* para los que están en mi casa» (cf. Vaticano Copto 9; Vaticano Árabigo 610; Políglota de París y Londres; Schawayr). Si interpretamos que el artículo definido mencionado arriba es neutro en lugar de masculino el texto se podría traducir así: «Primero permite que deje arregladas las cuestiones que tienen que ver con las posesiones de mi casa». La versión original del Vaticano Árabigo 610 contiene esta traducción. Un corrector ha cambiado «las cosas» por «las personas». El problema de esta interpretación del texto es la suposición de que la raíz *tasso* («arreglar») es el significado original de la palabra, en lugar de «ausentarse», que tiene un mayor respaldo. Sin embargo, las versiones arábigas mencionadas más arriba son evidencia de que algunos escritores árabes antiguos vieron esta problemática. El segundo voluntario no va a casa a «decir adiós». Como reconocían esto, lucharon por encontrar una traducción que tuviera sentido en su cultura. En lugar de estas soluciones árabes, preferimos regresar a la vieja versión siríaca.

La antigua versión siríaca que mencionamos más arriba parece llevarnos por una buena dirección. El término griego *apotasso* significa «ausentarse», y es así como se traduce en los demás textos del Nuevo Testamento. Solo hemos de aplicar esta traducción a nuestro texto teniendo en cuenta el matiz cultural que hemos mencionado: está pidiendo permiso para ausentarse. En ese contexto, claramente está diciendo: «Te seguiré, Señor, pero obviamente la autoridad de mi padre es *mayor* que tu autoridad y *necesito* tener su permiso antes de marchar». Ibn al-Tayyib simplemente comenta: «El corazón del que quiere saludar a su familia está ligado a su familia» (Ibn al-Tayyib, folio 97ᵛ). En Oriente Próximo, por tradición, la autoridad del padre es suprema. Así, no sorprende que el padre se convirtiera en un símbolo de Dios. Un ingeniero de cuarenta años irá desde la gran área metropolitana a la aldea para seguir las normas de la tradición y pedirle permiso para viajar al extranjero, para cambiar de trabajo o para iniciar un negocio importante. Aunque el viaje sea ceremonial y el hijo de hecho está tomando sus propias decisiones, hará el viaje como señal de respeto. Rice observa con acierto que, en las sociedades tradicionales de Oriente Próximo, cualquier persona sometía todos los detalles de su vida a sus padres.

> Cada día, al levantarse, un hombre hace sus oraciones, y luego va a su padre y a su madre y les besa las manos y les pide su bendición. Cuando empieza una nueva empresa, pide el favor de Dios

para su empresa y acaba la oración con el deseo de que sus padres le aprueben y le bendigan (Rice, 60).

Yo mismo nunca olvidaré una clase en el seminario, con estudiantes de Oriente Próximo. Tendrían ustedes que haber visto las caras de estupefacción cuando explicamos este texto y vimos que Jesús está diciendo que su autoridad es mayor que la del padre del segundo voluntario. Es difícil explicar la conmoción que le causan a un lector/oyente de Oriente Próximo las demandas que encontramos en este texto. Y la conmoción debió de ser mayor cuando quien hacía las demandas era un joven (Jesús) de treinta años. Las únicas respuestas eran o la aceptación y la sumisión o el rechazo y la hostilidad. Ahora examinaremos la forma que Jesús utiliza para hacer esta afirmación.

La respuesta de Jesús a este segundo voluntario es como la respuesta que le dio al primero. A ambos les cuenta una parábola que se estructura en tres versos. Esta segunda parábola tiene que ver con la agricultura.

> El arado palestino, muy ligero, se maneja con una mano. Esa mano —la mayor parte de las veces es la izquierda— al mismo tiempo tiene que asegurar la posición vertical del arado, presionarlo para que se clave en la tierra, y levantarlo cuando pasa por piedras y rocas. La otra mano el labrador la necesita para estimular a los bueyes recalcitrantes con un palo de unos 2m. de largo, que lleva una punta de hierro. Al mismo tiempo el labrador, mirando entre los animales, tiene que conservar constantemente el surco a la vista. Esa manera primitiva de arar requiere habilidad y una gran concentración en lo que se está haciendo. Si el labrador vuelve la cabeza, el nuevo surco se tuerce. Del mismo modo, el que quiere seguir a Jesús debe estar dispuesto a romper todos los vínculos con el pasado y poner su mirada solo en el reino de Dios que va a venir (Jeremias, *Parábolas*, 237-238, p. 195 de la edición en inglés).

Esa herramienta no solo era difícil de manejar, sino que el proceso de arar un campo era una tarea más exigente de lo que generalmente se cree.

> Arar era una tarea minuciosa; para la primera retirada del rastrojo que hay después de la cosecha, se colocan unas bandas anchas en el arado y se hacen surcos anchos para facilitar la absorción de las lluvias. La segunda vez que se ara, después de las lluvias, con un arado de cadenas se hacen unos surcos más próximos y más estrechos para desecar. Por fin, justo antes de la siembra, se ara por

> última vez juntando aún más los surcos. La tarea final consiste en cubrir la semilla ... El arado era más grande y más pesado que el arado árabe moderno (Applebaum, *JPFC*, II, 651ss.).

Queda claro que arar era una operación muy delicada; al principio, se hacían franjas anchas para la absorción del agua. El siguiente paso era hacer surcos que sirvieran para la desecación. En tercer lugar, se araba de nuevo para preparar la tierra y, por último, después de la siega se cubría la semilla. Está claro que quien quisiera llevar a cabo esta responsabilidad tenía que estar dispuesto a concentrarse completamente en lo que estaba haciendo.

Por tanto, tenemos aquí una imagen fuerte y clara. Se pretende ilustrar una tensión entre, por un lado, la lealtad a Jesús como inaugurador del reino de Dios y sus demandas y, por el otro, la lealtad a la autoridad de la familia. Ambas lealtades son una prioridad para cualquier cristiano. Cuando entran en conflicto, se trata de un conflicto altamente doloroso. Este texto se puede incluir en la larga lista de «enseñanzas difíciles» que nos encontramos en los Evangelios.

Parte de la tensión del diálogo proviene de la siguiente suposición: entre el discípulo y su maestro había una relación muy cercana. En Oriente Próximo, una relación de ese tipo es extremadamente estrecha. El Talmud dice que «Un padre y su hijo o un maestro y su discípulo ... son considerados como un solo individuo» (B.T. *Erubin* 73a, Sonc., 510). Convertirse en el alumno/discípulo de un sabio no es algo tan simple como «matricularte a un curso» con el propósito de adquirir conocimiento. Se trata de iniciar una relación de por vida con una persona. Entendiendo esto, vemos que Jesús está pidiendo que su autoridad (las demandas del reino) esté por encima de *todas* las otras relaciones.

La persona que no pueda resolver la tensión entre lealtades en conflicto y siga girándose para mirar atrás y ver lo que la familia le está exigiendo «no es útil» para el reino de Dios. En resumen, observamos que el símbolo del arado es realmente adecuado (contra Bultmann, *Historia*, 28 de la edición en inglés). El agricultor que se distrae puede topar con una roca y romper la madera del arado, o puede cansar innecesariamente a los bueyes haciéndoles tirar fuerte cada vez que el arado topa con una roca. O el arado se puede desviar hasta el surco que ya se ha arado (y por tanto, destruir el trabajo ya realizado), o hasta la parte no arada y dificultar así la tarea en esa zona. O puede arruinar el sistema de desecación, o dañar el sistema de absorción de agua, o dejar las semillas recientemente sembradas al descubierto a la vista de los pájaros, etc. Así, el agricultor trabaja en armonía con la labor ya realizada, con la que aún está por realizar y en equipo con su arado y los bueyes. Podemos decir que en esta tarea existe una delicada armonía entre el pasado, el presente y el futuro. Por tanto, un agricultor distraído por una lealtad dividida no será capaz de mantener esta armonía. No solo no será productivo, sino que en el contexto de su tarea será destructivo. De nuevo, tenemos un diálogo con un final abierto. Al segundo voluntario se le han presentado de forma clara, aunque dolorosa, dos opciones; y tiene que tomar una decisión. Se ofreció voluntario con la aparente confianza de que Jesús aceptaría que para él la lealtad al reino fuera secundaria, después de la lealtad a su familia. La parábola del arado descarta esa posibilidad. ¿Qué hará? No se nos dice. Como antes, cada oyente/lector ha de dar su propia respuesta.

A modo de conclusión, es apropiado sacar a la luz qué respuesta se le pidió al oyente original y qué cuestiones teológicas encontramos en estos diálogos.

EL PRIMER DIÁLOGO

El oyente original de este diálogo se ve obligado a considerar lo siguiente:

«Este «Hijo del hombre» no es la figura victoriosa que tú tenías en mente. Él va por el camino del sufrimiento. ¿Estás dispuesto a ir por ese camino con él?».

El conjunto de temas teológicos incluye al menos los siguientes:

1. Los aspirantes a discípulos de Jesús a veces no consideran seriamente el coste del discipulado.

2. Jesús es el Hijo del hombre. Pero su ministerio no es un camino de victorias y ovaciones, sino de rechazo y humillación.

3. Los aspirantes a discípulos no son aceptados hasta que deciden conscientemente pagar el precio de seguir a un líder rechazado.

4. En la misión hay una fuerza centrípeta. Algunos discípulos deciden seguir a Jesús porque les atrae la compañía de los fieles.

EL SEGUNDO DIÁLOGO

El hombre del segundo diálogo se tiene que enfrentar a la siguiente afirmación:

«La lealtad a Jesús y el reino que él inaugura es más importante que la lealtad a las normas culturales de tu sociedad».

El conjunto teológico incluye al menos los siguientes temas:

1. Jesús no acepta que haya otra autoridad mayor.

2. Las demandas culturales de la comunidad no son excusas aceptables cuando uno se plantea el discipulado (independientemente de lo antiguas y sagradas que estas sean).

3. El «sígueme» de Jesús queda definido por el mandamiento de «participar en y proclamar el reino de Dios». Así, Jesús es el único agente de Dios a través del cual podemos expresar nuestra obediencia al reino de Dios.

4. En la misión hay una fuerza centrífuga. Esta persona recibe un llamamiento. No es un voluntario. Jesús se acerca a él para llamarlo.

EL TERCER DIÁLOGO

Jesús desafió a este voluntario con la siguiente intención:

«Mi autoridad es absoluta. La autoridad, aunque sea de tu familia (si entra en conflicto con mi autoridad), es una distracción que debes evitar si me quieres ser útil / si quieres ser útil para el reino».

El conjunto teológico del tercer diálogo recoge los siguientes temas:

1. El llamamiento del reino de Dios debe ponerse por delante de todas las demás lealtades.

2. El discípulo con lealtades divididas es perjudicial para la obra del reino y, por tanto, no es apto para formar parte de él.

3. Seguir a Jesús no es sentir el brillo de una luz interior o hacer un descubrimiento intelectual, sino que se compara con una tarea creativa, pero dura y exigente, como poner la mano sobre el arado y unirse a un equipo de bueyes.

4. El servicio en el reino de Dios es sinónimo de seguir a Jesús. Por tanto, Jesús es el único agente de Dios por el cual podemos expresar nuestra lealtad a Dios. Es decir, servir/seguir a Jesús es servir/seguir a Dios.

Vemos que un análisis de la estructura literaria y de la cultura que hay detrás de la parábola nos ayuda a descubrir al menos una parte del significado que estos diálogos cuidadosamente compuestos tuvo para los oyentes originales y para el lector/oyente de nuestros días.

Capítulo 3

EL BUEN SAMARITANO
«¿Qué tengo que hacer para heredar la vida eterna?» (Lucas 9:57-62)

Derrett describe esta parábola como «una instrucción altamente específica disfrazada de historia de estilo simple y sin complicaciones» (Derret, 227). Estamos de acuerdo con esta descripción cuando vemos la parábola como parte de una discusión teológica.

En Lucas 7:36-50 vimos una parábola que formaba parte de un diálogo teológico más amplio. En un pasaje paralelo, en Lucas 18:18-30, estudiaremos un caso similar donde la parábola del camello y la aguja es el centro de una discusión teológica más extensa. Aquí, la parábola también es una parte de una conversación teológica. Sin duda, Lucas o su fuente le dieron al diálogo esta forma equilibrada que nos ha llegado hasta hoy. Algunos han dicho que la fuerza original de la parábola queda encubierta por haberse intercalado aquí con un propósito distinto al original (Linnemann, 51-58). Pero importantes académicos afirman la unidad y la autenticidad de todo el pasaje (cf. Jeremias, *Parábolas*, 245ss., pp. 202ss. de la edición en inglés; Manson, *Sayings*, 259ss.; Marshall, 440ss.). Nuestro estudio de esta parábola da por sentado su unidad y autenticidad.

Para su interpretación, será muy importante tener en cuenta el marco en el que aparece. En Lucas 7:36-50 y 18:18-30, la brevedad de la parábola y la longitud del diálogo hacen que consideremos la parábola como parte del diálogo. Por el contrario, la del buen samaritano es bastante extensa y el diálogo en el que está situada es relativamente breve. Por tanto, hay una tendencia a que el lector ignore el diálogo. Si hacemos esto, la parábola se convierte simplemente en una exhortación ética que nos anima a ayudar a los necesitados. Ciertamente, a lo largo de los siglos el cristiano medio ha entendido esta parábola de este modo. En nuestro estudio intentaremos discernir la estructura y el contenido del diálogo, y analizar la parábola como parte de ese diálogo.

El diálogo entre Jesús y el intérprete de la Ley está formado por ocho intervenciones: una mitad forma parte de la primera ronda del debate, y la otra , de la segunda ronda del debate. En cada una de las rondas encontramos dos preguntas y dos respuestas. La estructura formal de ambas escenas es idéntica. Si nos ceñimos a los temas principales, podemos plasmar el diálogo de la siguiente forma:

Ronda 1:   Un intérprete de la Ley se levantó para ponerle a prueba y dijo:

(1) Intérprete de la Ley: (Pregunta 1) «¿Qué debo *hacer* para heredar la *vida* eterna?

(2) Jesús: (Pregunta 2) «¿Qué está escrito en la Ley?»

(3) Intérprete: (Respuesta a pregunta 2) «Amarás a Dios y a tu prójimo».

(4) Jesús: (Respuesta a pregunta 1) «*Haz* eso y *vivirás*».

Ronda 2:   Él (el intérprete), queriendo *justificarse*, dijo:

(5) Intérprete: (Pregunta 3) «¿Quién es mi prójimo?»

(6) Jesús: (Pregunta 4) «Un hombre descendía de Jerusalén … ¿Quién de estos tres fue prójimo?»

(7) Intérprete: (Respuesta a pregunta 4) «El que actuó con él con misericordia».

(8) Jesús: (Respuesta a pregunta 3) «*Ve* y continúa *haciendo* lo mismo».

(Bailey, *Poet*, 73ss., n. 52)

Los dos diálogos están unidos por una serie de elementos importantes. (1) En ambos casos hay dos preguntas y dos respuestas. (2) En ambos, el intérprete hace la primera pregunta, pero Jesús, en lugar de contestarla, lanza una segunda pregunta. (3) En las dos rondas, el intérprete contesta esa segunda pregunta. (4) Ambas rondas acaban con la respuesta de Jesús a la primera pregunta (cf. Crossan, 61). (5) El primer diálogo se centra en la idea de *hacer* algo para heredar la vida eterna. Y si nos fijamos bien, lo mismo ocurre en el segundo. Queriendo «justificarse», le dice a

Jesús que le dé una definición de «su prójimo». Está claro que aún está preguntando qué debe hacer para ganar la vida eterna. (6) Ambas rondas empiezan con un análisis de la motivación del intérprete. En la primera se nos dice que quería probar a Jesús. En la segunda, que quería justificarse. (7) Y ambas acaban con una instrucción sobre qué *hacer*. Así, una larga serie de temas que se entrelazan muestra claramente que estas dos rondas del diálogo son mitades paralelas de la misma discusión. Esta interrelación de temas se verá más claramente cuando examinemos el texto con más detenimiento.

RONDA UNO:

Este diálogo hace uso del principio de inversión. En la primera y en la última intervención aparecen las ideas de *hacer* y *vivir*, los dos elementos internos del tema de la *Ley*. Así, la conversación finaliza donde empezó.

El texto completo con sus inversiones es como sigue:

Mirad, un intérprete de la Ley se levantó para ponerle a prueba y dijo:

(1) Intérprete: (Pregunta 1) «Maestro, ¿qué tengo que *hacer* para heredar la *vida* eterna?».

   (2) Jesús: (Pregunta 2) Él le dijo: «¿Qué está escrito en la Ley? ¿Cómo la interpretas tú?».

   (3) Intérprete: (Respuesta a pregunta 2) Y él respondió:

> «Amarás al Señor tu Dios
>
> con todo tu corazón, y con toda tu alma,
>
> y con todas tus fuerzas, y con toda tu mente;
>
> y a tu prójimo como a ti mismo».

(4) Jesús: (Respuesta a pregunta 1) Y él le dijo:

> «Has contestado correctamente; *haz* esto y *vivirás*».

Primera intervención:

Mirad, un intérprete de la Ley se levantó para ponerle a prueba y dijo:

«Maestro, ¿qué tengo que *hacer* para heredar la *vida* eterna?».

Ibrahim Sa'id observa que las acciones del intérprete son contradictorias.

> El texto dice, «se levantó». Esta es una muestra de cortesía, una convención social de respeto. Entonces el texto nos dice que el intérprete hizo esto «para ponerle a prueba». Esto es un engaño que procede de un corazón corrupto (Sa'id, 276).

El juicio de Sa'id es bastante duro, pero no por ello deja de ser válido. En Oriente Próximo, como muestra de respeto, el estudiante siempre se ha puesto en pie para dirigirse a su maestro. Aquí, el intérprete no solo se levanta para dirigirse a Jesús, sino que además le da el título de «maestro», que es la palabra que Lucas utiliza para «rabí» (Dalman, *Words*, 336). El uso de este título es una afirmación de que Jesús es, como mínimo, un igual (Linnemann, 51). Después de estos actos de deferencia, el intérprete intenta «probarlo». Y la prueba gira en torno al tema de cómo heredar la vida eterna.

A simple vista, la pregunta no tiene ningún sentido. ¿Qué se puede *hacer* para heredar algo? Solo se puede heredar algo si uno es heredero. No obstante, esta no es una idea sin precedente. En el Antiguo Testamento, la idea de herencia se aplicaba principalmente al privilegio que Israel tenía de heredar la tierra prometida. Esta herencia se entiende como un regalo de Dios. Israel no hace nada para merecerla o ganarla. Foerster, cuando describe el término *herencia* que aparece en el Antiguo Testamento, escribe: «Israel no conquistó la tierra por sus propios logros … sino que … Dios, de forma gratuita, se la dio como su parte» (Foerster, *TDNT*, III, 760). Aún hablando de la misma idea, Foerster escribe: «Israel posee su tierra solo por orden divina» (*Ibíd.*, 774). Después del periodo veterotestamentario, la expresión «heredar la tierra» se aplica a la salvación que Dios ofrece a su pueblo (cf. Dalman, *Words*, 126). Los rabinos creen que cuando en Isaías 60:21 se habla de «heredar o poseer la tierra» se está haciendo referencia a participar en la salvación de la era por venir (B.T. *Sanedrín* 11; cf. Dalman, *Words*, 126). La herencia pasa a referirse a la vida eterna, y la forma de alcanzarla es guardando la ley.

El mismo Hillel, el famoso rabino de finales del siglo I A.C., dijo: «aquel que gana para sí palabras de la Torá, ha ganado para sí la vida del mundo venidero» (Mishná *Pirké Avot* 2:8; cf. Charles, II, 696). Un dicho rabínico anónimo dice: «Grande es la Torá, pues al practicarla da vida en este mundo y en el mundo por venir» (Mishná *Pirké Avot* 6:7; cf. Charles, II, 712). En un libro de Salmos, los Salmos de Salomón, escrito probablemente por fariseos sobre el año 50 A.C., se nos da más detalles. El Salmo 14:1-2 dice que Dios es Fiel:

> A aquellos que caminan en la justicia de *sus mandamientos*,
>
> en la Ley que nos dejó para que *vivamos*.
>
> Los píos del Señor vivirán por ella eternamente (Charles, II, 645; la cursiva es mía).

El mismo Salmo (14:9-10) acaba diciendo:

> Por tanto, su *herencia* [de los pecadores] es el Seol, las tinieblas y la destrucción ... pero los píos del Señor *heredarán la vida*.

Por tanto, los pecadores heredarán el Seol, mientras que los justos, guardando la Ley, heredarán la vida eterna. Otro libro no canónico, el texto de Enoc en eslavo, también trata el tema de la vida eterna como una herencia. En el capítulo 9, Enoc es llevado al Edén y se le dice:

> Este lugar (Edén), oh Enoc, está preparado para los justos, que soportan todo tipo de ofensas de aquellos que exasperan sus almas, que apartan sus ojos de la iniquidad, y hacen justos juicios, y dan pan a los hambrientos, y cubren a los que están desnudos, y levantan al caído, y ayudan a los huérfanos heridos, y caminan sin faltas ante la faz del Señor, y le sirven solo a él; este lugar está preparado para ellos, para *herencia eterna* (la cursiva es mía; cf. Charles, II, 434ss.).

Es muy probable que tanto los oyentes como el intérprete de la Ley estuvieran esperando que Jesús empezara a recitar una lista de requisitos como la que acabamos de ver. Así, podrían debatir sobre los elementos que debían estar en la lista, y sobre los que no debían estar. Por tanto, Jesús tiene claramente dos opciones. Puede tomar el acercamiento del Antiguo Testamento e insistir en que la «herencia de Israel» es un regalo y que no hay nada que el hombre pueda hacer para obtenerlo. Probablemente este posicionamiento no habría dado lugar a ningún debate. O puede acercarse a la opinión rabínica y centrarse en la Ley. Jesús opta por la segunda alternativa.

En cuanto a la Ley, Ibn al-Tayyib sugiere otro posible aspecto del trasfondo del texto. Según él, probablemente los intérpretes de la ley no se sentían cómodos con la actitud que Jesús tenía hacia la ley. Desde luego, al menos algunos rabinos importantes (como vimos anteriormente) afirmaban que la vida eterna se ganaba a través del cumplimiento de la ley. Pero a sus oídos llegaban noticias sobre un joven rabí que les resultaban un tanto incómodas. ¿Creía o no que la herencia de Israel podía obtenerse a través del cumplimiento de la ley? Ibn al-Tayyib propone que el «test» consistía en descubrir la respuesta a esta pregunta (Ibn al-Tayyib, folios 100-104). Si la sugerencia de Ibn al-Tayyib es correcta, Jesús tiene aún más razones para centrarse en el tema de la ley. Pero en un hábil gesto, en lugar de decir lo que él piensa, solicita la opinión de su interlocutor.

Segunda intervención:

Él le dijo:

«¿Qué está escrito en la ley? ¿Cómo la interpretas tú?».

La expresión «¿Cómo la interpretas tú?» puede significar «¿Puedes explicarme en qué autoridad te basas?» (Derrett, 224). Si eso es así, el intérprete de la ley ofrece una explicación, pero sin mencionar en qué se basa. Jeremias defiende que significa «¿Cómo *recitas* (cuando adoras)?» (cf. Jeremias, *Teología*, 187 de la edición en inglés). Esto explicaría por qué el intérprete recurre al credo. Puede que en ambas explicaciones haya elementos válidos.

Tercera intervención:

Y él respondió:

«Amarás al Señor tu Dios

con todo tu corazón, y con toda tu alma,

y con todas tus fuerzas, y con toda tu mente;

y a tu prójimo como a ti mismo».

En Mateo y Marcos, esta combinación de Deuteronomio 6:5 (el amor a Dios) y Levítico 19:18 (el amor al prójimo) se atribuye a Jesús. Derrett comenta que en los Testamentos de los Doce Patriarcas ha encontrado esta combinación en dos ocasiones, y dice que «eso podría ser una evidencia de que en los tiempos de Jesús esta combinación era bien conocida en algunos círculos» (Derrett, 225). Si eso es cierto, está claro que Jesús respaldaba esa opinión y la hizo suya. Por tanto, el intérprete de la ley quizá esté haciendo lo mismo que Jesús acababa de hacer. Es decir, Jesús sabe que cualquier intérprete de la ley afirmará que la respuesta a esta cuestión sobre la vida eterna es «guardar la ley». A su vez, el intérprete quizá sabía que Jesús había creado o afirmado esta combinación de amar a Dios y al prójimo como base de la ley. Por tanto, el intérprete cita la posición de Jesús para ponerla sobre la mesa y así «poner a prueba» la lealtad de Jesús a la ley, como Ibn al-Tayyib sugiere.

Sea cual sea el origen de la combinación de estos dos textos y sea cual sea el motivo por el que esta aparece en el diálogo, es un resumen perfecto del deber hacia Dios y hacia las personas. Una de las características más interesantes es el hecho de que el amor a Dios (que encontramos en Deuteronomio) aparece antes, a pesar de que en el Antiguo Testamento Deuteronomio es cronológicamente *posterior* a Levítico (Derrett, 223). El creyente se acerca a la gente a través del amor de *Dios*. Esto tiene profundas implicaciones cuando consideramos el amor al prójimo e intentamos responder a las siguientes preguntas: ¿cómo?, ¿por qué? y ¿quién?

Vemos también que a la cita del Antiguo Testamento Jesús le añade «con toda tu mente». En Mateo 22:37, Jesús usa esta expresión en lugar de «con todas tus fuerzas». En Marcos 12:33, aparece después de «con todo tu corazón». Ciertamente, el «corazón» en hebreo antiguo era (entre otras cosas) el centro del intelecto (guardó la ley «en su corazón», Sal 119:11). Por tanto, la expresión «con toda tu mente» puede verse como una paráfrasis que el texto griego hace del significado del texto hebreo original (Derrett, 224, n. 5, ofrece otra explicación).

Cuarta intervención:

Y él le dijo:

«Has contestado correctamente; *haz* esto y *vivirás*».

Aquí haremos una serie de observaciones. (1) Barth observa que «Jesús le alaba por su buen conocimiento y su fiel recitación» (Barth, 417). Ciertamente, la teología del hombre es correcta, pero la cuestión es, ¿está dispuesto a llevarla a la práctica? Su posición intelectual es excelente; pero su actuación es cuestionable. (2) Como en el caso de Simón en 7:43, Jesús hace que el intérprete dé la respuesta correcta. No le dice lo que tiene que hacer, sino que hace que el intérprete lo diga. (3) El intérprete ha preguntado sobre la vida eterna. Jesús amplía la conversación haciendo referencia a *toda* la vida. El texto griego está en futuro: *vivirás*. Lo más probable es que esté haciendo referencia al futuro inmediato (es decir, haz esto y entonces tendrás vida). También podría hacer referencia a la vida después de la muerte (haz y esto y vivirás en la vida por venir). No obstante, aquí en Oriente Próximo, los traductores siríacos y árabes han estado de acuerdo en optar por el primer significado. La antigua versión siríaca usa el verbo en presente y dice literalmente:

«haz esto, y vives». Las versiones siríacas harcleana y pesita (junto con las versiones árabes) construyen la frase de una forma un tanto diferente, pero también apuntan a un resultado presente de una acción presente; haz esto *ahora*, y *ahora* vivirás. Finalmente, el texto es una cita de José en Génesis 42:18. José está hablando del futuro cercano, pidiendo que le traigan a su hermano menor. (En la discusión paralela sobre este mismo tema en Lucas 18, observaremos este mismo cambio: pasar de un interés exclusivo en la vida por venir, a incluir el presente). (4) El verbo «hacer» es un presente imperativo que significa «continúa haciendo». El intérprete pedía que el maestro le definiera un requisito específico y limitado: «después de haber hecho esto, heredarás...». La respuesta que recibe es un mandato a llevar un continuo estilo de vida de amor ilimitado hacia Dios y las personas.

Claramente, esa ley que el intérprete cita establece un listón que *nadie* puede alcanzar. En la discusión paralela donde aparece la misma pregunta, Lucas 18:18-30, se pone un listón que, como todos los oyentes saben, es imposible de alcanzar. «Entonces, ¿quién podrá salvarse?». La respuesta es la siguiente: «Lo que es imposible para los hombres es posible para Dios» (18:26-27). Aquí vemos el mismo principio teológico. Con esa respuesta, Jesús está diciendo: «¿Quieres *hacer* algo para heredar la vida eterna? Perfecto. Simplemente ama a Dios y a tu prójimo *de forma continua*, con la totalidad de tu ser». No responde con una serie de requisitos que hacen mención de todo lo que se espera de él, como vimos en el texto de Enoc más arriba. Lo que se espera de él no tiene límite. Como Summers observa:

> Jesús y Pablo están de acuerdo con sus contemporáneos judíos en que la obediencia a la ley de Dios era la forma de agradar a Dios y tener comunión con él. Sin embargo, en la práctica vieron que esa vía no era eficaz, debido a que al hombre le resulta imposible obedecer la ley de forma completa (Summers, 125).

Llegamos al final de la primera ronda del debate. Pero el intérprete no se ha rendido, pues sigue pensando que puede ganarse la vida eterna. Ya ha citado la ley. Ahora necesita citar algún comentario, algún *midrash*. Sabe a qué Dios debe amar. Pero, ¿quién es ese «prójimo» al que debe amar como a sí mismo? Necesita una definición, quizá una lista. Si la lista no es demasiado larga, puede que sea capaz de cumplir con los requisitos. Por tanto, inicia la segunda ronda del debate.

RONDA DOS

Quinta intervención:

Él, queriendo *justificarse*, dijo:

«¿Quién es mi prójimo?»

Creo que la autojustificación no es que «quiere justificar que ha preguntado a Jesús, aunque conoce su punto de vista» (Jeremias, *Parábolas*, 245, p. 202 de la edición en inglés; Marshall, 447). Creo que el intérprete simplemente espera poder *hacer* alguna cosa más para ganar la vida eterna; de ahí su pregunta. Kart Barth observa:

> El intérprete no sabe que solo podrá vivir y heredar la vida eterna gracias a la misericordia. No quiere vivir por misericordia. Ni siquiera sabe lo que es. Vive basándose en algo bastante diferente a la misericordia: en su propio esfuerzo y capacidad para presentarse ante Dios como un hombre justo (Barth, 417).

Ibn al-Tayyib hace la misma observación. Según él, esa pregunta significa que el intérprete quería «verse como un hombre completamente justo» (Ibn al-Tayyib, folio 101ʳ). Este autor continúa diciendo:

> La pregunta que le hace al Cristo, «¿Quién es mi prójimo?», está buscando la siguiente respuesta: «Tu familiar y tu amigo». Y el intérprete entonces contestará: «Les he amado de todo corazón». Entonces Jesús le alabaría por ello y le diría: «Has cumplido la ley a la perfección». Así, el intérprete se marcharía, orgulloso ante la gente por sus buenas obras y disfrutando del honor y la seguridad que ha ganado por sus propios méritos (Ibn al-Tayyib, folio 101ᵛ).

No tiene mucho sentido dedicar más tiempo a especular sobre lo que había en la mente del intérprete. No obstante, la sugerencia de Ibn al-Tayyib tiene su mérito. En la discusión paralela con el dirigente de Lucas 18, la conversación va en esa dirección. Se cita las Escrituras. El dirigente dice haberla cumplido, y probablemente estaba esperando que el maestro le alabara por sus nobles esfuerzos. En ese texto, como en el nuestro, el que lanza la pregunta debió de quedar sorprendido por el giro que da la conversación.

En armonía con la sugerencia de Ibn al-Tayyib, observamos que el texto de Levítico dice que el prójimo es el hermano y «los hijos de tu pueblo» (Lv 19:17-18). Los rabinos interpretaban que esas palabras hacían referencia a todos los judíos. Estaban divididos sobre si incluía a los prosélitos, pero estaban de acuerdo en que no incluía a los gentiles (Jeremias, *Parábolas*, 245, p. 202 de la edición en inglés). Jeremias hace referencia a un dicho rabínico: «a los herejes, delatores y renegados "se los arroje (en una fosa) y no se los saque"» (*Ibíd.*, 246ss., 202ss. de la edición en inglés). John Lighfoot cita un *midrash* de Ruth, capítulo 4:

> Entre nosotros y los gentiles no hay guerra, por lo que no hemos de procurar la muerte de aquellos que guardan ovejas entre nosotros los israelitas; pero si los gentiles están en peligro de muerte, no estamos obligados a ayudarles; por ejemplo, si alguno de ellos cae en el mar no tienes por qué rescatarlo: porque se nos ha dicho: «No te levantarás en contra de la descendencia de tu prójimo»; pero un gentil no es tu prójimo (Lightfoot, 107).

Así, el intérprete hizo esa pregunta en un mundo donde existía una variedad de opiniones sobre quién es el prójimo. Ciertamente, como observa Safrai, «la ley oral no era completamente uniforme» (Safrai, *JPFC*, II, 794). Había un acalorado debate en torno a la interpretación.

En cuanto a la forma literaria, diremos que se trata de una balada parabólica distribuida en siete escenas, de la siguiente forma:

1	Un hombre bajaba de Jerusalén a Jericó	
	y cayó entre *ladrones*.	VENIR
	Y le quitaron la ropa y lo golpearon	HACER
	y se marcharon de allí, dejándolo medio muerto.	IRSE
2	Coincidió que un *sacerdote* bajaba por el mismo camino,	VENIR
	y cuando lo vio,	HACER
	pasó de largo.	IRSE
3	Del mismo modo, pasó por allí un *levita*,	VENIR
	y cuando lo vio,	HACER
	pasó de largo.	IRSE
4	Y un *samaritano*, que iba de viaje, se acercó,	VENIR
	y cuando lo vio,	HACER
	tuvo compasión de él.	HACER
5	Se le acercó,	HACER
	vendó sus heridas,	
	rociando sobre ellas aceite y vino.	

6   Luego lo subió al animal en el que él viajaba   HACER
     y lo llevó a la posada,
     y cuidó de él.

7 Al día siguiente sacó y dio   HACER
   dos denarios al posadero
   y dijo: «Cuida de él, y todo lo que gastes en él,
   yo, cuando regrese, te lo pagaré».

La respuesta eterna de Jesús a la pregunta del intérprete es una parte de la conversación teológica que Jesús está manteniendo con el intérprete. Es una introducción a una segunda pregunta. Como en la primera ronda, Jesús quiere que sea el interrogador el que dé la respuesta. Y cuenta la parábola para que eso sea posible.

Sin embargo, a un nivel más profundo, como T.W. Manson ha observado, «Se trata de una pregunta que no tiene respuesta, por lo que el intérprete no debería haberla hecho. Pues el amor no empieza definiendo sus objetos, sino que los descubre» (Manson, *Sayings*, 261). La pregunta sigue sin respuesta; y lo que ocurre es que la respuesta de Jesús transforma la pregunta. En primer lugar, debemos examinar la estructura. Le hemos puesto el nombre de «balada parabólica» debido a la forma en la que la historia está construida: estrofas como las de las baladas (cf. Bailey, *Poet*, 72). La acción cambia de forma dramática de una escena a otra. Las tres primeras están dominadas por los ladrones, el sacerdote y el levita. En todos estos casos, la acción está caracterizada por los verbos *venir, hacer* e *irse*. Cada uno de esos personajes viene, hace algo y se va. El samaritano rompe con este patrón, pues, contrariamente a todas las expectativas, no se va. A partir de ese momento, cada verso describe una acción (siete en total) que el samaritano realiza para servir al hombre herido. La lista es larga, porque el samaritano tiene que realizar todas las acciones que los demás no han realizado. Y las realiza en orden inverso, de ahí el paralelismo invertido, parte del cual ya ha sido mencionado por Crossan (Crossan, 62). El levita (escena 3) podría al menos haberle practicado los primeros auxilios. Esa es la primera acción que el samaritano realiza (escena 5). Lo más probable es que el sacerdote (escena 2) fuera a caballo o asno, y podría haber llevado al herido a un lugar seguro. El samaritano también se encarga de ello (escena 6). Los ladrones (escena 1) le quitan el dinero y lo dejan medio muerto, sin la más mínima intención de volver a socorrerle. El samaritano (escena 7) *paga* de su propio bolsillo, procura que alguien le cuide mientras él sigue su viaje y promete regresar y pagar más si es necesario. El clímax

tiene lugar en la mitad, cuando el samaritano muestra compasión, algo
que nadie esperaba. Puede que la distribución de tres versos por estrofa
resulte artificial. Lo que está claro es que la parábola es un evento dramático que tiene lugar en siete escenas, escenas que hemos de analizar
una por una.

Escena 1: los ladrones

Un hombre bajaba de Jerusalén a Jericó y cayó entre *ladrones*.   VENIR
Y le quitaron la ropa y lo golpearon   HACER
y marcharon de allí, dejándolo medio muerto.   IRSE

El camino de casi veintiocho kilómetros que atraviesa el desierto desde
Jerusalén a Jericó ha sido un trayecto peligroso durante toda la histo-
ria. Pompeyo tuvo que exterminar «fortalezas de bandidos» cerca de
Jericó (Estrabón, *Geogr.* Xvi.2.41; citado en Plummer, 286). Ibn al-
Tayyib observa que había muchos ladrones en el camino de Jericó a
Jerusalén (Ibn al-Tayyib, folio 102^r). Durante las cruzadas, se construyó
una pequeña fortaleza a medio camino para proteger a los peregrinos;
así, los ladrones de la zona debían de ser una seria amenaza. William
Thomson hace una descripción dramática de un grupo de peregrinos
que viajaba por ese camino en el año 1858 escoltados por una guardia
armada. Uno de los viajeros se rezagó y «lo atacaron, lo desnudaron y le
robaron» (Thomson, II, 445). Por tanto, ese trayecto siempre ha sido un
excelente escenario para este tipo de fechorías.

Intencionadamente, la historia no describe al hombre que es atacado
(Marshall, 447). No obstante, los oyentes judíos darían por sentado que
el viajero era un judío. Es golpeado, despojado de sus ropas y queda
«medio muerto». Los golpes quizá hacen referencia a que el hombre lu-
chó con sus atacantes. En 1821, un viajero británico, J.S. Buckingham,
viajó por Palestina. Cerca de Capernaúm se encontró con un grupo que
había sido atacado por unos ladrones. Dos personas del grupo habían
mostrado resistencia, y recibieron tal paliza que les había sido imposible
continuar el viaje (Buckingham, 475; cf. también Jeremias, *Parábolas*,
246, 202 de la edición en inglés). Al hablar de la muerte, los rabinos
mencionaban diferentes fases. La expresión «medio muerto» que aparece en este texto es la equivalente a la categoría rabínica de «cerca de
la muerte», que significaba «en el momento de la muerte». La siguiente
fase se llamaba «el que está expirando» (Lightfoot, 108). Claramente,

el hombre está inconsciente, por lo que no puede identificarse. Tampoco hay ningún espectador que pueda identificarle.

La condición del viajero herido no es un detalle poco importante. Está inconsciente, y le han despojado de sus ropas. Estos detalles se han añadido para crear tensión. Nuestro mundo de Oriente Próximo estaba y está formado por varias comunidades étnico-religiosas. El viajero puede identificar a los desconocidos de dos formas. Puede hablar al desconocido que encuentra en el camino y detectar de dónde es por su acento, o, incluso antes de que abra la boca, puede saberlo por su porte y su vestimenta. En el siglo I, las diferentes comunidades étnico-religiosas de Palestina utilizaban un increíble número de lenguajes y dialectos. Si pensamos solo en la lengua hebrea, estaba el hebreo clásico, el hebreo bíblico tardío y el hebreo mishnaico. Pero además del hebreo, se podía encontrar comunidades asentadas en Palestina que usaban el arameo, el griego, el asdodeo del sudoeste, el samaritano, el fenicio, el árabe, el nabateo y el latín (cf. Rabin, *JPFC*, II, 1001-1037). En el país había muchas comunidades paganas ya asentadas (cf. Flusser, *JPFC*, II, 1065-1100). Todo judío que viajara por los caminos de Palestina sabía que no podía estar seguro de que los que se cruzaran en su camino fueran judíos como él. Un par de rápidas preguntas y su lengua o dialecto le ayudarían a identificarlo. Pero, ¿qué ocurría si estaba inconsciente junto al camino? En ese caso, el judío tendría que echar una ojeada a las ropas del desconocido. En Marisa (Palestina) se han descubierto recientemente unas pinturas en las que se puede apreciar claramente unas vestimentas helenistas. Estas pinturas se han encontrado en las galerías de unos antiguos sepulcros de una comunidad sidonia que vivía en Palestina (Foerster, *JPFC*, II, 973). Estas pinturas demuestran de forma concluyente que en la Palestina del primer siglo se podía diferenciar a simple vista entre las vestimentas judías y las no judías. Las diferentes comunidades étnicas de Dura-Europos, con sus estilos de ropa tan característicos, aparecen en frescos de los siglos II y III. Este patrón se siguió repitiendo, e incluso poblados aislados de Palestina y del Líbano tenían sus vestidos tradicionales propios. Lamartine, que viajó por Palestina en el año 1832, escribe sobre un numeroso grupo de árabes que vio en la distancia y casualmente añade el detalle de que eran de Nablús, «pues se podía distinguir su vestimenta tribal» (Lamartine, 389). En el siglo primero, al menos, los griegos y los judíos tenían sus vestimentas características. Pero, ¿qué ocurría si el desconocido que había en el camino estaba desnudo? En esas condiciones, no era más que un simple ser humano necesitado. ¡No pertenecía a ninguna comunidad étnica o religiosa! Así era el hombre que los ladrones dejaron abandonado en el camino. ¿Quién se va a detener y le va a prestar su ayuda?

Escena 2: el sacerdote

Coincidió que un *sacerdote* bajaba por el mismo camino,	VENIR
y cuando lo vio,	HACER
pasó de largo.	IRSE

Lo más probable es que el sacerdote no fuera a pie, sino a caballo o asno. Esto es una suposición lógica, si pensamos que los sacerdotes pertenecían a las clases altas de su sociedad. En relación con esto, Stern observa: «Hacia el final del periodo intertestamentario, los sacerdotes eran una clase prestigiosa y de élite en la sociedad judía» (Stern, *JPFC*, II, 582). En las demás menciones que hace de ellos, siempre los asocia con las «clases altas» (*Ibíd.*, 561, 582). En Oriente Próximo, las personas que tienen cierto estatus en la comunidad no hacen un recorrido de veintiocho quilómetros por el desierto a pie. Eso lo hacen los pobres. Pero todos los demás en general, y en particular los miembros de las clases pudientes, viajan sobre algún tipo de animal. De ahí nuestra suposición. Lo mismo ocurre en nuestros días y en nuestra cultura occidental cuando un granjero dice «Voy a la ciudad». Si el destino está a unos veintiocho quilómetros de distancia, *sabemos* que irá en algún tipo de transporte. Lo sabemos, por eso no hace falta que lo mencione. Así, cuando el samaritano aparece, tampoco se menciona que va montado en un animal. Más adelante se menciona porque su cabalgadura va a tener una función en el argumento de la historia, pero hasta entonces el narrador no ha visto necesario mencionar ese detalle. Además, si no hacemos esta suposición, la historia pierde mucha fuerza. Si el sacerdote iba a pie, ¿qué podría haber hecho más que atenderle y sentarse a esperar que pasara alguien a caballo, alguien que realmente le pudiera ayudar? La parábola tiene sentido porque el sacerdote podría haber hecho lo que el samaritano hizo. Si no fuera así, la conclusión sería: «¡Claro que el samaritano estaba obligado a ayudarle! ¡Él era el único que podía hacerlo!». La parábola da por sentado que todos tenían la misma capacidad para ayudar al herido, al menos el sacerdote y el samaritano. Por último, el samaritano podría ser un hombre pobre, y aun así el narrador da por sentado que viaja montado en un animal. Por tanto, cuánto más el sacerdote. Así, la clase social a la que pertenecía el sacerdote nos hace pensar en un aristócrata que viaja sobre una buena cabalgadura, que ve a un hombre herido (supuestamente desde cierta distancia) y que pasa lo más lejos posible de aquel necesitado, para continuar indiferente su camino.

Al intentar reconstruir el mundo en el que el sacerdote se movía, es útil mirar el texto de *Eclesiástico* 12:1-7:

Si haces el bien, mira a quién lo haces,
  y te darán las gracias por tus beneficios.
Haz el bien al hombre bueno, y tendrás tu recompensa,
  si no de él, ciertamente del Altísimo
(…)

Da al hombre bueno,
  pero no ayudes al pecador.
Sé bueno con el humilde,
  pero no des al impío:
rehúsale su pan, no se lo des,
  no sea que así llegue a dominarte,
y entonces recibirás un doble mal
  por todo el bien que le hayas hecho.
Porque también el Altísimo detesta a los pecadores
  y dará su merecido a los impíos.
Da al hombre bueno,
  pero no ayudes al pecador (la cursiva es mía).

Por tanto, ofrecer ayuda al pecador era visto como obrar en contra de Dios mismo, pues él detesta a los pecadores. Además, no se debía ayudar al pecador a fortalecerse. Ben Sirá también habla del peligro de ayudar a cualquier desconocido. El sacerdote podía estar influenciado por estas ideas, corrientes en aquella época. Y por encima de todo, era un esclavo de su propio sistema teológico/legal. El problema del sacerdote, según Derrett, es «mantener el equilibrio entre los diferentes mandamientos» (Derrett, 212). Los rabinos enseñaban:

> Por lo cual sabemos que si un hombre ve a su hermano ahogándose, o que es atacado por bestias o ladrones, ¡está obligado a salvarle! Debido al versículo «No harás nada contra la vida de tu prójimo» (B.T. *Sanedrín* 73a, Sonc., 495).

Pero el sacerdote no estaba presente cuando se produjo el ataque, así que no lo vio. Además, ¿cómo puede saber que el hombre herido es un prójimo? Cuando ve un cuerpo desnudo, inmóvil, se queda paralizado. Como el hombre no puede hablar, y como sus ropas han desaparecido, el sacerdote no puede identificarlo. Pero, además, no solo está la posibilidad de que el herido sea un gentil; ¡también cabe la posibilidad de que esté muerto! Y si está muerto, el contacto con él lo contaminaría.

El sacerdote recoge y distribuye los diezmos, y también come de ellos. Si se contamina, no podrá realizar esa tarea, y su familia y sirvientes también sufrirán las consecuencias.

Los levitas debían dar el diezmo del diezmo a los sacerdotes para abastecerlos a ellos y a sus familias. Y estos diezmos solo se podían consumir si no estaban contaminados (Safrai, *JPFC*, II, 819). También, cuando un sacerdote quedaba inhabilitado porque estaba contaminado, no podía oficiar ningún servicio religioso, ni tampoco llevar sus filacterias (*Ibíd.*, 799). Además, la ley escrita habla de cinco formas de contaminarse. El contacto con un muerto era la primera de la lista. Y la ley oral añadía cuatro más. El contacto con un no judío era la primera de esa otra lista (*Ibíd.*, 829). Por tanto, este pobre sacerdote corría el inmenso peligro de contraer las peores de las contaminaciones según el punto de vista tanto de la ley escrita como de la ley oral.

La pureza ritual era un tema realmente serio. Safrai escribe:

> Las reglas de pureza eran … siempre consideradas un fin en sí mismas, y no solo un medio para alcanzar un fin. Se creía que eran la mejor garantía para evitar el pecado y lograr el nivel de santidad, como todos los textos afirman, desde Filón hasta el periodo tanaítico (*Ibíd.*, 832).

Así, el sacerdote está intentando ser un hombre bueno. Quiere evitar el pecado y lograr la santidad. Otro detalle importante es el hecho de que (como el hombre herido) está viajando de Jerusalén a Jericó. Eran muchos los sacerdotes que servían en el templo durante un periodo de dos semanas, pero vivían en Jericó. Si encontramos un sacerdote viajando de Jerusalén a Jericó, lo normal es pensar que se trata de un sacerdote que ha finalizado su periodo de servicio y va de camino a casa (Safrai, *JPFC*, 870). Se nos dice que «la purificación ritual normalmente tenía lugar en el Templo» (*Ibíd.*, 877). Además, el sacrificio que se hacía dos veces al día en el templo estaba dirigido por sacerdotes, levitas y un grupo de judíos sin cargo religioso llamado «la delegación de Israel». Durante el servicio religioso, en el momento de ofrecer el incienso, se tocaba un gong, al sonido del cual el jefe de la delegación de Israel pedía a todos los impuros que se pusieran en la entrada oriental, en frente del altar. Algunos comentaristas afirman que esta gente eran sacerdotes impuros, a quienes se les obligaba a colocarse en pie en aquel lugar visible «para que se avergonzaran de haberse contaminado» (Danby, 587, n. 12; cf. Mishná *Tamid* 4, 6). Es fácil imaginar la humillación que un sacerdote sentiría si se contaminaba. Si estamos en lo cierto, después de cumplir con sus dos semanas como director de la adoración en el templo, ¿tenía que volver y ponerse en la entrada oriental ante el altar junto a todos los demás impuros? Además de la humillación, para volver a estar puro tenía que invertir tiempo y recursos, pues tenía que encontrar y comprar una vaquilla roja y convertirla en cenizas, y el ritual duraba toda una semana. Por tanto, es fácil entender el dilema en el que el sacerdote se encuentra cuando se tropieza en el camino con aquel hombre inconsciente.

Apurando más aún, sepamos que si el sacerdote no quería contaminarse no podía acercarse más de cuatro codos al cadáver; está claro que para averiguar cuál era la condición del hombre herido debía traspasar esa frontera. Y una vez hecho, si el hombre estaba muerto, el sacerdote tendría que rasgarse las vestiduras. Esa acción «estaba en conflicto con la obligación de no destruir las cosas valiosas» (Derrett, 213). Derrett cree que la mujer del sacerdote, sus sirvientes y sus colegas le habrían elogiado por no acercarse al herido, y que los fariseos le justificarían diciendo que al menos se detuvo, y le defenderían con el argumento de que «estaba en su derecho a pasar de largo» (*Ibíd.*, 2123). Por último, el mandamiento de no contaminarse era incondicional, mientras que el mandamiento a amar al prójimo era condicional. Por tanto, el sacerdote tenía el derecho legal de pasar de largo (*Ibíd.*, 213). Al comentar el trasfondo judío de esta parábola, Oesterley escribe:

> El crecimiento y el desarrollo de la ley oral se debía a la necesidad de proveer normas para las nuevas situaciones de la vida, cada vez más numerosas. Por tanto, la culpa era del *sistema*; y el sacerdote y el levita no eran más que pobres víctimas de un sistema malvado o, al menos, inadecuado (Oesterley, 163).

El sacerdote era víctima de un sistema ético-teológico marcado por las normas. La vida para él era un código de mandatos y prohibiciones. Esta mentalidad persiste hoy en muchos ámbitos, por la creencia de que un sistema así ofrece seguridad y respuestas rápidas a todos los problemas e interrogantes de la vida. Las respuestas le dicen al devoto que el sacerdote está justificado hasta que nos encontramos a un hombre inconsciente junto al camino. Cuando nos ocurre eso, descubrimos que de forma sutil el sistema te dice «mantén tu estatus dentro de tu comunidad», en lugar de «siéntete libre de ayudar al necesitado que te encuentras en el camino». El sacerdote no cuestiona la limitación del sistema y decide seguir su camino.

Escena 3: el levita

Del mismo modo, se acercó   VENIR
al lugar un *levita*,
y cuando lo vio,   HACER
pasó de largo.   IRSE

Tanto el sacerdote como el levita entran dentro del patrón VENIR-HACER-IRSE que caracterizó también a los ladrones, lo que les coloca al mismo nivel que estos malhechores. Con su negligencia, el sacerdote y el levita contribuyen al sufrimiento del herido. La palabra que hemos traducido por «del mismo modo» indica que el levita también desciende por el camino y, por tanto, sigue al sacerdote.

Muy probablemente, el levita sabía que delante de él iba un sacerdote. Derrett cree que el samaritano también sabía que por allí ya habían pasado otras personas que habían visto al herido. Según él, lo más seguro es que el samaritano hubiera visto a los otros viajeros, independientemente de la dirección que hubieran seguido, «en vista de las heridas del hombre y los contornos de la carretera, que apuntaban a que no había pasado mucho tiempo desde el incidente» (Derrett, 217). Aún hoy se puede apreciar el lugar por el que pasaba la vieja carretera romana; yo mismo la he recorrido casi en su totalidad. La descripción que Derrett hace de los contornos y desniveles de la carretera es acertada. Eso permite ver largos trechos del camino. Además, después de viajar en camello, en burro y a pie por esa carretera durante veinte años, yo mismo sé que al viajero le interesa *muchísimo* saber quién más está viajando por la carretera en ese momento. Su vida puede depender de esa información: preguntar a alguien justo antes de salir del último poblado, antes de adentrarse en el desierto; preguntar a otro viajero que viene de la otra dirección; las huellas recientes a un lado del camino, por donde las personas y también los animales prefieren andar; detectar en la distancia en el desierto a alguien al que acaban de atacar. Probablemente, el levita realizó todas estas acciones para recabar la información necesaria para un viaje seguro. Después de realizar algunas investigaciones, he descubierto que el campesino de Oriente Próximo da por sentado que el levita sabe que antes de él va un sacerdote. Según ellos, eso es lo que se desprende de la historia. Así pues, es más natural pensar que el levita tenía ese conocimiento que pensar que no lo tenía. Este detalle es importante para la reconstrucción de la historia. Nuestro argumento es el siguiente. El levita no tiene tantas obligaciones como el sacerdote. Derrett observa:

«si quería, un levita se podía permitir más libertades que un sacerdote» (*Ibíd.*, 211). Jeremias escribe: «el levita solo tenía que estar puro en el servicio del culto» (Jeremias, *Parábolas*, 246, 203 de la edición en inglés). Así, *podría* haber ayudado al herido, y si este estaba muerto, o si moría en sus manos, las repercusiones para él no eran tan serias.

A diferencia del sacerdote, el levita se acerca al herido. Lo sabemos por las acciones que describe el narrador. El sacerdote, que viajaba por el mismo camino, lo vio y pasó de largo. Pero el levita *se acercó al lugar*, lo vio y pasó de largo. Plummer escribe: «El levita se acercó bastante, lo vio y pasó de largo» (Plummer, 287). El levita se acerca al lugar (aunque se omita *genomenos*). Por tanto, puede que el levita traspasara la frontera de cuatro codos para satisfacer su curiosidad. Y que, después de eso, decidiera no ofrecer su ayuda. Por tanto, no tiene mucho sentido pensar que lo que le echó para atrás fue el miedo a contaminarse. En todo caso, el miedo a los ladrones. Probablemente, lo que lo disuadió fue el mal ejemplo de su superior. Pudo pensar para sí mismo: «Si el sacerdote no ha hecho nada, ¿por qué debería molestarme yo, un simple levita?». Además:

> El levita podría haber pensado que, si el sacerdote no se había arriesgado, él no era quién para realizar una tarea tan peligrosa; ciertamente, si se hubiera tratado de un deber, lo hubiera cumplido. Ahora, él no debía ofrecer su ayuda, puesto que eso sería una afrenta a su superior, pues significaría acusarle por su dureza de corazón y su falta de humanidad (Trench, 314).

Más que acusarle por su «dureza de corazón», al detenerse, ¡el levita estaría criticando la interpretación de la ley que había hecho el sacerdote! Si el experto interpretaba la situación de una manera concreta, ¿quién era él para cuestionarle?

El levita, como el sacerdote, no puede averiguar si el herido es su prójimo. Tal vez por eso se acerca un poco más. ¿Quizá aún pueda hablar? Pero, como no logra descubrir nada, decide seguir su camino. Sea cual sea su motivación, el resultado es el mismo; a pesar de su cargo religioso, no hay nada que le empuje a ayudar al herido.

El levita es de una clase social inferior a la del sacerdote, y probablemente iba a pie. Aun así, aunque no pudiera llevarle a un lugar seguro, podría haberle ofrecido unos cuidados mínimos. Si iba a pie, probablemente se dijo, «No puedo llevarle a un lugar seguro y, ¿voy a arriesgar mi vida quedándome aquí con él hasta que alguien pase?». Sea como sea, se desvanece de la escena igual que el sacerdote.

Escena 4: el samaritano

Y un *samaritano*, que iba de viaje, se acercó al hombre,	VENIR
y cuando lo vio,	HACER
tuvo compasión de él.	HACER

Como en 14:18-24 y 20:10-14, tenemos aquí una progresión de tres personajes. Después de la aparición del sacerdote y del levita, los oyentes esperan que el siguiente personaje sea un judío sin cargo religioso (Jeremias, *Parábolas*, 246-247, 204 de la edición en inglés). La secuencia sacerdote-levita-laico era una secuencia natural. Pero además, como ya hemos visto, había tres tipos de personas que oficiaban en el templo. Del mismo modo que había delegaciones de sacerdotes y levitas que subían a Jerusalén a servir en el templo durante las dos semanas establecidas, con ellos también subía la «delegación de Israel». Lo normal es que después de las semanas de servicio los tres grupos regresaran a sus casas. El oyente ya ha oído sobre el primero y el segundo, y es natural que dé por sentado que sabe cuál es el tercero. Sin embargo, esta secuencia se ve interrumpida. Para sorpresa de los oyentes, el tercer personaje es uno de los tan odiados samaritanos. Normalmente, los judíos odiaban más a los herejes que a los incrédulos. En *Eclesiástico*, escrito alrededor del 200 A.C., podemos ver la animosidad existente durante siglos entre los judíos y los samaritanos:

> Hay dos naciones que detesta mi alma,
>
> y la tercera, no es una nación:
>
> los que habitan en la montaña de Seír, los filisteos,
>
> y el pueblo necio que habita en Siquem (50:25-26)

Vemos, pues, que a los samaritanos los catalogaban igual que a los filisteos y los edomitas. La Mishná declara «El que come el pan de los samaritanos es como aquel que come carne de cerdo» (Mishná *Shebiith* 8:10, Danby, 49). En tiempos de Jesús, el enfrentamiento entre los judíos y los samaritanos se había intensificado, porque unos años antes los samaritanos habían contaminado el templo durante la Pascua esparciendo huesos humanos en el patio (cf. Josefo, *Ant.*, 18:30). Oesterley observa:

A los samaritanos se les maldecía públicamente en las sinagogas; y cada día se ofrecía una oración pidiéndole a Dios que los samaritanos no fueran partícipes de la vida eterna (Oesterley, 162).

Jesús podría haber contado una historia sobre un noble judío que ayudaba a un samaritano. Eso hubiera sido más fácil de digerir para los oyentes. Pero, en cambio, Jesús decide que el héroe de la historia sea el samaritano. Yo mismo confieso que en veinte años no he tenido el valor de contarles a los palestinos una historia sobre un israelí noble, ni a los armenios una sobre un turco noble. Para entender de forma plena el valor que Jesús muestra al presentar a un samaritano como alguien moralmente superior al liderazgo religioso que le está escuchando, es necesario haber vivido como parte de una comunidad con un enemigo histórico. Así, Jesús apunta al odio profundo que está grabado en el corazón de sus oyentes y lo saca a la luz.

La palabra griega «compasión» (*splanchnizomai*) tiene sus raíces en el vocablo «tripas» (*splanchnon*), que en el lenguaje retórico, tanto griego como hebreo, es un vocablo con mucha fuerza (cf. Bailey, *Cross*, 55ss.). Desde luego, el samaritano tiene que hacer «de tripas corazón» para acercarse al herido. La antigua versión siríaca refleja la intensidad de esta palabra al traducir «Fue compasivo con él y le mostró misericordia» (es decir, haciendo uso de dos verbos enfáticos). El samaritano no es un gentil. Está obligado por la misma Torá que también le dice que su prójimo es aquel que es del mismo país y de su misma ascendencia. Está viajando por *Judea* y es mucho más fácil que aquel herido sea el prójimo del sacerdote y del levita. A pesar de ello, él es el que actúa.

A medida que la historia va avanzando, el texto tiene una clara progresión. El sacerdote tan solo *bajaba por el mismo camino*. El levita *se acercó al lugar*. El samaritano *se acercó al hombre*. Como Derrett observa, él también corre el riesgo de contaminarse; y si eso ocurre, la contaminación pasa a sus animales y sus mercancías (Derrett, 217). Además, si llevaba un animal o probablemente alguno más (como comentaremos más adelante), y si llevaba alguna mercancía, era un blanco perfecto para los ladrones que habían respetado al sacerdote y al levita por ser religiosos, pero que no dudarían en atacar a un samaritano.

El samaritano tiene una ventaja. Como extranjero, las acciones del sacerdote y el levita no tenían ninguna influencia sobre él. No sabemos en qué dirección va el samaritano. Si va en dirección hacia Jerusalén, se acababa de encontrar con el sacerdote y el levita, por lo que sabe de su indiferencia ante aquel hombre necesitado. Si por el contrario va en dirección contraria a Jerusalén, probablemente, al igual que el levita, sabe quién va delante de él. Por tanto, del mismo modo que el levita, podría decir, «Lo más probable es que este hombre sea judío, y esos judíos no le han ayudado. ¿Por qué tendría que hacerlo yo?». Como veremos, si ofrece su ayuda, corre el riesgo de ser atacado por la familia y los amigos del herido. A pesar de todas estas consideraciones, siente una compasión profunda por el hombre herido y, de forma inmediata, esa compasión le lleva a la acción.

Escena 5: primeros auxilios

Se le acercó,

vendó sus heridas,

rociando sobre ellas aceite y vino.

El centro de la parábola recoge la aparición inesperada del samaritano misericordioso. El resto de la acción es la expresión de su compasión. Es esta escena, el samaritano ofrece los primeros auxilios que el levita ha sido incapaz de ofrecer.

Como en muchas de las parábolas, el lenguaje no es tan simple como parece a primera vista. El samaritano primero tiene que limpiar y ablandar las heridas con aceite, luego desinfectarlas con vino y, finalmente, vendarlas. No obstante, este no es el orden que aparece en el texto. Primero se menciona que le vendó las heridas. De hecho, la sintaxis griega transmite que las acciones son simultáneas. Pero las versiones siríaca y árabe, sin excepción, nos dan dos verbos en tiempo pasado, «vendó» y «roció». Estas traducciones hacen que el orden peculiar en el que aparecen las acciones sea aún más sorprendente. ¿No es posible pensar que la acción de vendar las heridas se menciona en primer lugar de forma deliberada para resaltar el impacto del significado teológico de dicha acción? Como Derrett ha comentado, la acción de vendar las heridas es «un símbolo usado por Dios mientras actúa para salvar a su pueblo» (*Ibíd.*, 220). Dios le dice a Jeremías: «Pero yo te restauraré y sanaré tus heridas» (Jer 30:17). En los primeros diez versículos de Oseas 6 aparecen al menos seis expresiones muy relacionadas con este tema:

Él nos ha herido

pero nos vendará

nos dará vida nos levantará

y así viviremos en su presencia

vuestro amor es ... como rocío que temprano se evapora

lo que pido de vosotros es amor y no sacrificios

ellos han quebrantado el pacto

una pandilla de sacerdotes está al acecho

en el reino de Israel he visto algo horrible

El primer acto sanador de Dios es vendar las heridas de Efraín. Estas expresiones podrían usarse como prólogo para la parábola. Cada una de ellas se puede aplicar a alguna de las escenas. Concretamente en este texto, Efraín es herido, abandonado y, finalmente, pide ayuda. Entonces se nos dice que Yahvé

nos vendará

nos dará vida

nos levantará

vendrá a nosotros

Estas cuatro expresiones se pueden aplicar al samaritano, quien también en primer lugar «vendó sus heridas». También eran «sacrificios de adoración» (Derrett, 220). Del mismo modo, el verbo «rociar» proviene del vocabulario utilizado para hablar de la adoración. Las libaciones tenían que ver con los sacrificios. No obstante, durante siglos se había hecho un llamamiento a ir más allá de los rituales para responder adecuadamente a lo que Dios había hecho por ellos. Oseas (6:6) y Miqueas (6:7-8) nos recuerdan que lo que Dios quiere es amor sincero, y no sacrificios. En las cartas paulinas encontramos este mismo cambio en el que pasa del lenguaje cúltico de los sacrificios a hablar de las acciones procedentes de un amor sacrificado (ver Fil 2:17, donde habla de su propia vida como libación derramada «sobre el sacrificio y servicio de que proceden de su fe»). Pablo también les dice a los cristianos romanos que ofrezcan sus vidas como «sacrificio vivo» (Ro 12:1). Por tanto, para los profetas, el lenguaje del altar de los sacrificios evoca un interés por el amor sacrificado. Para Pablo, ese lenguaje es el adecuado para llamar a los creyentes a vivir, por amor, de forma sacrificada. El sacerdote y el levita eran los religiosos que conocían bien los rituales de la liturgia. En el templo, oficiaban los sacrificios y las libaciones. Rociaban con aceite y con vino el altar. Aquí en la parábola, ese lenguaje se aplica al samaritano justo después de que el sacerdote y el levita han sido incapaces de vivir como «sacrificio vivo». Es el samaritano, un odiado samaritano, el que derrama la libación sobre el altar de las heridas de este hombre. Como observa Derrett, «Para mostrar lo que es el *hesed* (amor sacrificado) que Dios nos pide, uno no puede encontrar algo más adecuado que el aceite y el vino derramado para curar a un hombre herido» (Derrett, 220). La respuesta entregada del samaritano ante las necesidades de aquel hombre (que incluye esa simple libación) es una profunda expresión del amor sacrificado del que hablaban los profetas. El *samaritano* es el que ofrece el verdadero sacrificio aceptable a Dios.

Sin embargo, si el herido recobra el conocimiento, podría rechazar la ayuda del samaritano, porque «el aceite y el vino son objetos prohibidos cuando provienen de un samaritano» (*Ibíd.*, 220). No solo provienen de un samaritano impuro, sino que este no los ha diezmado, con lo que el hombre que los acepta está obligado a ofrecer el diezmo de ese vino y ese aceite. Le acaban de robar, por lo que obviamente no tiene con qué pagar la factura del hotel. Como dice Derrett, los fariseos hubieran aplaudido si el herido hubiera gritado: «¡Aléjate de mí! ¡No quiero tu vino y tu aceite!» (Derrett, 221).

Escena 6: transporte a la posada

Luego lo subió al animal en el que él viajaba

y lo llevó a la posada,

y cuidó de él.

Como hemos visto, estos son actos de misericordia que el sacerdote, que también montaba un animal, no fue capaz de ofrecer. La peculiar expresión que aquí traducimos por «el animal en el que él viajaba» no es una construcción de genitivo normal. Probablemente quiera decir que el samaritano tenía otros animales, quizá para venderlos. Este animal es el suyo propio (cf. Jeremias, *Parábolas*, 246-247, p. 204 de la edición en inglés; Bishop, 172; Derrett, 217). La antigua versión siríaca dice que el animal era un asno. Es probable que ese sea el animal al que el texto griego se está refiriendo. La siguiente acción del samaritano no está del todo clara. El texto griego se podría traducir de las dos formas siguientes: «*Lo llevó* a la posada», o «*Lo guió* (al asno) a la posada». El verbo puede significar tanto *llevar* como *guiar* o *dirigir*, y el pronombre puede ser masculino (el hombre) o neutro (el animal). Los asnos de Oriente Próximo pueden fácilmente cargar con dos personas y, si optamos por el primer significado, tenemos que ambos van encima del asno, tanto el herido como el samaritano. Si optamos por el segundo, el samaritano

EL BUEN SAMARITANO **105**

se pone en el lugar de un sirviente y camina al lado de la cabalgadura, guiando al animal que lleva sobre sus lomos al hombre herido. En
Oriente Próximo hay una marcada distinción social entre los que van
sobre el animal y los que guían al animal. Para sorpresa suya, y para su
humillación, Amán (que creyó que lo iban a llevar en el caballo del rey)
se ve obligado a llevar el caballo sobre el que va su enemigo Mardoqueo
(Ester 6:7-11). Esta costumbre se ha mantenido a lo largo de los siglos.
En una ocasión, el famoso viajero suizo de principios del siglo XIX,
Louis Burckhardt, sorprendió a sus acompañantes de Oriente Próximo
cuando permitió que su sirviente montara en su camello, mientras él
hizo un trecho a pie (Sim, 254). En numerosas ocasiones he intentado
convencer al joven que guiaba mi caballo a que se subiera también a la
cabalgadura. Pero siempre he recibido una respuesta negativa, porque
cabalgar conmigo hubiera sido, desde su punto de vista, atrevido.

Su disponibilidad para ir a la posada y pasar allí una noche, atendien-
do las necesidades del herido es una muestra más de un amor sacrificado. La ley de Moisés establecía que debía haber ciudades refugio para la
gente que, después de haber cometido asesinato, había sido amenazada
de muerte. Esa ley ofrecía una válvula de escape para una costumbre
que ya no se podía erradicar. El concepto de venganza, enormemente presente en el Antiguo Testamento, aún está entre nosotros. La ley
moderna en muchos países de Oriente Próximo también hace algunas
concesiones en cuanto al asesinato como venganza por otro asesinato.
Thomson admite que originalmente pensó que era una «curiosa costumbre de la historia antigua». Pero luego vio que en los poblados de la
Galilea del norte era una parte más de la vida cotidiana.

> Como en la comunidad judía en tiempos de Moisés, lo mismo
> ocurre aquí. La costumbre de la venganza de sangre está pro-
> fundamente enraizada, por lo que es algo que los terratenientes
> no pueden controlar; de hecho, ellos y sus familias están atados
> a dicha costumbre. Queda claro que Moisés, aun con toda la
> influencia y poder de aquel que trajo la Ley, no pudo erradicar esa
> horrible costumbre, y simplemente se le indicó mitigar sus conse-
> cuencias estableciendo ciudades refugio, bajo ciertas regulacio-
> nes humanas, que aparecen en Números 35 y en Deuteronomio
> 19 … la ley de la venganza sigue vigente, y las tribus de estos
> alrededores la ejecutan enérgicamente (Thomson, I, 447).

Así, este fenómeno era un problema para la sociedad del Antiguo
Testamento, y continuaba siéndolo en el siglo XIX. Thomson sigue ex-

plicando que, siempre que ha habido derramamiento de sangre, la venganza recae sobre cualquier miembro de la familia o colaboradores del atacante. Si se sabe el paradero del atacante, se arremete contra él; si no, cualquiera de sus parientes puede sufrir las consecuencias de esta venganza irracional. Thomson explica:

> Es uno de los elementos crueles de la ley del talión: si no se puede encontrar al asesino, los vengadores tienen el derecho de matar a cualquier miembro de la familia del asesino, aunque sea lejano, y también a cualquier miembro de esta confederación … Conozco a personas que han sido descuartizadas y en algunos casos las pobres víctimas no tenían nada que ver con la persona a la que estaban vengando (Thomson, I, 448).

Está claro que no estamos hablando de una acción razonable, sino irracional. No tenemos conocimiento de que hubiera una posada en medio del desierto. La suposición natural de la historia es que el samaritano, después de tomar al herido, siguió hacia Jericó. Eso es lo que entendió Ibn al-Tayyib (folio 104^r; también Dalman, *Sacred*, 245; Ibn al-Salibi, II, 121). Fuera como fuera, la posada estaría en una comunidad, o bien cerca de ella. Al dejar que lo reconozcan, el samaritano corre el riesgo de que la familia del herido salga en su busca para vengarse. Después de todo, ¿quién más queda? En una situación así, la mentalidad de comunidad que predomina en la sociedad rural de Oriente Próximo se deja llevar por un impulso irracional. El extranjero que es testigo de un accidente y se acerca a ofrecer su ayuda es considerado parcialmente, si no totalmente, responsable del accidente. Después de todo, ¿por qué se detuvo? Una mente irracional que busca un objeto, un culpable del que vengarse, no hace juicios racionales. Mucho de lo que estamos diciendo aquí no es tanto una actitud que encontramos en la cultura oriental, sino que más bien es una reacción humana normal. Cuando estamos cegados por la rabia y la sed de venganza, es fácil pasar por alto un acto de bondad como el del samaritano. Otro, intentando ser precavido, habría dejado al herido a la puerta de la posada y habría desaparecido antes de que nadie le viera. El herido quizá aún estaba inconsciente; en ese caso, el samaritano aún estaría a salvo. Podría haber intentado quedar como una persona anónima. Pero cuando se queda en la posada toda la noche para cuidar del herido, y promete regresar, el anonimato es imposible.

La valentía del samaritano se demuestra en primer lugar cuando se detiene en el desierto (pues los ladrones aún podían merodear por los alrededores). Pero se demuestra sobre todo en este acto de compasión en la posada. Lo importante no es ya su valentía, sino el precio que está dispuesto a pagar para llevar hasta el final su acto de compasión, que continúa en la última escena.

Escena 7: el pago final

Al día siguiente sacó y dio dos denarios al posadero

y dijo: «Cuida de él, y todo lo que gastes en él,

yo, cuando regrese, te lo pagaré».

Vemos que la historia tiene una estructura completa. La inversión de temas que aparece en esta parábola nos hace ver la importancia de esta escena final. La historia que se narra en esta parábola podría haber acabado en la escena anterior, cuando el samaritano deja el herido a buen recaudo. Pero no. Después de haber deshecho las consecuencias negativas de la indiferencia del levita y el sacerdote, también deshace las consecuencias de la acción de los ladrones:

Los ladrones	*El samaritano*
Le roban	Paga por él
Lo dejan medio muerto	Procura que lo cuiden
Lo abandonan	Promete regresar

Esta comparación revela la magnífica estructura de esta parábola. Lo más normal hubiera sido llevar al herido a casa de un pariente o amigo, o a su propia casa. Pero la parábola está construida para llegar a esta última escena. Obviamente, el samaritano no podía pagar a su familia o amigos, y su regreso no tendría ningún sentido si en la escena final el samaritano lo hubiera llevado a la casa del propio herido.

No obstante, las acciones de esta escena no están solo para rellenar. Son un reflejo de las costumbres del siglo I. El herido no tiene dinero. Si no puede pagar, lo arrestarán (Derrett, 218). En el siglo primero, los posaderos tenían fama de ser personajes sin escrúpulos. La *Mishná* advierte:

El ganado no se puede dejar en las posadas de los gentiles, pues estos son capaces de practicar el bestialismo; tampoco se puede dejar con ella a una mujer sola, pues son sospechosos de lascivia; ni se puede dejar con ellos a un hombre solo, pues son sospechosos de homicidio (Mishná *Abodah Zarah* 2:1, Danby, 438).

Las posadas judías, según la opinión popular, no eran mucho mejores, ya que en el Targum Jonatán la palabra «prostituta» a menudo se traduce por «mujer que regenta una posada» (cf. Jos 2:1; Jue 16:1; 1R 3:16). Por tanto, la situación en la que se encuentra el herido no es muy alentadora. Por las parábolas de Jesús sabemos que cuando alguien tenía una deuda se le llevaba a la cárcel (Mt 18:23-35). Obviamente, al herido no le quedaba nada. Por lo que si el samaritano no se compromete a pagar los gastos, sea la cantidad que sea, el herido, una vez recuperado, no habría podido salir de la posada. Derrett dice que «el samaritano le abrió el camino para que pudiera «salir de la ciudad»» (Derrett, 218). Derrett también comenta que un judío que ayudaba a otro judío podía recuperar su dinero. Pero «un samaritano no podía esperar ningún tipo de reembolso» (*Ibíd.*, 219). El samaritano es un desconocido. No obstante, a pesar del tiempo que tiene que sacrificar, del dinero que tiene que pagar y del peligro al que se expone, muestra amor al necesitado. ¿No vemos aquí una ilustración del amor que Dios ofrece a través de su Hijo en el Evangelio?

La exégesis de los primeros siglos de nuestra era siempre ha identificado al buen samaritano con el mismo Jesús. Ciertamente, en Juan 8:48, los judíos se mofan de él diciéndole: «¿No tenemos razón al decir que eres un samaritano, y que estás endemoniado?». Pero mucho más impacto tiene la demostración costosa del amor incondicional que vemos en las acciones del samaritano. De forma inesperada y repentina entra en escena para actuar y salvar. Los líderes tradicionales de la comunidad fracasan, pero el siervo de Dios llega para «vendar las heridas» del que sufre. Como Barth dice:

> El buen samaritano … no está lejos del intérprete de la Ley. La exégesis primitiva del texto ya hacía una interpretación acertada. Está delante de él, aunque escondido bajo la imagen de alguien al que el intérprete de la ley creía que debía odiar, pues los judíos odiaban a los samaritanos (Barth, 419).

En Lucas 7:36-50 ya observamos una cristología funcional. En este pasaje, los elementos cristológicos no aparecen en el marco narrativo del evangelista o su fuente, sino que aparecen en la misma parábola. ¿No es posible vislumbrar algo de la comprensión que Jesús tenía de su propio ministerio como el agente único de Dios que viene como un siervo sufriente a salvar?

Así, ¿qué función tiene esta parábola dentro del diálogo entre Jesús y los intérpretes de la Ley? El texto completo de esa segunda ronda del diálogo es el siguiente:

RONDA DOS:

Él, queriendo *justificarse*, dijo:

(5) Intérprete: (Pregunta 3) «¿Quién es mi prójimo?»

    (6) Jesús: (después de contar la parábola, hace la pregunta 4) «¿Quién de estos tres fue prójimo del hombre herido?»

    (7) Intérprete: (Respuesta a pregunta 4) Respondió: «El que actuó con él con misericordia».

(8) Jesús: (Respuesta a pregunta 3) Jesús le dijo: «*Ve* y *haz tú* lo mismo; sí, he dicho *tú*».

En el centro de estas cuatro intervenciones, vemos que Jesús le da la vuelta a la pregunta del intérprete de la Ley. No le da una lista; no quiere decirle quién es y quién no es su prójimo. Jesús tiene una pregunta para él: «¿Para quién tienes que *llegar a ser* prójimo?». Y entonces aparece la respuesta. Las últimas palabras no son una exhortación a hacer buenas obras, sino una respuesta a la pregunta del intérprete de la ley sobre la autojustificación. La primera ronda de preguntas y respuestas acabó con un mandato a *hacer* algo. Esta ronda acaba de la misma manera. El intérprete de la ley, en la primera pregunta de esta ronda, quiere saber a cuánta gente tiene que amar para lograr la justificación por méritos propios. En la última intervención, la palabra «tú» es enfática. Jesús le dice: «Este es el listón al que *tú* tienes que llegar». Derrett dice que de la parábola se desprende que «si no mostramos amor a toda la humanidad ... no podemos decir ... que hemos obtenido la entrada a la era mesiánica» (Derretí, 227). Para Hunter, el significado de esa ultima intervención es el siguiente: «Amigo mío, esto es lo que significa amar al prójimo y, si quieres obtener la vida eterna, este es el tipo de acción que Dios espera de ti» (Hunter, *Interpreting*, 73). Ambos autores tienen razón. La única dificultad es, ¿quién es capaz de hacer eso? ¿Quién puede alcanzar ese listón? Es como si pudiéramos oír a la multitud murmurar (como ocurre en 18:26), «Entonces, ¿quién podrá salvarse?». Aquí, las dos partes del diálogo van en esa dirección. Por ello, las dos rondas de diálogo acaban con la misma conclusión. ¿Qué puedo *hacer* para heredar la vida eterna? ¿Qué puedo *hacer* para justificarme? La única conclusión a la que puede llegar es, «No puedo hacer nada. Yo no puedo justificarme a mí mismo, pero lo que es imposible para los hombres es posible para Dios» (cf. Lc 18:27).

Por último, viendo la parábola en su contexto, dentro del diálogo con el intérprete de la Ley, ¿cuál debería ser la conclusión del intérprete de la Ley y qué enseñanzas teológicas encontramos en este pasaje? Sugerimos lo siguiente:

Sugerimos que Jesús quiere que el intérprete de la Ley entienda lo siguiente:

> He de *llegar a ser* el prójimo de cualquier persona necesitada. Cumplir la Ley significa tener compasión por todas las personas, incluso por los enemigos, y estar dispuestos a pagar el precio que sea necesario. Aunque no podemos lograrlo de forma completa, el listón sigue estando a esa altura. No puedo justificarme y ganar la vida eterna.

Al considerar todo el pasaje, podemos extraer las enseñanzas teológicas siguientes:

1. La parábola deja claro que cualquier intento de autojustificación está condenado al fracaso. El listón está demasiado algo. La vida eterna no se obtiene por méritos propios.

2. Sin embargo, aunque no podemos alcanzar ese listón, la parábola dice que hemos de esforzarnos para vivir según esa ética. Del mismo modo que nuestra meta es cumplir el mandamiento de «sed perfectos», aunque sea un mandamiento que no lograremos cumplir en su máxima expresión.

3. No es adecuado acercarnos a la ética pensando que esta es un libro de normas y regulaciones. Como Derrett comenta, «Cuando el sistema farisaico puede tener ese tipo de defectos, necesita una seria evaluación» (Derrett, 222).

4. El samaritano, un extranjero odiado, muestra amor y compasión. Por tanto, la parábola es un ataque directo contra los prejuicios raciales y comunitarios.

5. Para Jesús, el amor es algo que sientes *y* haces.

6. La parábola nos da un concepto dinámico del prójimo. La pregunta «¿Quién es mi prójimo?» da un giro: «¿Para quién tengo que *llegar a*

ser prójimo?». La respuesta es, «¡Para cualquiera que esté necesitado, incluso para un enemigo!».

7. La Soberanía de Dios no está sujeta al liderazgo oficial de la comunidad de los fieles. Cuando el liderazgo fracasa, Dios es libre de escoger nuevos agentes, como hizo con Amós, para expresar su salvación.

8. En la parábola aparecen dos tipos de pecados y dos tipos de pecadores. Los ladrones perjudican al herido haciendo uso de la violencia. El sacerdote y el levita lo perjudican con su indiferencia. La historia habla de la culpa de los tres. La oportunidad perdida de hacer el bien se convierte en pecado.

9. El pasaje hace una declaración sobre la salvación. La salvación llega al herido a través de una muestra inesperada de amor sacrificado. Y también parece que hace una declaración sobre el Salvador. Con cautela, sugerimos que Jesús, el extranjero rechazado, se ha puesto en el rol del samaritano, que aparece en escena para vendar las heridas del que sufre como el único agente del amor sacrificado de Dios.

Que las demandas éticas y teológicas de este conocido pasaje nos abran los ojos de nuevo hoy, y nos ayuden.

Capítulo 4

EL RICO INSENSATO
(Lucas 12:13-21)

El texto:

Uno de entre la multitud le pidió:
«Maestro, dile a mi hermano que comparta la herencia conmigo.»

Jesús le respondió:
«Hombre, ¿quién me nombró a mí juez o partidor entre vosotros?».

Y dijo a la gente: PRINCIPIO GENERAL
«¡Tened cuidado! Absteneos de toda avaricia; la vida de una persona no depende de la abundancia de sus bienes.»

1   Entonces les contó esta parábola: BIENES OTORGADOS
«El terreno de un hombre rico le produjo una buena cosecha.

2   Así que se puso a pensar: PROBLEMA
«¿Qué voy a hacer?
No tengo dónde almacenar mi cosecha.»

3   Por fin dijo: «Ya sé lo que voy a hacer: PLAN (PRESENTE)
derribaré mis graneros y construiré otros más grandes,
donde pueda almacenar todo mi grano y mis bienes.

4   Y diré: "Alma mía,   PLAN (FUTURO)
ya tienes bastantes cosas buenas guardadas para muchos años.
Descansa, come, bebe y goza de la vida"».

5   Pero Dios le dijo: «¡Necio!   BIENES QUE QUEDAN ATRÁS
Esta misma noche te van a reclamar la vida.
¿Y quién se quedará con lo que has acumulado?»

Así le sucede al que atesora para sí mismo,   PRINCIPIO GENERAL
en vez de acumular riquezas para Dios.»

Como en el caso del buen samaritano, a la hora de analizar esta parábola queremos tener en cuenta el contexto en el que aparece, es decir, el
diálogo en el que está insertada, y ver a dónde nos lleva dicho análisis.
En este pasaje también estamos ante un diálogo breve y una parábola
extensa. Pero, por breve que sea, el diálogo es el que establece el sentido real de la parábola. Examinaremos la forma retórica del pasaje y, a
continuación, comentaremos los diversos detalles del texto a la luz de
dicha forma retórica. En primer lugar, observaremos la forma literaria
del texto, siguiendo la estructura que incluimos al principio del capítulo.

La forma literaria general del pasaje es simple y clara. Empieza con
un diálogo entre Jesús y un hombre anónimo que le pide al maestro un
favor, esperando que este se lo conceda. Antes y después de la parábola
aparece un proverbio. La parábola se puede dividir en cinco partes. La
primera habla de unos bienes que han sido otorgados y la quinta cierra
la parábola con esos mismos bienes que van a quedar atrás. En el centro
de la parábola, el rico interviene tres veces. Parece ser que la intención
del autor es que hagamos una diferencia entre las dos primeras intervenciones. Si no, las palabras «Por fin dijo» no tendrían demasiado sentido.
Además, es lógico pensar que debió de pasar algo de tiempo entre la
enunciación del problema y el anuncio de la solución. La segunda y la
tercera intervención aparecen en un mismo bloque; no obstante, hay un
cambio de énfasis que divide el discurso en dos. Empieza hablando del
presente, en el que hará los graneros más grandes y almacenará su grano. Y en esos años disfrutará de «la buena vida». Así, observando estas
tres intervenciones, vemos que en la primera (parte 2) enuncia cuál es
el problema. En la segunda (parte 3), decide buscar una solución. En la
tercera (parte 4), reflexiona sobre el futuro a la luz de esa solución. En la
parte 5, es Dios el que habla. La parte central es de crucial importancia,
pues en esa intervención el rico decide lo que va a hacer para solucionar
su problema. Ocurre lo mismo en la parábola del mayordomo injusto (Lc 16:1-8). Esa parábola se divide en siete partes, pero en la parte
central también aparece un soliloquio en el que el personaje principal
decide cómo solucionar el problema que se ha descrito en las primeras
partes de la parábola (cf. Bailey, *Poet*, 95ss.). Este clímax, que aparece
en la parte 3, tiene que ver tanto con el inicio como con el final de la parábola. En este caso, la relación interna es probablemente inconsciente,
pero está ahí. En la primera parte se nos habla de unos bienes que han
sido *otorgados*. En la parte central, estos bienes *se almacenan*. En la
parte final, estos mismos bienes *se quedan atrás*. Además, el principio
y el final hablan de los dones de Dios. Es decir, en la parte 1 Dios le

da al hombre abundantemente. En la 5 (como veremos más adelante), descubrimos que el alma es un préstamo que Dios le ha hecho. Con esta estructura literaria en mente procedemos a examinar el texto.

EL DIÁLOGO INICIAL

Uno de entre la multitud le pidió:

«Maestro, dile a mi hermano que comparta la herencia conmigo.»

Jesús le respondió:

«Hombre, ¿quién me nombró a mí juez o partidor entre vosotros?».

Como ya hemos visto en 10:25, la palabra griega «maestro» en Lucas equivale al vocablo hebreo «rabí» (cf. página 84). El rabí era alguien con conocimiento de la Ley, y se consideraba que estaba preparado para tomar decisiones judiciales. Sin embargo, la comprensión que Jesús tenía de su ministerio no incluía dedicar su tiempo a casos legales. Existen precedentes. Se nos cuenta que algunos sabios «se retiraron de las cuestiones públicas e incluso agradecieron al Todopoderoso por no saber cómo administrar justicia» (Safrai, JPFC, II, 963). Ibn al-Salibi sugiere que el hermano del que el rico está hablando era un discípulo y, por tanto, estaba bajo la autoridad de Jesús. El avaro demandante lo que quiere es que Jesús le diga a su hermano (al discípulo) que lo abandone todo y que se lo dé a él (al demandante) (Ibn al- Salibi, II, 132). Esta historia podría ser verdad, pero lo cierto es que no deja de ser una sugerencia infundada, porque el texto no menciona nada de todo esto.

Sin embargo, hay otras cuestiones que sí aparecen en el texto. El demandante no le está pidiendo a Jesús que haga de partidor, sino que le está demandando que falle en su favor. Ya ha decidido lo que quiere, e intenta *usar* a Jesús. Decir «Maestro, mi hermano y yo estamos discutiendo a causa de la herencia; ¿podrías mediar entre nosotros?» es una cosa. Pero ordenar a Jesús que haga exactamente lo que él quiere, otra. No es de sorprender que la respuesta de Jesús sea algo brusca, como veremos más adelante.

La problemática en sí no era algo extraño. Un padre moría y dejaba la herencia a sus hijos sin dividirla. El Salmo 133:1 refleja lo reconfortante que es que los hijos sepan cooperar con armonía en una situación así. Daube observa que «habitar juntos» es un término técnico del Antiguo Testamento que hace referencia a una situación que se da por sentada. Por eso, cuando Abraham cree que es necesario separarse de su sobrino

Lot, «se trata de una triste necesidad que requiere una justificación» (Daube, 327; cf. Gn 13:5-7). En el Nuevo Testamento sigue vigente esta misma suposición. Lucas 16:13 (par. Mt 6:24) nos presenta el dilema de un sirviente que, cuando el padre muere, se encuentra de repente con dos señores.

En nuestro texto, un hermano quiere conseguir ayuda para presionar al otro hermano a dividir la herencia. Los rabinos estipulaban que, si un heredero quería la división de la herencia, los otros herederos debían concederle su deseo. (La ley romana exigía que hubiese un acuerdo entre las partes; cf. Daube, 328). Así, es como si el demandante estuviera diciendo: «Todo el mundo conoce la opinión de los rabinos. Yo tengo razón, y mi hermano no. Rabí Jesús, ¡díselo a mi hermano!». En cuanto a la «herencia», lo más lógico en este contexto es pensar que se refiere a la propiedad. Ciertamente, esta es una de las problemáticas más delicadas de Oriente Próximo, tanto entonces como ahora: la petición de justicia sobre la división de la tierra.

La cuestión de la justicia para aquellos que reclaman lo suyo es un tema que ha preocupado a muchos autores bíblicos a partir del profeta Amós. Lucas mismo contiene más material de la tradición sobre la cuestión de la justicia hacia los pobres y los oprimidos que cualquier otro evangelista. Al principio del Evangelio, María se goza ante la exaltación de los humildes (Lc 1:52). Varias parábolas ofrecen esperanza a los pobres (cf. el gran banquete; Lázaro y el rico). También podríamos citar Lucas 4:18, junto con otros pasajes. Sin embargo, aquí vemos que el tema de la injusticia se trata de una forma única. Por lo que vamos a detenernos a examinar cuidadosamente la petición de justicia de este pasaje.

Concretamente, a este clamor por la justicia podríamos llamarlo un «clamor desnudo». Una voz exige «¡Dame mis derechos!». La idea que nos llega es que este demandante no está dispuesto a considerar su problema desde una perspectiva que no sea la suya. Lesslie Newbigin describe el problema de una forma elocuente:

> Si reconocemos al Dios de la Biblia, nos comprometemos a luchar por la justicia en la sociedad. Justicia significa dar a cada uno lo que le corresponde. Nuestro problema (como vemos a la luz del evangelio) es que todos creemos que nos corresponde más de lo que le corresponde al prójimo … Si no reconozco una justicia que juzga la justicia de aquello por lo que lucho, no soy un agente de la justicia, sino de una tiranía sin ley (Newbigin, 124ss.).

Newbigin describe de forma precisa la posición del demandante. Este ha decidido cuáles son sus derechos. Solo quiere que alguien le ayude a presionar a su hermano a que le conceda esos derechos.

Ese «clamor desnudo» por la justicia también aparece en la tragedia de Shakespeare, *Romeo y Julieta*. Tibaldo mata a Mercucio. Entonces, Romeo mata a Tibaldo, que es de la familia de los Capuleto (la familia de Julieta). Una multitud, incluido el príncipe, se reúne en torno a los cadáveres de estas dos víctimas. La señora Capuleto habla de parte de su familia y, enfadada, exige la muerte de Romeo por haber asesinado a Tibaldo. «¡Que hagáis justicia os debo pedir!; ¡quien mató a Tibaldo no debe vivir» (Acto 3, Escena 1). Cada familia «exige únicamente sus derechos». Al final de la tragedia están todos de nuevo reunidos ante el príncipe, solo que ahora hay dos cadáveres más sobre el escenario: los de Romeo y Julieta. El príncipe dice:

«¿Dónde están los enemigos? ¡Capuleto! ¡Montesco!

Ved el castigo a vuestro odio:

¡el cielo mata vuestra dicha sirviéndose del amor!

Y yo, cerrando los ojos a vuestras discordias,

pierdo dos parientes.

Todos estamos castigados» (Acto 5, Escena 3).

Si se concede a cada parte lo que cada una entiende que son «sus derechos», puede ocurrir una tragedia. Es necesaria una nueva perspectiva. En la obra de Shakespeare, ni siquiera el religioso (Fray Lorenzo) intenta introducir una nueva perspectiva, y tampoco denuncia el odio de los personajes. Ciertamente, es necesario un valor especial para decir a dos familias enemistadas que, cuando su exigencia de justicia es un «clamor desnudo», lo que deben hacer es empezar de nuevo, entendiéndose primero a sí mismos.

Este valor lo vemos no solo en este pasaje, sino también en Lucas 13:1-31, en el que unos nacionalistas le cuentan a Jesús una historia atroz sobre una injusticia realizada por el bando contrario. Yo muchas veces me he encontrado en esa situación y sé que, cuando te cuentan algo así, la reacción que se espera del oyente es una muestra de empatía. Como veremos, la de Jesús es una respuesta valiente. En Lucas 12:13 vemos el mismo tipo de respuesta. En ambos textos aparece alguien contra el que se ha actuado injustamente e, indignado, reclama que se le recompense. En ambos casos, la respuesta es «¡Primero, mírate a ti mismo!».

La respuesta de Jesús a la petición del demandante «tiene un tono de desaprobación» (Meyer, II, 416). Así lo corrobora el registro coloquial árabe tanto moderno como medieval en el que la expresión *ja ragul* («¡Oh hombre!») suele transmitir una queja contra la persona a la que se dirige, como en este caso. La misma connotación queda documentada por Muir, que recoge una ocasión en la que esta expresión se usó en la corte del califa de Bagdad en el año 749. Ibn Hobeira, un miembro de la corte, se dirigió a Abú Jafar, hermano del califa, diciéndole «¡Oh hombre!». Estas palabras se interpretaron como un insulto y Abú Jafar se disculpó inmediatamente diciendo que había sido «un desliz de su lengua» (Muir, 438, n. 1). Además, Moisés quiso ejercer de juez (sin que nadie se lo hubiera pedido) y fue rechazado (Éx 2:14a). Jesús (a quien sí se le pide que haga de juez) se niega y rechaza al demandante. No obstante, ambos empiezan con una relación rota entre dos partes e intentan, a su manera, lograr la reconciliación. Ambas palabras juntas, «juez o partidor» dan a entender que Jesús no está contento. Está claro que la relación entre ese hombre y su hermano está rota. Y el hombre que se acerca a Jesús quiere acabar con esa relación rota por medio de una separación total. Pero Jesús insiste en que no ha venido a hacer de «partidor». Sabemos que él vino como «reconciliador». No ha venido a ayudar a la gente a que se separe de forma total, sino a reconciliarla. Este breve diálogo encaja perfectamente con lo que sabemos de Jesús, y aparece de nuevo en el *Evangelio de Tomás* (logion 72). Conocidos académicos tanto cristianos como judíos defienden su autenticidad (Daube, 326-29; Manson, *Sayings*, 271). En el caso de ser auténtico, entonces habría quedado grabado en la memoria en arameo, y más adelante se habría traducido al griego. Es bien sabido que los buenos traductores pueden usar los matices de la lengua de llegada para destacar un énfasis concreto de la lengua original. Eso es lo que ocurre en este pasaje, y no solo una vez, sino dos. La primera sería en este diálogo. El traductor ha seleccionado una palabra poco común (este es el único texto del Nuevo Testamento en el que aparece), para la palabra «partidor». En griego es *meristes*. Si nos deshacemos de la *r* y cambiamos la *i* de lugar, tenemos *mesites*, que significa «reconciliador». Jesús no ha venido como *meristes* (partidor o alguien que divide) sino como *mesites* (reconciliador). La forma de este diálogo en el Evangelio de Tomás supone una aportación interesante:

> [Un hombre] le [dijo]: «Di a mis hermanos que dividan conmigo los bienes de mi padre». Él replicó: «¡Hombre! ¿Quién ha hecho

de mí un repartidor?»». Y se dirigió a sus discípulos, diciéndoles: «¿Acaso soy yo alguien que ha venido a dividir?» (Aland, 526).

En esta versión del diálogo vemos un rechazo más claro por parte de Jesús a que se le vea como alguien que ha venido a dividir. La respuesta obvia a esta pregunta es «No, no eres alguien que ha venido a dividir, sino a reconciliar». Pero para que se dé una reconciliación es necesario que el demandante cambie su forma de ver las cosas, es decir, que adquiera una nueva perspectiva de las cosas. Miller escribe:

> Jesús no estaba siendo indiferente a la petición de que se hiciera justicia, sino que quería dejar claro que hay una ganancia mejor que ganar una herencia, y una pérdida peor que perder una herencia (Miller, 110).

La pregunta está hecha en plural: «¿Quién me nombró a mí juez o partidor entre vosotros?». Algunas de las versiones árabes traducen «entre vosotros dos». Otras solo «entre vosotros». ¿Jesús se está dirigiendo a la multitud, o solo a los dos hermanos? Es imposible responder con exactitud, pero parece que lo más lógico es que se estuviera dirigiendo a la multitud. Parece que Jesús está rechazando el papel de aquel que divide a las personas. Después de esta pregunta algo hostil, aparece el primero de los dos proverbios que sirven de introducción y conclusión de la parábola.

PRIMER PROVERBIO

Y dijo a la gente:

«¡Tened cuidado! Absteneos de toda avaricia;

la vida de una persona no depende de la abundancia de sus bienes.»

La primera frase se traduce normalmente en relación con el tema de la codicia. En el texto original no aparece la palabra codicia o avaricia, sino que una traducción literal vendría a ser «¡Tened cuidado! Absteneos de todo deseo insaciable», que es un lenguaje aún más fuerte y enfático. Lo que se desprende de estas palabras es que el demandante no va a contentarse aunque su hermano le dé su parte de la herencia. Sa´id observa: «Jesús se convierte en el juez de los hermanos, no en el juez del problema. Lo que hace no es juzgar sus billeteras, sino las motivaciones que hay en sus corazones» (Sa´id , 339). La palabra «vida» en griego es *zoe*, que, en contraste con *bia*, tiene que ver con una cualidad especial de la vida, no solo con la vida física.

La segunda frase es un tanto extraña. Literalmente, la traducción de las dos frases sería:

Prestad atención y tened cuidado de todo tipo de deseo insaciable

porque no *de los excedentes* de alguien

la vida de una persona es

de sus posesiones.

Hay una repetición de la referencia a la abundancia y a los bienes. Bruce hace hincapié en ello y comenta que se trata de «dos formas de decir lo mismo, como si la segunda fuera una reflexión *a posteriori*» (Bruce, *Synoptic*, 557). Marshall está de acuerdo con C.F.D. Moule en que estas dos expresiones solían aparecer juntas. Sin embargo, si estamos ante un paralelismo, ante una repetición de ideas como forma retórica, entonces no se trata de una reflexión *a posteriori,* sino de una repetición necesaria para completar la forma retórica. Aunque sí estaríamos de acuerdo con Bruce en que «se trata de una expresión peculiar» (Bruce, *Synoptic*, 557), creemos, además, que su significado es claro. Las personas estamos bajo la influencia de diferentes tipos de deseos insaciables. Uno de ellos es la adquisición de más bienes o posesiones. Con esas posesiones, buscamos mejorar nuestra calidad de vida con la esperanza de que, cuantas más acumulemos, más plena y más abundante será nuestra vida. T.W. Manson escribe:

Es cierto que para vivir es necesario contar con un mínimo de posesiones materiales; pero no es cierto que una mayor abundancia de bienes signifique una mayor abundancia de vida (*Sayings*, 271).

La críptica respuesta de Jesús advierte al lector en dos sentidos. En primer lugar, con estas presuposiciones, el deseo de cosas materiales siempre será insaciable. En segundo, el sueño de tener una vida abundante nunca se cumplirá por la acumulación de abundancia de bienes.

El deseo insaciable de un mejor nivel de vida es algo muy común hoy en día. Nos invade la esperanza de que, cuanto más consumamos, mejor VIDA tendremos. Ahora que los recursos naturales mundiales están disminuyendo, y aun así se está intensificando la presión para tener más posesiones, algunos empiezan a decir que si queremos sobrevivir tenemos que tomarnos este texto como un imperativo. De nuevo vemos que el texto está en plural: «dijo a la gente» o «les dijo». Estas palabras son para todos los lectores/oyentes, no solo para los hermanos. Este proverbio nos lleva directamente a la parábola.

PARTE UNO – BIENES OTORGADOS

Entonces les contó esta parábola:

«El terreno de un hombre rico

le produjo una buena cosecha.

Como en el caso de muchas de las parábolas, esta historia tiene un trasfondo literario. El Salmo 49 habla del problema de las riquezas y la futilidad de estas a la luz de la muerte. Según Ben Sirá:

Un hombre se enriquece a fuerza de empeño y ahorro,

¿y qué recompensa le toca?

Cuando dice: «Ya puedo descansar,

ahora voy a disfrutar de mis bienes»,

él no sabe cuánto tiempo pasará

hasta que muera y deje sus bienes a otros (*Eclesiástico* 11:18-19)

Por tanto, Jesús está hablando de un tema bien conocido en la literatura de sus oyentes (cf. también Ec. 2:1-11; Job 31:24-28). Lo realmente importante es lo que Jesús hace con este tema. Aquí, Jesús desarrolla la breve historia de Ben Sirá, para convertirla en un drama. Si las comparamos, encontramos en la historia de Jesús una serie de características distintivas. (1) En lugar de una intervención, tenemos cuatro, y contamos con dos interlocutores. (2) En la historia de Jesús, es Dios mismo quien habla. (3) Los dos relatos empiezan con presuposiciones diferentes. La breve historia de Ben Sirá está dirigida a los ricos que consiguen sus posesiones a fuerza de empeño y ahorro. Pero la parábola de Jesús habla de las riquezas que son un *regalo* de Dios, no de las riquezas conseguidas por el esfuerzo humano. Es decir, el hombre del texto de Ben Sirá reflexiona sobre «¿Qué voy a hacer con mis ganancias?». El hombre de nuestro texto tiene que preguntarse «¿Qué voy a hacer con lo que no he ganado?». La parábola trata en parte de que él no percibe la pregunta de esta manera. (4) La versión de Jesús introduce la idea del «préstamo». El hombre descubre que su alma es un «préstamo». ¿También lo son sus riquezas? En la historia de Ben Sirá no encontramos ninguno de estos sutiles matices. (5) Ben Sirá nos habla del estilo de vida de su personaje, que es la fuerza de voluntad y el ahorro, pero no lo desarrolla más. La historia de Jesús nos habla sutil pero poderosamente del estilo de vida del hombre rico y del aislamiento al que ese estilo de vida le lleva. (6) El relato de Jesús claramente se centra en los excedentes. Su personaje ya es rico al inicio de la parábola. Y entonces recibe más riquezas. El hombre de la historia de Ben Sirá se hace rico en la parábola. Iremos desarrollando más estas características a medida que avanzamos.

Si nos centramos en esta primera parte, vemos a un hombre que ya es rico. No se nos dice la forma en que se hizo rico, ni tampoco se critica el método que ha usado para acumular riquezas, a diferencia de lo que ocurre en *Eclesiástico*. Este hombre tiene más que suficiente. Además, sin un gran esfuerzo por su parte, se le concede el regalo de una cosecha abundante. No se esforzó para conseguirla, y tampoco la necesita. Y ahora tiene un problema: ¿qué hacer con los excedentes que no esperaba? Con este problema en mente, pasamos a la segunda parte.

PARTE DOS – EL PROBLEMA

> Así que se puso a pensar:
>
> «¿Qué voy a hacer?
>
> No tengo dónde almacenar mi cosecha.»

El texto usa un pasado continuo: «estaba hablando consigo mismo». Se trataba de una cuestión de una importancia considerable, así que el debate y la reflexión duraron algún tiempo. En ningún momento vemos que se le pasara por la cabeza: «No necesito todo esto, pues ya soy muy rico». Ni tampoco: «Esta riqueza de más es un regalo y no se lo puedo atribuir a mi trabajo. Dios es el que ha traído esta abundancia». Al contrario. El hombre rico se refiere a esta «buena cosecha» como «mi cosecha» y lo único que le preocupa es cómo guardársela y beneficiarse él mismo. Ambrosio observa que este hombre rico tiene tantos alimentos almacenados que ya no le caben, por lo que debería empezar a almacenar en las bocas de los necesitados (cf. Trench, 337). San Agustín habla sobre un hombre que almacena grano sobre tierra mojada y necesita subirlo a un aposento alto para que no se estropee; así, para que el tesoro perdure, se debe almacenar en los cielos, no en la tierra (Trench, 338). El predicador del Eclesiastés observa (5:10):

> Quien ama el dinero,
>> de dinero no se sacia.
>
> Quien ama las riquezas
>> nunca tiene suficiente. ¡También esto es absurdo!

Para nosotros, el texto tiene que ver con una cuestión actual muy importante: los beneficios extraordinarios en una sociedad capitalista y las teorías de la plusvalía del marxismo. Según Pablo, el cristiano debería trabajar por dos razones. La primera, para no ser una carga para los demás (2Ts 2:7-12). La segunda, «para tener qué compartir con los necesitados» (Ef 4:28). En este libro no pretendemos profundizar en el significado que esto tiene para el cristiano que vive en una sociedad capitalista. Solo observaremos de pasada que esta parábola, en función de las presuposiciones que hace, habla claramente sobre algunas cuestiones cruciales de nuestros días.

Además, el hombre rico «habla consigo mismo». Una de las características más sorprendentes de este hombre del Oriente Próximo tradicional es su naturaleza gregaria. La vida se vive en comunidad. Los líderes del poblado aún se «sientan a las puertas» y pasan horas y horas hablando. Discuten durante horas incluso para la transacción más sencilla. Yo mismo he participado en este tipo de negociaciones, hablando con los principales a la entrada del poblado, y sé que a menudo parece haber una presión sutil para no aportar la información que pondrá punto y final a la discusión. Es como si todos estuvieran diciendo: «¡Nos lo pasamos bien discutiendo! ¡Que a nadie se le ocurra poner punto y final a la discusión!». Sea como sea, el más anciano en esa comunidad toma la decisión final *en comunidad*. Decide lo que hacer después de horas de discusión con sus amigos. Llega a una conclusión con la multitud. El texto no dice: «se dijo a sí mismo», como hacen el administrador injusto (16:3) y el juez injusto (18:4). Al contrario, este hombre dialoga consigo mismo. Obviamente, no tiene a nadie con quien hablar. No se fía de nadie y no tiene amigos ni colegas con los que intercambiar sus ideas. Cuando llega el momento de dialogar, solo puede hacerlo consigo mismo. Así, empezamos a entender el cuadro que Jesús está dibujando, en el que traza el tipo de prisión que las riquezas pueden construir. Tiene el dinero para comprar un vacío y vivir en él. La vida en ese vacío fabrica su propia realidad y, desde esa perspectiva deforme, nos llega su solución.

PARTE TRES – PLAN (PRESENTE)

Por fin dijo: «Ya sé lo que voy a hacer:

derribaré mis graneros y construiré otros más grandes,

donde pueda almacenar todo mi grano y mis bienes.

Los términos «derribar» y «construir» forman parta del vocabulario profético que hace referencia al llamamiento y al ministerio del profeta (Jer 1:10). Hablan de actos valerosos en nombre de Dios que implican sufrimiento. Aquí, este noble vocabulario se ve tristemente degradado por el rico egoísta que ha decidido que se va a quedar con todo el regalo que Dios le ha dado. Este regalo (que para él es un excedente) se ha convertido de repente en «mi grano y mis bienes». Muchos comentaristas destacan la gran cantidad de veces que se usa el posesivo «mi»: *mi* cosecha, *mis* graneros, *mis* bienes, y por último, *mi* alma. En esos tiempos, el diezmo y el grano para las ofrendas se separaban en el granero. Los sacerdotes y los levitas pasaban por los graneros para recogerlos (Safrai, *JPFC*, II, 820). Nuestro rico personaje tiene otra cosa en mente, como veremos en su última intervención.

PARTE CUATRO – PLAN (FUTURO)

Y diré: «Alma mía,

ya tienes bastantes cosas buenas guardadas para muchos años.

Descansa, come, bebe y goza de la vida».

Estas palabras no son tristes, sino más bien penosas. Este hombre rico y seguro de sí mismo ha logrado triunfar. Ya ha alcanzado lo que anhelaba. Pero necesita alguien con quien hablar. ¿Quién está a su lado? ¿La familia? ¿Los amigos? ¿Los sirvientes con sus familias? ¿Los ancianos del poblado? ¿Otros terratenientes? ¿Quién «gozará» con él? El padre de la parábola del hijo pródigo cuenta con la comunidad, que se une a él para celebrar su alegría (Lc 15:22-24). El pastor y la mujer llaman a sus amigos y vecinos para festejar que han encontrado la oveja y la moneda perdida (15:6, 9). En Oriente Próximo siempre se vive en relación con la comunidad. Pero, ¿y este hombre? Solo puede dirigirse a sí mismo. Su único oyente es su propio *nefesh*.

Sería un error interpretar que este hombre no está hablando a su alma, sino a su cuerpo. La palabra «alma» (*psuche*) es la traducción griega de la palabra hebrea *nefesh*, que hace referencia a toda la persona. *Nefesh* aparece en las versiones siríacas de este texto, y en casi todas las traducciones árabes se usa *nafs*, el término árabe equivalente. Así que la cuestión no es que se está dirigiendo a su cuerpo, como algo diferenciado de su alma. Aquí se está hablando de su mentalidad. Él cree que todas las necesidades de la persona se pueden cubrir almacenando los excedentes y, como dueño de ese excedente, haciendo uso exclusivo de él en el futuro.

La palabra que hemos traducido por «goza de la vida» tiene mucha fuerza y colorido. De nuevo, el traductor ha logrado añadir al texto un juego de palabras haciendo una cuidadosa selección de vocabulario. La palabra poco común que traducimos por «produjo/trajo una buena cosecha» o «produjo/trajo abundantemente» es *euphoreo*. En griego se añadía *eu* al principio de una palabra para intensificar su significado. Si lo añades a la palabra «bueno», se convierte en «muy bueno». Así, si a *angelleo*, que significa llevar noticias, le añadimos *eu*, tenemos *euangelleo*, llevar buenas noticias, que en el Nuevo Testamento se convierte en el término que significa proclamar el evangelio. *Phoreo* significa dar fruto; por eso *euphoreo* (v. 16) significa dar fruto en abundancia. Aquí, en el versículo 19, la palabra que hemos traducido por «gozar» es *euphraino*. El sustantivo de esta familia es *euphron*, que significa disfrutar de uno mismo. La raíz de estas dos palabras es *phron*, que en castellano quiere decir diafragma. Bertram observa: el diafragma «en aquel entonces, se consideraba el centro de la actividad intelectual y espiritual». El diafragma determina la naturaleza y la fuerza de la respiración y, por tanto, el espíritu y las emociones del ser humano» (Bertram, *TDNT*, IX, 220). Así que cualquiera con *euphron* tenía una buena vida. Este *euphron* «se usa con frecuencia simplemente para hablar del gozo secular y, a veces, para hablar del gozo de un banquete o celebración» (Bultmann, *TDNT*, II, 774). Pero a la vez podía referirse a «los hechos y procesos de la vida intelectual y espiritual» (*Ibíd.*, 772). Por tanto, este hombre rico tiene una fórmula:

euphoreo	*euphraino*
(traer/producir muchas cosas)	(disfrutar todos los aspectos de la buena vida)

No es por casualidad que estas palabras dirigidas al nefesh/psuche (toda la persona) acabe con una visión de *euphron*. Sugerimos que lo que acabamos de analizar se trata de un juego de palabras deliberado. Esta ordenada ecuación será alterada por el estruendo de la voz de Dios.

PARTE CINCO – BIENES QUE QUEDAN ATRÁS

Pero Dios le dijo: «¡Necio! (*aphron*)

Esta misma noche te van a reclamar la vida.

¿Y quién se quedará con lo que has acumulado?»

Para referirse al «necio», en el Nuevo Testamento aparecen cuatro palabras diferentes:

anoetos – tonto/sin cabeza
asophos – sin sabiduría
moros – necio
aphron – necio/estúpido

Plummer (554) dice que los dos últimos son más fuertes que los primeros. Lucas usa el primero (6:11; 24:25) y seguro que conocía los cuatro. En este texto ha elegido *aphron*. El prefijo *a* sirve para negar la palabra a la que acompaña, como en castellano (p. ej., «moral» y «amoral»). Así que aquí, este hombre rico, que cree que su *euphoreo* (sus muchas cosas) producirá o le traerá *euphron* (la buena vida), en realidad es un *aphron* (sin mente, espíritu ni emociones). Su fórmula para la buena vida es pura estupidez.

El verbo que traducimos por «reclamar» es una palabra griega que se suele usar para referirse a la devolución de un préstamo. Su alma es un préstamo y el dueño (Dios) quiere que la devolución de dicho préstamo se haga ya. Al principio de la parábola vimos que sus bienes eran un regalo que le había sido otorgado. Ahora queda claro que su vida tampoco es suya.

Se supone que las partes cuatro y cinco de la parábola no ocurren de forma seguida, sino que pasa algo de tiempo. Parece ser que la voz de Dios aparece cuando el hombre ya ha «preparado» los almacenes para su futura seguridad. Por tanto, con esta llegada, el hombre se tiene que enfrentar con la cruda realidad del mundo de riquezas que se ha creado. Manson observa:

> No obstante, la dureza de las palabras no está en el anuncio de
> que el hombre debe morir, sino en la pregunta que Dios le lanza,
> pues esta saca a la luz lo pobre que ha sido su vida. En medio de
> su riqueza, está solo y sin amigos (Manson, *Sayings*, 272).

El lector/oyente ya tiene esta información. Ahora, es necesaria la voz de Dios mismo para penetrar en el mundo aislado que el rico se ha creado y confrontarle con una visión escalofriante de sí mismo. No oímos ninguna pregunta condenatoria, como «¿Qué has hecho por los demás?» o «¿Por qué no has ayudado a los necesitados» o «¿Por qué no hay familia o amigos cercanos a los que podrías dejar tus riquezas?». No hay duda de que se ha ido creando una armadura impermeable, y un ataque de ese estilo no serviría de nada. Por eso, Dios le dice directamente:

¡Mira lo que te has hecho a ti mismo! Has hecho planes solo, has construido solo, has disfrutado solo, y ahora ¡morirás solo!

La historia no nos dice que el hombre rico no tiene familia. Todo el mundo tiene familia; incluso Howard Hughes (más conocido como «El Aviador»). Pero sí vemos que el rico no sabe quién logrará quedarse con todas sus riquezas después de su muerte. No sabe quién obtendrá el poder sobre esas riquezas que él ha estado amasando con todo esmero. Muir describe los últimos días del fabuloso Harun al-Rashid, el califa más rico y más ilustre de toda la historia:

> Cuando viajaba lentamente por las cordilleras que se adentran en Persia, un día Harun llamó a su médico y, solos bajo el cobijo de un árbol, desenrolló un pañuelo de seda que llevaba ceñido a los lomos para mostrarle la herida fatal que lo estaba matando. «Pero procura guardarlo en secreto», le dijo, «porque mis hijos (y le nombró a cada uno de ellos y a sus guardas) están esperando la hora de mi muerte, pues como ves ahora me quieren montar en un corcel, para así añadir a mi dolencia». Qué tristes, estas palabras de queja del gran monarca, solo en el mundo y desprovisto del apoyo incluso de aquellos que deberían estar a su lado en este momento de debilidad (Muir, 481).

Browning describe el mismo tipo de cuadro en su poema «El obispo prepara su tumba». La historia y la literatura recogen muchos ejemplos de la verdad de lo que la voz de Dios anuncia a este necio rico.

¿Cuál es la respuesta? No se nos dice. Está parábola también concluye con un final abierto. A veces, las parábolas tienen características semejantes a las de los acertijos. ¿Qué piensa el hombre después de oír la voz de Dios? ¿Qué dice a continuación? ¿Cómo sigue su diálogo consigo mismo? ¿Será «¡Yo he renunciado a la comunidad, la familia y a los amigos!»? ¿O «¡Estaba equivocado! ¡Las riquezas no proporcionan una seguridad verdadera!»? ¿O «¿Por qué no ayudé a los demás cuando pude hacerlo?»? ¿O el autor espera que el oyente/lector recuerde las palabras del Salmo 49:10 (LXX 48:11)?:

> Nadie puede negar que todos mueren,
>
> que sabios e insensatos perecen por igual,
>
> y que sus riquezas se quedan para otros.

Si es esa la intención del autor, el Salmo 49 habla de que el rico no es capaz de *liberarse* por medio de las riquezas que deja atrás. ¿Es esa la enseñanza que el oyente debe recordar? ¿Es esta parábola un comentario de Lucas 9:23-24? Como hemos dicho, estamos ante un final abierto. El silencio del rico deja que cada oyente o lector conteste de forma individual. El pasaje concluye con un segundo proverbio, que ahora analizaremos.

SEGUNDO PROVERBIO

Así le sucede al que atesora para sí mismo,

en vez de acumular riquezas para Dios.

Durante siglos, la traducción que hemos tenido de este proverbio ha sido una traducción teológicamente condicionada. En el texto aparecen dos participios *activos*, «atesorar» y «acumular riquezas». Hace dos siglos, Bengel argumentó en contra de la traducción que nosotros sugerimos. Él explica acertadamente que «para sí mismo» (*heauto*) no está en contraposición con la construcción que traducimos por «de Dios» o «para Dios» (*theo*). En el texto griego tenemos *eis theon* (que literalmente quiere decir «en Dios» o «dentro de Dios»). Bengel observa:

> Si pensamos en la perfección de Dios, es imposible añadirle o quitarle nada (aunque pensemos en personas que busquen la gloria de Dios entregándole sus riquezas). Es rico *hacia Dios* el que usa y disfruta de sus riquezas como Dios quiere que las use y las disfrute (Bengel, II, 109).

Bengel señala correctamente las diferencias. El problema está en que Bengel, junto con otros, se ve obligado a convertir el participio activo «enriquecido» en pasivo: «es rico». Hemos de tener en cuenta que los dos participios activos son un paralelismo. Quizá en el texto original haya cierta reticencia a considerar que «para sí mismo» y «para Dios» son paralelismos precisamente porque Dios no necesita nada; como él mismo dice, «No necesito becerros de tu establo ni machos cabríos de tus apriscos, pues míos son los animales del bosque, y mío también el ganado de los cerros» (Sal 50:10). No obstante, hemos de reconocer que el paralelismo está ahí. Las versiones árabes y siríacas están divididas. Algunas traducen de forma activa, «enriquecerse» y otras, de forma pasiva, «ser rico». La versión del siglo XIII de Ibn al-Assal dice «es rico» en el texto, y «enriquecido» en el margen (folio 236ᵛ). Si preguntamos a estas versiones orientales, «¿enriquecerse con qué?», obtenemos una respuesta ambigua: «con Dios», o «en el camino de Dios», o «en las cosas que son para Dios» o, por último, «para Dios». El primero simplemente puede significar «esforzarse por ser más rico en la realidad de Dios mismo». El segundo y el tercero son ampliaciones del primero. El cuarto es la traducción que proponemos. Como ya hemos visto, en el texto griego pone *eis theon* (que literalmente quiere decir «en Dios» o «dentro de Dios»). La preposición *eis* («en») a veces se usa para el dativo de ventaja y se traduce «para» (cf. Bauer, 229). Encontramos un ejemplo muy claro en Lucas 9:13, donde los discípulos están preocupados porque piensan que no van a tener comida para alimentar a los cinco mil «a menos que vayamos a comprar comida para (*eis*) toda esta gente». Por tanto, *eis* se usa para «referirse a una persona o cosa» (*Ibíd.*). En Lucas 14:35 también encontramos ese uso de *eis*, donde se dice que la sal que se vuelve insípida «no sirve ni para (*eis*) la tierra ni para (*eis*) el abono». Como encontramos estos dos usos de *eis* en Lucas justo antes y justo después de nuestro texto, no hay razón sintáctica para no entender nuestro texto del mismo modo. Además, cuando traducimos «acumulando riquezas para Dios» o «enriqueciéndose para Dios» no tenemos por qué entender que significa añadir a la perfección de Dios. A lo largo de todas las Escrituras Dios recibe las ofrendas o regalos de los creyentes. Así que aquí el rico aparece como alguien que malgasta todas sus energías intentando enriquecerse en lugar de trabajar al servicio de Dios para así ofrecer *ofrendas* a Dios. Ibn al-Tayyib parece entender así el texto:

> (Jesús) se refiere a alguien que acumula tesoros terrenales y no consigue riquezas en las cosas divinas (Ibn- al-Tayyib, folio 112ᵛ).

Ibn al-Tayyib no dice que las «cosas divinas» son ofrendas para Dios, pero usa ambos verbos en voz activa, «almacena» y «logra riquezas». Así, según él, en ambos casos el texto está hablando sobre una acción que el creyente debe realizar.

Si lo entendemos de esta forma tenemos el complemento perfecto para Lucas 12:33 (par. Mt 6:20), donde está claro que «el tesoro en el cielo» es «para ustedes». Si analizamos este texto de forma aislada, podríamos pensar que lo que se está potenciando es el egocentrismo espiritual, una forma de llevarte los tesoros a los cielos. ¡Pon tu dinero en el banco de los cielos y así podrá seguir siendo tuyo! Pero si nuestra propuesta es verosímil, este texto nos ayuda a no caer en esa interpretación. Está claro que el «tesoro en el cielo» es «para ustedes» (Lc 12:33). Pero en un sentido profundo también es una ofrenda a Dios, es decir, es «para Dios» (Lc 12:21). Por tanto, el principio general que aparece en esta parte final de la parábola complementa de forma significativa el principio general que aparece al principio. El excedente de cosas materiales (el primer principio general) debe invertirse en dar ofrendas a Dios (el segundo principio general). Los regalos que recibimos de Dios se los debemos devolver a él. Además, es un desperdicio gastar la energía para enriquecerse con cosas materiales. Esa energía destruye finalmente a la persona. Lo que el creyente debe hacer es usar todas sus energías para «enriquecer a Dios».

Por último, ¿cuál es la respuesta del hermano/s y de la multitud? De nuevo, esa es una información que no se nos da. El hombre rico no dice nada después de escuchar la parábola, y lo mismo ocurre con la multitud. Por tanto, el oyente/lector se ve obligado a sacar su propia conclusión, y a hacerlo en dos sentidos: pensar en lo que aquellas palabras debieron de producir en el hombre rico, y también en el demandante. ¿A qué conclusiones puede llegar? Nosotros sugerimos lo siguiente:

El demandante recibe este mensaje:

> El verdadero problema no es la división de la herencia, sino el deseo de servirte a ti mismo en lugar de servir a Dios (mediante el servicio a los demás, incluyendo a tu hermano).

Los temas teológicos que aparecen en esta parábola, teniendo en cuenta su contexto, son los siguientes:

1. Jesús no escucha «el clamor desnudo» o las peticiones de justicia de aquellos que no practican la autocrítica.

2. En el caso de una relación personal rota, Jesús se niega a contestar a una petición de justicia si la respuesta contribuye a acabar de romper la relación. Él no vino a dividir.

3. Las parábolas de Jesús suelen reflejar una preocupación profunda por la justicia y por los pobres. Para él, la justicia incluye una preocupación por las necesidades y no simplemente por las ganancias (cf. Mt 20:1-16). Pero aquí la petición de justicia motivada por el interés personal es, según Jesús, un síntoma de una enfermedad. Se niega a contestar la petición, y lo que hace es hablar con el hombre para curar la enfermedad que produjo la petición.

4. Las posesiones materiales son regalos de Dios. Dios nos da excedentes inmerecidos de cosas materiales. Cada una de nuestras vidas es un préstamo. El hombre rico de la parábola pensaba que era dueño de ambas («mis bienes» y «mi alma/vida»). La parábola nos dice que está doblemente equivocado.

5. La persona que piensa que la seguridad y la buena vida se encuentran en los bienes materiales es estúpida.

6. La vida abundante se encuentra en «atesorar para Dios», no en atesorar para uno mismo.

7. Santiago dice que «se marchitará también el rico en todas sus empresas» (Stg 1:11). Jesús nos ofrece una ilustración en la que se da el mismo fenómeno. La riqueza del necio destruyó su capacidad de mantener relaciones humanas duraderas. No tiene a nadie con quien compartir los pensamientos que acuden a su alma, y lo peor de todo es que ni siquiera sabe que tiene un problema.

En nuestro esfuerzo por descubrir los elementos clave del material, puede que sea apropiado reflexionar de nuevo sobre la respuesta que Jesús le da al demandante a través de la parábola. La voz desde la multitud pide justicia para el reparto de la herencia (que probablemente consiste en tierras). Jesús le responde haciéndole plantearse el problema desde una nueva perspectiva. Él no investiga quién tiene la razón, para luego aplicar justicia (aunque esto no quiere decir que esta acción hubiera sido incorrecta). En cambio, ofrece una nueva perspectiva desde la que ver el problema, que en este caso es una perspectiva teológica, y deja el problema sin resolver. Como ya hemos dicho, la petición de justicia en cuanto a la división de las tierras es uno de los temas más delicados de Oriente Próximo. Aún hoy. Hoy dos voces piden justicia en Oriente Próximo para que se haga un reparto justo de la «herencia». Se trata de un tema realmente complejo. Pero, ¡qué bueno sería que tuvieran en cuenta la perspectiva que encontramos en esta parábola!

Capítulo 5

PILATO, LA TORRE Y LA HIGUERA (Lucas 13:1-9)

En estos versículos tenemos dos fragmentos de la tradición (vv 1-5, 6-9). Ambos tratan el tema de la política y el arrepentimiento; por eso los examinaremos juntos. El segundo recibe el título de parábola. En el primero, Jesús usa dos comparaciones, por lo que cabría catalogar este material bajo la categoría de discurso parabólico. No contiene abstracciones intelectuales, sino que la teología se explica a través de dos ilustraciones de dos grupos personas que murieron, el primero en manos de Pilato y el segundo aplastado por una torre. Así, podemos considerar estos dos fragmentos de la tradición como un tipo de parábola.

De los dos párrafos de este texto, el primero es más general y está dirigido a la gente. El segundo, como veremos más adelante, está dirigido a los líderes de la nación. A continuación examinaremos la estructura literaria de cada uno de estos fragmentos, y también estudiaremos el texto de forma detallada.

PILATO Y LA TORRE (Lucas 13:1-5)

Este pasaje empieza con la siguiente frase:

> En aquella ocasión algunos que habían llegado le contaron a Jesús cómo Pilato había mezclado la sangre de unos galileos con la de sus sacrificios.

Tradicionalmente, se ha traducido esta frase introductoria «En este mismo tiempo *estaban allí* algunos» (RV60) o «En esa misma ocasión *había allí* algunos» (LBLA). Pero los padres de Oriente de las tradiciones siríaca y árabe, casi si excepción, han traducido el verbo *pareimi* como «llegar» o «venir», en lugar de «estar presente». Por tanto, traducen «En aquella ocasión algunos que habían llegado…». Esta compresión del texto indica una ruptura, por lo que este fragmento no está unido al anterior. Plummer prefiere esta interpretación (Plummer, 337).

Así que, de repente, llega un grupo con malas noticias, para informar a Jesús del incidente de los galileos «cuya sangre Pilato ha mezclado con la de sus sacrificios». No se nos dice cuál es la intención de los que vienen a contar esta historia. Sin embargo, cualquiera que vive o ha vivido en medio de un conflicto político violento sabe cuál es la intención de una acción así. C.H. Dodd habla de la preocupación del judaísmo del primer siglo por mantener su identidad:

> Además, ese objetivo existía en medio de una situación en la que reinaba el resentimiento por la opresión pagana, la sensibilidad nacional, que culminaría de forma fatal en el año 66 D.C. Hemos de tener en cuenta que entre muchos de los grupos judíos existía una mentalidad de guerra, y sabemos lo mucho que eso puede afectar al juicio que hacemos de las cosas. Los que estaban observando a Jesús no acababan de descubrir si ese nuevo maestro tenía interés por la causa nacional. Cuando le contaron la historia de cómo Pilato había asesinado a unos galileos que estaban en el templo, Jesús no respondió indignado y denunciando la brutalidad de los romanos, sino con una advertencia dirigida a los suyos, exhortándoles a «arrepentirse» (Dodd, *More*, 96).

Josefo recoge un buen número de masacres en este periodo (*Ant.* 7:45-62; 18:60-62; 20:113-17), pero esta no aparece. Plummer intenta identificarlo con algún evento histórico (Plummer, 338). Marshall sugiere que se trata de un evento histórico «que no aparece en ninguna fuente secular» (Marshall, 553). Marshall es más convincente que Plummer, pero lo cierto es que ninguna de estas «soluciones» es necesaria. La violencia nacional o civil da lugar a rumores. Una sola masacre puede derivar en una buena cantidad de historias sobre otras masacres. Yo acabo de compartir dieciocho meses de agonía junto a los libaneses, que han pasado recientemente por una guerra civil (1975-76). La guerra empezó con la masacre de veintiocho personas que viajaban en un autobús por las afueras de Beirut. A partir de ese momento, por todo el país se contaban historias sobre masacres (algunas ciertas, otras no). En medio de la guerra, esas historias tienen una función. El narrador y el oyente alimentan su ira, una ira que les lleva a buscar venganza, a jugar el papel de héroe. Pero pobre del oyente que se atreva a preguntar, «¿Has comprobado que sea cierto?». O de aquel que diga «No olvidéis que nuestras manos tampoco están limpias». Ese tipo de preguntas o cuestionamientos está considerado como falta de lealtad, y el que se atreva a cuestionar va a ser atacado, si no física, al menos verbalmente. El breve relato de nuestro texto tiene todas las características del tipo de rumores que corren por doquier en tiempos de conflicto. Los soldados de Pilato podrían haber sido lo suficientemente insensibles ante las prácticas religiosas judías como para atacar a un grupo de judíos mientras estaban ofreciendo un sacrificio en el templo. Pero sería extraño que Josefo no hubiera recogido un incidente así, debido a su animadversión hacia Pilato. La historia que llega a oídos de Jesús podría haber derivado de un pequeño ataque contra algunos zelotes en la ciudad de Jerusalén. Lo normal era responder de la forma siguiente: «¿Hasta cuándo, Señor? ¡Destruye la casa de los malvados romanos! ¡Escucha el clamor de tu pueblo!». Una versión moderna de este mismo incidente sería entrar en un poblado cristiano en las montañas del Líbano y anunciar: «Entraron en la iglesia con las ametralladoras ¡y dispararon contra los fieles que *estaban tomando la Santa Cena! ¡La sangre de los que había reunidos se mezcló con el vino santo sobre el altar! ¿QUÉ TE PARECE ESO?*». El oyente está *obligado* a contestar compadeciéndose de las víctimas y denunciando el ataque. En el caso de Jesús, si hay dudas sobre su compromiso con los objetivos nacionalistas (como sugiere Dodd), la intención del relato sería sopesar su lealtad a la causa nacional. Si Jesús no ha querido «denunciar indignado la brutalidad de los romanos» (Dodd, *More*, 96), entonces lo mejor que aquellos hombres pueden hacer es marcharse y poner en práctica la recomendación que Amós hace sobre el silencio (Am 5:13). La verbalización de una denuncia de ese tipo también hubiera sido problemática.

Ibn al-Salibi cree que los que llegan con la historia quieren tenderle una trampa a Jesús:

> Ese incidente les dio la oportunidad de tentar a nuestro Señor. Le hicieron llegar el informe para ver qué respondía. Porque si respondía «Esta matanza es un caso claro de injusticia y opresión», entonces lo delatarían informando al gobernador romano, acusándole de transgredir la ley y diciendo que sus enseñanzas violaban esa misma ley romana. Pero el Glorificado respondió a sus artimañas con un llamamiento al arrepentimiento y comparando este suceso con el derrumbamiento de la torre de Siloé (Ibn al-Salibi, II, 139).

Es posible que parte de la motivación con la que aquellos hombres se acercaron a Jesús fuera tal y como Ibn al-Salibi sugiere. Ellos han hecho una afirmación política. Si Jesús responde como hubiera sido lo normal, podrían haber usado la respuesta en su contra. Pero la respuesta de Jesús muestra la misma calidad de valentía que vemos en Jeremías, cuando anuncia el juicio sobre un mundo de inestabilidad política (Jer 26). La respuesta de Jesús no es ni una denuncia de Roma, ni silencio. Ahora analizaremos tanto la forma como el contenido de dicha respuesta. La forma literaria es la siguiente:

Jesús les respondió:

1   «¿Creen que esos galileos,

         eran más pecadores

              que *todos* los demás por haber sufrido así?

2   ¡Les digo que no!

              A menos que se arrepientan,

                   todos ustedes perecerán.

3   ¿O piensan que aquellos dieciocho sobre los que cayó la torre
     (en Siloé, y fueron aplastados)

         eran más culpables

              que *todos* los demás habitantes de Jerusalén?

4   ¡Les digo que no!

              A menos que se arrepientan,

                   todos ustedes perecerán».

Hay dos versículos con un estribillo común, y juntos forman cuatro estrofas. Cada uno de esos versículos es una ilustración de una muerte violenta. La primera está causada por el gobernante imperial. En la segunda, el texto da por sentado que se trata de un caso de fuerza mayor. El término «todos» cierra cada una de las estrofas y es el lazo de unión entre todas ellas. El primer verso de la tercera estrofa podría tener una nota editorial con alguna información extra. Si el derrumbamiento de esa torre sobre dieciocho personas fue una noticia muy extendida en aquella época (y parece que así fue, pues Jesús da por sentado que sus oyentes conocen la historia), entonces la información extra sobre el lugar y el resultado del incidente no eran detalles necesarios para los oyentes originales. A medida que las enseñanzas de Jesús se van recopilando, escribiendo y circulando, se hace necesario añadir una serie de detalles. Yo mismo he detectado un número importante de ese tipo de notas con información extra que parecen haberse añadido a posteriori

(Bailey, *Poet*, 67). En este caso, esto no tiene ninguna importancia teológica. Además, no estamos defendiendo que este material sea un tipo de poesía cualquiera con una extensión de versos específica; sino que se trata de una prosa con paralelismos con una extensión de versos sin especificar. No obstante, si la información que hemos puesto entre paréntesis es una nota del editor, los versos guardan una mayor proximidad entre ellos. Observaremos más adelante la misma estructura de cuatro estrofas en la parábola del juez injusto (Lucas 18:1-8).

En cuanto al contenido, hemos de comentar algunas consideraciones.

1. La respuesta de Jesús *parece* dar por sentado que los que llegan a contarle la historia están intentando provocar una discusión sobre la relación entre el pecado y el sufrimiento. Como ya vimos más arriba, el texto no dice nada sobre la intención de esos hombres. En lugar de acercarnos al relato desde nuestra mentalidad y analizar la respuesta de Jesús para intentar deducir la motivación de los que le explicaron el incidente, tendríamos que acercarnos a la narración teniendo en cuenta la connotación política que acompañaba a un relato así, y comprender que la respuesta de Jesús debió de sorprender enormemente a sus oyentes. Le acaban de contar una historia atroz. Lo normal es que Jesús responda denunciando a los líderes romanos. Pero, en cambio, saca el tema del pecado y el sufrimiento, ¡y concluye llamándoles *a ellos* al arrepentimiento! Por lo general, a los entusiastas políticos que defienden su propio concepto de justicia no les gusta que se les diga que se retracten o arrepientan. La breve referencia a la relación entre el pecado y el sufrimiento es un puente que nos lleva a la conclusión, que se centra en el arrepentimiento.

2. Sobre el tema del pecado y el sufrimiento, en el texto encontramos un rechazo doble de la idea de que hay una relación directa entre ambos, un rechazo similar al que aparece en el relato sobre el hombre ciego (Juan 9:1-3). En ese pasaje podemos ver cuál es la creencia popular. El hombre es ciego de nacimiento. Los discípulos dan por sentado que alguien tiene que haber pecado; si no ha pecado él, habrán sido sus padres. Pero Jesús les dice que las cosas no funcionan así. En Lucas 5:19, Jesús se dirige al paralítico y le dice que le perdona sus pecados. Parece ser que en ese texto Jesús también se está dirigiendo al mismo tipo de mentalidad. Podemos dar por sentado que al paralítico le han dicho que está como está a causa de su pecado. Por tanto, para él la sanidad no será completa hasta que sus pecados sean perdonados. En relación con nuestro texto, Edersheim sugiere que los que murieron aplastados debían

de estar trabajando en las obras de un acueducto por órdenes de Pilato. Este había tomado dinero de las arcas del templo para la construcción del acueducto, ante la impotencia de una población atemorizada y horrorizada por aquella ofensa. Por tanto, si esos hombres habían muerto mientras estaban trabajando en la construcción del acueducto, lo más normal es que los del lugar lo entendieran como un juicio de Dios por colaborar en un proyecto así (Edersheim, *Life*, 222). Esta sugerencia es curiosa, porque asocia las dos ilustraciones con Pilato. Obviamente, podría ser que el derrumbamiento se diera en ese contexto. Pero de nada nos vale especular. El texto afirma de forma clara que en ambos casos (según Jesús) el sufrimiento de los personajes del relato no tiene nada que ver con sus pecados.

3. El progreso de las dos ilustraciones es importante. De hecho, los que relatan el incidente están diciendo: «¿Qué dices del sufrimiento de esos héroes nacionales a manos de nuestro enemigo?» Jesús responde: «¿Qué dicen ustedes del sufrimiento de los que Dios aplasta cuando se derrumba la torre? (En la literatura bíblica no existe el concepto de destino o casualidad. La compresión bíblica de la soberanía de Dios excluye conceptos como esos). Por tanto, Jesús se niega a debatir sobre el sufrimiento de los oprimidos por los políticos y no incluir a otro tipo de oprimidos. Muchos de los que sufren por opresión política acaban creyendo que su sufrimiento es el único que importa y se vuelven indiferentes al sufrimiento que les rodea, sobre todo al sufrimiento que no es de naturaleza política. La respuesta de Jesús no deja lugar a una visión tan particular, por dura que sea la opresión de la que le están hablando.

4. En la primera estrofa aparece la palabra «pecadores», y en la tercera «culpables» o, literalmente, «deudores». Encontramos el mismo cambio en las dos versiones del Padrenuestro. En Mateo leemos «Perdónanos nuestras deudas, como también nosotros perdonamos...» (Mt 6:12), y en Lucas, «Perdónanos nuestros pecados, porque también nosotros perdonamos...» (Lc 11:4). Marshall observa que la presencia de estas dos palabras en textos paralelos habla del trasfondo semítico de esta historia (Marshall, 554). Dicho brevemente, las primeras (deudas) son cosas que el creyente ha dejado de hacer, es decir, la omisión de los deberes que el creyente ha de realizar como discípulo obediente; los segundos (pecados) son las malas acciones que el creyente hace de forma deliberada. El término arameo *hoba*, que en la antigua versión siríaca aparece en los dos textos, tiene ambos significados. Si damos por sentado el trasfondo arameo del texto (lo que con casi toda probabilidad podemos hacer con el Padrenuestro), lo más probable es que la palabra original de ambos

textos también fuera *hoba*. Puede que el traductor al griego, conocedor de las dos acepciones de la palabra, pero limitado porque no existe un equivalente en griego, decidiera darnos uno de los significados de *hoba* en la primera estrofa y el otro en la segunda. Independientemente de esta sugerencia, lo cierto es que las palabras relacionadas con el pecado paralelas en estos versículos hacen referencia a esa doble naturaleza del mal. El mal del que los entusiastas políticos deben arrepentirse aparece descrito primero como «pecados» (v. 2) y luego como «deudas» o «culpas» (v. 4).

5. El sorprendente clímax de ese estribillo que se repite en dos ocasiones es el llamamiento a que los oyentes se arrepientan, si no quieren perecer. Esta inesperada respuesta nos da una ilustración de la valentía de Jesús, nos ayuda a comprender parte de la razón por la que los judíos le rechazaron y a entender mejor parte de la respuesta a los oprimidos que luchan por la justicia. Cuando Jeremías se opuso a la ideología política de sus días, tuvo la protección de amigos influyentes, que le salvaron la vida (Jer 26:24). Por lo que sabemos, Jesús no tenía amigos poderosos que pudieran protegerle. De ejemplo nos sirve el débil intento de Nicodemo (Jn 7:50). Al estudiar Lucas 13:1-5 con personas de Oriente Próximo, he tenido alumnos que se han sorprendido de que en ese momento la gente no ataque a Jesús. Jesús les dice a la cara a un grupo de nacionalistas opuestos a la opresión romana que se tienen que arrepentir. Por lo general, los que luchan por una causa justa creen que el simple hecho de luchar por dicha causa les hace buenos o justos. Pero eso no es cierto. Cuanto más intensa es la lucha por la justicia, más justos se creen los oprimidos. Esta presuposición suele tomar la forma de arrogancia, pues rechazan todo tipo de crítica. Su lógica les dice: «Nuestra causa es una causa justa; por tanto, nosotros somos justos. Además, después de todo lo que hemos sufrido, ¿cómo te atreves a herirnos con tu crítica o cuestionamiento?». En las últimas décadas en Oriente Próximo he visto actitudes de este tipo a ambos lados de la alambrada. Tan solo los fuertes y los valientes se atreven a soportar la ira de esa opresión y a abandonar la crítica hacia el odiado enemigo para hacerse una autocrítica dolorosa haciéndose suyas las palabras «De la misma manera, todos ustedes perecerán, a menos que se arrepientan». En la sinagoga de Nazaret, Jesús también se niega a identificarse con el nacionalismo de sus días. Allí escogió a dos extranjeros (uno de ellos, una mujer) como ilustraciones del tipo de persona que a través de la fe recibirá los beneficios del reino de Dios que ya ha llegado. En ese episodio, los oyentes están tan enfadados que intentan matarlo. En nuestro texto de Lucas 13 no se nos dice

nada de la reacción de los oyentes, pero imaginamos que responderían con el mismo tipo de hostilidad. Cualquiera que vea a Jesús como un revolucionario político debería prestar atención a sus palabras en este texto de Lucas 13.

Este llamamiento al arrepentimiento puede verse a un nivel más profundo como una preocupación sincera por el bienestar de aquellos cuya ira se niega a alimentar. Las palabras de Jesús no deberían leerse simplemente como un rechazo a la lucha nacionalista, o como una mayor preocupación por las cosas «espirituales» que por las cuestiones políticas. Lo que Jesús está diciendo es lo siguiente: «Quieres que condene el mal que hay en Pilato. No estoy hablando de Pilato. Él no está aquí. Estoy hablando de ustedes. En su grupo hay fuerzas malignas que los destruirán, esté Pilato o no. *Ustedes deben* arrepentirse o *todos* ustedes serán destruidos por esas fuerzas». Entre los que luchan por la justicia normalmente existe esta actitud: «Nosotros somos los ángeles y ellos son los demonios». Bienaventurado el grupo que está dispuesto a escuchar a la voz valiente que les recuerda: «Hay demonios entre nosotros, y ángeles entre ellos. *Nosotros también* tenemos que arrepentirnos». Jesús no les dice que se sometan a Pilato. No está consintiendo la opresión romana, sino que muestra valientemente una preocupación profunda por el pueblo que hay ante él, que se va a destruir a sí mismo y a todo lo que les rodea, si no se arrepiente.

Por último, ¿cuál es la reacción que Jesús espera de los nacionalistas que llegan con esta triste historia? Al menos, esta reacción: «Le decimos que mire la maldad de Pilato. Él quiere que veamos el mal que hay en nuestros propios corazones. Debemos arrepentirnos. Si no lo hacemos, el mal que hay en nosotros nos destruirá».

Entonces, ¿cuáles son las cuestiones teológicas que encontramos en la respuesta al relato de esta historia tan atroz? Podemos identificar al menos las siguientes:

1. El pecado es tanto las malas acciones que cometemos como los deberes que omitimos.

2. No hay una relación directa entre el pecado y el sufrimiento. Debemos rechazar cualquier juicio teológico para explicar los desastres políticos o naturales.

3. Cualquier grupo político radical debe hacer una autoevaluación y arrepentirse de sus propios males, para que estos no les destruyan a ellos y a aquellos a los que están sirviendo.

4. La compasión de Jesús alcanza a todos los que sufren, no solo a los que sufren por opresión política.

LA HIGUERA ESTÉRIL (Lucas 13:6-9)

En Lucas 12:54 encontramos información sobre el tipo de auditorio al que Jesús se está dirigiendo. En 13:1, no obstante, leemos que «algunos que habían llegado le contaron a Jesús…», por lo que las palabras del maestro se dirigen ahora a un público más específico. Y en 13:10 tenemos un cambio de escena, pues es otro día y Jesús está enseñando en una sinagoga. Por tanto, el texto da por sentado que hay una continuidad entre 13:1-5 y 13:6-9. La parábola que aparece en los versículos 6-9 está dividida en cinco estrofas. Su estructura literaria es la siguiente:

1   Un hombre tenía una higuera plantada en su PLANTAR
     viñedo,

         y cuando fue a buscar fruto en ella,   BUSCAR FRUTO

         no encontró nada.   NO HAY FRUTO

2   Así que le dijo al viñador: HABLA EL SEÑOR

         «Mira, ya hace tres años   TRES AÑOS

         que vengo a buscar fruto en   BUSCAR FRUTO
         esta higuera,

             y no he encontrado nada.   NO HAY
                                                         FRUTO

3   ¡Córtala!   CORTARLA

             ¿Para qué ha de estropear   SALVAR EL
             el terreno?».   TERRENO

4   Pero respondiéndole dijo: HABLA EL VIÑADOR

         «Señor, déjela todavía por un año más,   UN AÑO

         para que yo pueda cavar a su alrededor   AYUDAR A DAR
                                                         FRUTO

         y echarle abono.   AYUDAR A
                                                         DAR FRUTO

5   Y si da fruto en el futuro…   ¿ENCONTRAMOS
                                                         FRUTO?

     Y si no,   NO HAY FRUTO

         córtala.»   CORTARLA

La estructura general de la parábola es clara y, al compararla con los patrones de las otras parábolas, solo aparecen algunas pequeñas diferencias. Los temas que aparecen en la primera estrofa, «plantar, buscar fruto, no hay fruto», contrastan con los de la última estrofa, «encontrar fruto, no hay fruto, cortar». Por tanto, la parábola empieza con la plantación de un árbol y termina con la amenaza de cortar el árbol plantado. Las estrofas dos y cuatro son paralelas, casi verso a verso. La segunda estrofa podríamos titularla «el problema», y la cuarta «la solución esperada». Como suele ocurrir cuando se usa el principio de inversión, el clímax aparece en el centro, y luego se ve reflejado de algún modo al final de la parábola. Vemos aquí el uso de este recurso literario porque la idea de «cortar» aparece en la mitad y al final de la parábola. El momento crítico se presenta, como suele ocurrir en este tipo de estructuras, justo después de la mitad. En ese momento aparece la voz de la misericordia que pide algo más de gracia. La estructura literaria es simple, equilibrada y artísticamente satisfactoria. Vamos a examinar cada estrofa por separado.

Estrofa Uno

Un hombre tenía *una higuera plantada* en su viñedo	PLANTAR
y, cuando fue a buscar fruto en ella,	BUSCAR FRUTO
no encontró nada.	NO HAY FRUTO

En Joel 1:7 se puede ver la estrecha relación que hay entre la higuera y la vid, cuando el profeta dice de las langostas:

Asoló mis vides,

desgajó mis higueras.

Y de nuevo, en 1:12:

La vid se marchitó;

languideció la higuera.

Por tanto, encontrar una higuera en un viñedo no era algo inusual. En Isaías 5:1-7 encontramos la clásica parábola veterotestamentaria de la viña. En ese pasaje se nos dice a quién corresponde cada uno de los símbolos. El propietario de la viña es el Señor Todopoderoso y la viña es el pueblo de Israel (Is 5:7). Podemos dar por sentado que los que estaban hablando con Jesús vieron también ese simbolismo. Pero tenemos aquí una divergencia de símbolos. Isaías habla de todas las vides del viñedo de forma colectiva. La parábola de Jesús se centra en un árbol del viñedo que no es una vid, sino una higuera. Puede que hiciera esa selección para dejar claro que está hablando de un árbol concreto, no de toda la viña (a diferencia de Isaías). O quizá porque la higuera tiene fruto durante diez meses al año, por lo que la posibilidad de que el dueño encontrara fruto era muy alta. Sea como sea, la vid y la higuera están estrechamente relacionadas a lo largo de todo el Antiguo Testamento, y juntas son un símbolo de paz; porque en tiempo de paz todo hombre se sentará bajo su vid y su higuera (Mi 4:4; Zac 3:10). Y por último, los primeros frutos de la higuera son, en Oseas, un símbolo de un pueblo puro, inocente y sensible.

Cuando encontré a Israel,

fue como hallar uvas en el desierto;

cuando vi a sus antepasados,

fue como ver higos tiernos en la higuera (9:10).

También, en 9:16, el no dar fruto se usa como símbolo de la idolatría que reinaba en los días de Oseas. Así, vemos que para esta parábola Jesús tenía más de una razón para escoger una higuera en lugar de una vid.

Siempre que una parábola tiene un trasfondo literario claro es muy importante ver lo que Jesús hace con el material conocido por todos. En este caso, el simbolismo está claro, porque, como hemos comentado, ya lo vemos en el prototipo en Isaías 5:7. No hay razón alguna para no apreciar este simbolismo en la parábola. Así, en nuestro texto, el dueño también es Dios, y la viña (no el árbol) es «el pueblo de Israel». La parábola neotestamentaria de la viña (20:9-16) tiene el mismo trasfondo. En el Nuevo Testamento, el mismo evangelista interpreta que, al contar esta parábola, Jesús se dirige a los escribas y a los principales sacerdotes. Lucas 20:19 dice: «Los escribas y los principales sacerdotes ... comprendieron que contra ellos había dicho esta parábola». Vemos que los evangelistas entendieron que aquella parábola no iba en contra de la nación en sí, sino en contra del *los dirigentes* de la nación. En la parábola de Isaías, el dueño decide de forma deliberada destruir *la viña* (la nación). Por el contrario, en la parábola de la higuera estéril, el dueño está preocupado porque la viña no da fruto, y hace una serie de preguntas sobre un árbol en concreto (la higuera). No está dando fruto y le esta quitando fuerza y tierra al resto de la viña. El dueño actúa para *preservar* la salud de la viña, no para destruirla. Así, aunque tanto en Lucas 20:9-16 como en Isaías 5:1-7 encontramos el mismo simbolismo, vemos que el tema del que se habla en esta parábola no es el juicio a la nación de Israel, sino la crisis de la clase dirigente de la nación, una clase que no da fruto (contra Montefiore, *Gospels*, II, 965).

En el texto encontramos también un apunte sobre la cultura de aquel entonces. En la Antigüedad, el terrateniente no hacía el trabajo duro. Así lo vemos en esta historia. No es el dueño el que planta la higuera, sino que la hizo plantar. Este detalle no tiene ningún significado teológico, pero habla de la autenticidad de la parábola, una historia cuyas características encajan perfectamente en la cultura antigua de Oriente Próximo.

Vemos pues que, de forma sencilla y directa, el problema ya queda definido en esta estrofa introductoria.

Estrofa Dos

Así que le dijo al viñador:	HABLA EL SEÑOR
«Mira, ya hace tres años	TRES AÑOS
que vengo a buscar fruto en esta higuera,	BUSCAR FRUTO
y no he encontrado nada.	NO HAY FRUTO

En la primera estrofa, el dueño y el viñador cooperan en la plantación. Ahora, cooperan en la evaluación del problema.

La costumbre era la siguiente: el árbol se dejaba crecer durante tres años. Luego, durante tres años más, el fruto no se tocaba (Lv 19:23). El fruto del cuarto año (es decir, el séptimo año de la vida del árbol) era puro y se ofrecía al Señor (Lv 19:24). Los detalles de esta breve parábola son escasos, pero lo más probable es que el dueño estuviera buscando el fruto del séptimo año del que se habla en Levítico 19:24 para ofrendarlo al Señor. Vemos en el texto que lo ha estado buscando durante tres años. Lo lógico es que el dueño no «vino a *buscar*» el fruto impuro del cuarto al sexto año. Así, durante tres años buscó los primeros frutos, y tres veces quedó decepcionado. Ahora ya han pasado nueve años desde que se plantó el árbol. Parece que no hay nada que hacer. Si nuestra interpretación del simbolismo de la parábola es correcta, esta estrofa está diciendo que el liderazgo de la nación ha tenido tiempo suficiente para dar los frutos esperados, y no los ha dado (probablemente, los frutos de arrepentimiento; cf. Lc 3:8). El dueño ha esperado con paciencia; ha esperado más de lo normal. Pero al final llega a una conclusión; conclusión que encontramos en la estrofa tres.

Estrofa Tres

¡Córtala!	CORTARLA
¿Para qué ha de estropear el terreno?».	SALVAR EL TERRENO

El árbol que no da fruto no solo ocupa un espacio que podría usarse para un árbol fructífero, sino que además lo estropea. Por el deseo de que la tierra en la que está la viña siga siendo buena tierra, el dueño ordena que «arranquen» la higuera.

Aquí tenemos otra marca de autenticidad. En Occidente, los árboles se cortan. En Oriente Próximo, se sacan o desentierran. El árbol, junto con el tocón y las raíces, es visto como un todo, y lo que se hace es sacarlo de donde está plantado. En Lucas 3:9 vemos reflejada esta práctica, cuando Juan dice: «Y también el hacha ya está puesta a la raíz de los árboles» (no al tronco). Así que el verbo de 13:7 (*katargeo*) significa literalmente «arrancar», no «cortar». Esta práctica agrícola palestina nos ofrece por tanto una clara imagen de la destrucción total de este árbol estéril. El infructuoso liderazgo de la nación tiene que ser arrancado de raíz. Llegado este punto, se produce en la parábola un cambio dramático.

Estrofa Cuatro

Pero respondiéndole dijo:	HABLA EL VIÑADOR
«Señor, déjela todavía por un año más,	UN AÑO
para que yo pueda cavar a su alrededor	AYUDAR A DAR FRUTO
y echarle abono.	AYUDAR A DAR FRUTO

En la literatura bíblica, cuando la relación que hay entre las estrofas está en orden invertido, el giro de la historia se suele dar justo después de la mitad de la estructura literaria (Bailey, *Poet*, 48, 50ss., 53, 61ss., 72-74). Como ya hemos dicho, esto es precisamente lo que ocurre en esta parábola. Las palabras del dueño explican el problema y, de forma cuidadosa, Jesús las hace encajar con las palabras del viñador, que sugiere una solución. En la parábola de Isaías 5 no hay ningún tipo de gracia. En aquel pasaje, la parábola pasa de la decepción del dueño, cuando ve que no hay cosecha, al juicio inmediato. El dueño anuncia que «quitaré su vallado ... derribaré su muro ... haré que quede desolada ... y mandaré a las nubes que no derramen lluvia sobre ella» (Is 5:5-6). Es un juicio duro, decretado por el mismo dueño y realizado de inmediato. Los que estaban escuchando a Jesús debieron de pensar que su parábola tendría un final parecido. Pero, llegado este punto, la parábola da un giro, y se trata de un giro doble. A la higuera se le ofrece un periodo de gracia y se crea un plan para ofrecerle una atención especial: el viñador cavará a su alrededor y le echará abono. Así, al compararla con la parábola de la viña de Isaías, vemos que esta de Jesús hace un énfasis especial en la misericordia, un tema que normalmente se pasa por alto, ya que se está haciendo hincapié en el tema del juicio.

Podemos establecer otra comparación literaria con la historia de Ajicar en los pseudoepígrafos (8:35, Charles, II, 775). La parte de la historia en cuestión podría ser una adición tardía (Marshall, 555); no obstante, vale la pena considerarla. En la historia, Ajicar tiene un hijo adoptivo caprichoso al que quiere reformar. Ajicar le dice al chico que es como una palmera que está junto a un río y que echa sus frutos al río. El dueño decidió cortarla. El árbol se quejó, y ofreció dar algarrobas si se le daba un año más. El dueño, escéptico, contestó: «¿Si no has sido diligente en lo que es tuyo, cómo pues vas a serlo en lo que no es tuyo?» (*Ibíd.*). Aquí es el árbol el que hace la petición, y más relevante aún es que la respuesta es negativa. Al lector se le deja con una impresión fuertemente negativa, pues ya no hay nada que hacer. Pero con la parábola de Jesús es diferente. En la parábola de Jesús, la higuera recibe una última oportunidad. De nuevo, el tema de la misericordia.

En la parábola aparecen dos claras expresiones coloquiales. La primera es una cuestión gramatical y la segunda cultural. La parábola está narrada en pasado. De repente, en el versículo 8 aparece un presente histórico, muy poco común en Lucas. Es decir, de pronto el relato está en presente: «Respondiendo, le dice...». Este cambio le da intensidad al relato y sugiere que Lucas está usando material tradicional (Marshall, 555). Más adelante, en Lucas 20:19, tanto la multitud como los dirigentes entienden que la parábola de la viña está dirigida contra los jefes de los sacerdotes y los escribas. Si estamos en lo cierto y esta parábola también está dirigida contra los líderes religiosos, y los oyentes así lo iban a entender, entonces nos encontramos ante una escena un tanto divertida. Este es el único lugar del Nuevo Testamento en el que aparece la palabra que traducimos por «abono» (*koprion*). No es el tipo de vocabulario que se suele usar en las ilustraciones religiosas. El viñador podría haber ofrecido echar tierra nueva, o regar el árbol a diario, o incluso podarlo. Si la higuera representa a los escribas y a los jefes de los sacerdotes, y la parábola habla de la necesidad de echarles abono, entonces estamos ante un claro caso de lo que llamaríamos «humor mordaz». Lo que necesitan es que alguien les eche un poco de abono. No hay duda de que los oyentes originales debieron sonreírse al escuchar esta ilustración. A quién no le gusta una broma inteligente sobre los dirigentes que están por encima de nosotros. Si tenemos en cuenta este tipo de detalles, podemos apreciar la vitalidad y la sutileza de esta parábola, que de otro modo pasan desapercibidas.

A lo largo de los siglos, muchos son los que han interpretado los elementos de esta parábola de forma alegórica. Las propuestas sobre el significado de los «tres años» va desde «la ley, los profetas y el evangelio» a los tres años de ministerio de Jesús. En esos casos, se trata de una interpretación errónea, pero inofensiva. Pero otros intérpretes han dicho que el viñador de esta estrofa es una referencia a Jesús, que discute con Dios el Padre. Es obvio que eso nunca se hubiera pasado por la mente de los oyentes originales, y menos aún por la de Jesús. Los que optan por esta interpretación alegórica hacen esa identificación a partir de su comprensión de la teología de la trinidad. Pero, al hacerlo, lo que les queda es un Dios Padre duro y airado y un Jesús bueno y misericordioso, con lo que se crea una brecha en la trinidad. Durante siglos, el islam ha dicho que la teología cristiana es triteísta. Cuando los intérpretes cristianos caen en este tipo de alegorizaciones, contradiciendo así el concepto de la unidad de Dios, lo único que hacen es dar la razón a los musulmanes. Si volvemos a la parábola prototipo que encontramos en Isaías 5, el dueño es la persona que planta la viña y también quien la derriba cuando produce uvas agrias. En la parábola de Lucas son dos las personas que debaten en cuando al futuro de la viña. Lo más acertado es percibir que aquí se da un debate entre la misericordia y el juicio. Manson observa:

> La conversación entre el dueño de la viña y su trabajador se hace eco de los pasajes rabínicos en los que hay un debate entre los atributos de Dios, entre su justicia y su misericordia. Si Dios tratara a Israel con justicia, Israel tendría que perecer. Pero no lo hace. Le da otra oportunidad. Y si es una locura intentar escapar de su justicia, ignorar su misericordia es reflejo del endurecimiento y la maldad (Manson, *Sayings*, 275).

No estamos de acuerdo con la interpretación que Manson hace (según él, la higuera representa a Israel), pero sí estamos de acuerdo con la manera como entiende el debate entre la justicia y la misericordia. La justicia exige que el árbol sea arrancado por las razones alegadas. La misericordia espera más gracia y una segunda oportunidad. Vemos reflejada esta misma tensión a lo largo de todo el Antiguo Testamento, y de forma especialmente intensa en profetas como Oseas, que es capaz de proferir duras palabras de juicio en un versículo y, en siguiente, decir:

> ¿Cómo podría yo entregarte, Efraín? …

> Dentro de mí, el corazón me da vuelcos,
>
> y se me conmueven las entrañas (Os 11:8-9)

En esta parábola aparecen ambas voces, la de la misericordia y la del juicio. Aparecen personificadas en los personajes del dueño de la viña y del viñador, que briegan *juntos* con el problema de la higuera estéril. Esa tensión está presente en el corazón de Dios.

La teología de la parábola de la viña en Isaías 5 está reforzada por el uso de juegos de palabras. La última parte del versículo 7 dice así:

> Él esperaba *mishpat* (justicia),
>
> pero encontró *mishpah* (ríos de sangre);
>
> esperaba *sedhaqah* (rectitud),
>
> pero encontró *se ´aqah* (gritos de angustia).

En el diálogo de Jesús sobre la viña puede que tengamos un uso similar de juegos de palabras. El juego de palabras se puede apreciar en la antigua versión siríaca. Dado que el siríaco y el arameo son dialectos de la misma lengua, es probable que este juego de palabras estuviera presente en el arameo original. Es el siguiente:

arráncalo = *fsuqih*

perdónalo / déjalo = *shbuqih*

De modo que el viñador no pide *fsuqih* (que lo arranque) sino *shbuqih* (perdónalo). Así, este hábil juego de palabras reforzaría la idea central de ambas voces (la gracia y el juicio).

Estrofa Cinco

Y si da fruto en el futuro…	¿ENCONTRAMOS FRUTO?
Y si no,	NO HAY FRUTO
córtala.	CORTARLA

Normalmente, la expresión griega *eis to mellon* se traduce por «el año próximo». Pero en 1 Timoteo 6:19, esta misma expresión se traduce por «para el futuro» o «para lo por venir». La palabra *mellon* se usa comúnmente para referirse al futuro (Bauer, 502), y creo que es la traducción más adecuada para este texto. Está hablando la voz de la gracia y la misericordia. El viñador está pidiendo gracia (dale más tiempo) y misericordia (perdónalo). Estos elementos se ven reforzados si no se da un momento concreto para la «ejecución». El momento del juicio futuro queda sin especificar.

En la segunda mitad del versículo, vemos que no aparece la segunda parte de la frase condicional. Algunas versiones añaden «bien» (Y si da fruto en el futuro, bien), que es lo que se sobreentiende. Según Marshall (556) se trata de una construcción clásica, pero parece que aquí se usa por una razón literaria. En la cuarta estrofa, para intentar revivir el árbol estéril el viñador sugiere dos ideas. Una, «cavar alrededor del árbol», y dos, «echarle abono». Desde un punto de vista literario, la cuarta estrofa contiene cuatro versos que encajan con los cuatro versos de la segunda estrofa. Puede que en la quinta estrofa encontremos ese mismo deseo de concordar con otra estrofa. En ese caso, podría ser que la frase condicional no estuviera acabada para que esta estrofa solo tenga tres versos, y así concuerde con la primera estrofa y sus tres unidades semánticas. Sea como sea, el significado es claro; después de los «actos de redención», y después de un tiempo para renovarse, la higuera debe responder. Si no lo hace, la única opción que queda es el juicio. La salud de la viña es demasiado importante y las expectativas de que haya fruto demasiado grandes como para dejar un árbol estéril de forma indefinida ocupando la tierra buena y debilitándola.

No obstante, la salvación que encontramos aquí tiene una característica especial. Llega solo desde el exterior. La voz de la misericordia ruega una vez más que haya perdón. Entonces, propone *actos* redentores que pueden llevar a una renovación (la producción de fruto). La palabra que traducimos por «déjela» (v. 8) es la palabra que en el Nuevo Testamento se usa para referirse al «perdón», por lo que no hay duda alguna de lo que Jesús está queriendo decir aquí. Se puede ofrecer perdón una vez más, pero eso no significará nada a menos que al árbol le llegue ayuda del exterior. La renovación no puede venir de los recursos del árbol mismo. Las raíces del árbol no tienen la fuerza que necesita. El *viñador* tiene que hacer algo para salvar el árbol y a su vez el árbol debe responder a esos actos o no servirán de nada. ¿Cómo no ver en esta sencilla imagen los grandes temas de los poderosos actos redentores de Dios?

Aquí, como en las parábolas anteriores, no sabemos lo que ocurre a continuación. Esta también es una historia con un final abierto. ¿El dueño indulta al árbol? ¿Cómo responde el árbol? No se nos dice. La acción se congela, dando paso a la respuesta del oyente/lector.

Concluyendo, podemos preguntarnos: ¿Qué respuesta esperaba Jesús de los oyentes originales cuando contó esta parábola? Sugerimos que lo que Jesús quería que entendieran es lo siguiente:

El liderazgo espiritual de la nación en aquel momento es estéril. El juicio está cerca. Dios, en su misericordia, va a obrar para redimir. Si no hay respuesta, la única alternativa será el juicio. Su amor por la comunidad de la fe es demasiado profundo para que sea de otra forma.

El conjunto de temas teológicos presentes en esta parábola es:

1. Los dirigentes espirituales de la nación de la fe están plantados en «la viña de Dios», y Dios espera que den fruto para él.

2. Cuando ese liderazgo no da fruto, no solo está desobedeciendo, sino que además esteriliza a la comunidad en la que está. A Dios le preocupa la comunidad y no tolerará esa situación de forma indefinida.

3. La misericordia está al alcance del grupo dirigente estéril, y le llega en forma de perdón y de una gracia que renueva.

4. La renovación solo es posible por la gracia de Dios, ofrecida de forma gratuita a los líderes estériles. Dios actúa para perdonar y renovar. Esas acciones no vienen de los dirigentes, quienes no se pueden renovar a sí mismos.

5. Ese ofrecimiento de misericordia espera una respuesta de parte del estéril; si no, no habrá renovación y el juicio será inevitable.

Así, vemos que estas dos unidades de tradición están estrechamente relacionadas. La primera tiene que ver con el sufrimiento de la comunidad infligido por los dirigentes romanos. Allí tenemos un llamamiento al arrepentimiento. La segunda tiene que ver con la esterilidad en la comunidad consecuencia de los errores de los líderes nacionales, que necesitan del perdón y de la gracia. Por tanto, en la primera, (13:1-5) el pueblo debe arrepentirse. En la segunda (13:6-9), los líderes necesitan perdón. En ambas establece una relación entre la política y el arrepentimiento (perdón) de un modo que instruye a los creyentes de todas las épocas.

Capítulo 6

EL GRAN BANQUETE
(Lucas 14:15-24)

En Lucas 14 y 15 aparecen algunos de los pasajes más maravillosos de las Escrituras. En este texto tenemos una presentación majestuosa de la increíble gracia que Dios extiende a los pecadores. A menudo, dejamos que la preciosa pieza teológica de la parábola del hijo pródigo haga sombra a la del gran banquete, a la que deberíamos dar la misma importancia. En este capítulo examinaremos el trasfondo literario, el contexto, la estructura y la cultura de esta última parábola. En la interpretación, intentaremos tener en cuenta todos estos elementos.

En Lucas, esta parábola se cuenta en un banquete en el que gente estaba reclinada. Las traducciones árabes, siguiendo el texto griego, dicen que estaban «reclinados a la mesa», a diferencia de las versiones más modernas, que dicen «sentados a la mesa». ¿Cuál es exactamente el contexto? El comentarista Jeremias dice que a excepción de Lucas 24:30 y Marcos 16:14, la palabra «reclinarse» en los evangelios siempre se refiere a una comida al aire libre o a algún tipo de banquete (Jeremias, *Palabras*, 48ss. de la edición en inglés). Aquí tenemos un banquete. Pero, ¿había una mesa? En el Antiguo Testamento parece ser que la presencia de una mesa en un banquete hablaba de riqueza y de un cierto rango (cf. 2S 9:7; 1R 13:20). Lo mismo podemos decir del Nuevo Testamento. En él aparecen numerosas referencias a banquetes o comidas, pero la mesa en sí solo se menciona en cuatro ocasiones: en la historia de la mujer cananea que dice que los perros comen de las migajas que caen de la mesa de sus amos (cf. Mt 15:27 y paralelos); el rico de la historia de Lázaro tiene una mesa (Lc 16:21); hay una mesa en el aposento algo (Lc 22:21); y también en el banquete mesiánico escatológico. Obviamente, en las comidas al aire libre en las que Jesús y los discípulos se «reclinaban» no había una mesa. Sin embargo, lo más lógico es pensar (como hicimos en

Lucas 7:36) que aquí también los invitados están reclinados en divanes en torno a una mesa baja. La parábola nos habla de un «gran banquete» al que se ha invitado a personas que son dueños de alguna propiedad. La escena tiene lugar en casa de alguien importante entre los fariseos (14:1) que probablemente era lo suficientemente rico como para estar entre la clase de personas que se puede reclinar sobre un diván en torno a una mesa, es decir, que no tiene necesidad de reclinarse en el suelo, como haría un campesino. Así, es probable que «reclinados a la mesa» sea una buena traducción. Hemos de visualizar a un grupo de personas relativamente ricas, reclinadas al estilo grecorromano, en un banquete formal.

Lo que da pie a la parábola es una exclamación piadosa por parte de un comensal (14:15) que dice: «¡Dichoso el que coma pan en el reino de Dios!». «Comer» pan es una expresión típica de Oriente Próximo que significa «comer una comida». Ya hace mucho tiempo que se identificó como un hebraísmo (Plummer, 360). T.W. Manson define esta afirmación introductoria como «probablemente demasiado buena para ser inventada» (*Sayings*, 129). Así, el invitado que está reclinado junto a Jesús introduce el tema de *comer* en el reino. Aquí, como en otros lugares, el banquete es un símbolo de la salvación (Marshall, 587). Esta salvación culmina al final de la historia con un gran banquete final. A ese último gran banquete se le suele llamar el banquete mesiánico del final de los tiempos. Este es un tema realmente importante para entender esta parábola, por lo que le dedicaremos un espacio a continuación.

La idea de la comida o el banquete sagrado tiene sus orígenes en el Antiguo Testamento. En el Salmo 23:5 se nos dice que Dios mismo ofrece un banquete al que confía en Él. Más relevante aún es el texto de Isaías 25:6-9. Con casi toda seguridad, este pasaje es una poesía que utiliza formas poéticas muy antiguas (tal como William Holladay, del Andover-Newton Theological School, me confirmó en una carta personal). Nuestra traducción del texto es la siguiente:

Texto (Isaías 25:6-9)	*Temas principales*
6 Él preparará, el SEÑOR Todopoderoso	PREPARAR – UN BANQUETE
para *todos* los pueblos sobre este monte	TODOS LOS PUEBLOS
un copioso banquete, un banquete de vino,	
de manjares especiales y de vino selecto.	

7 Y se tragará sobre este monte	TRAGAR - VELO
el velo que está por encima,	
el manto que cubre a *todos* los pueblos,	TODOS LOS PUEBLOS/
el velo que cubre a todas las naciones.	NACIONES
8 Se tragará a la muerte para siempre;	TRAGAR - MUERTE
y Yahvé el Señor enjugará las lágrimas	
de *todos* los rostros.	TODOS LOS ROSTROS
Y el oprobio de su pueblo	QUITARÁ - OPROBIO
quitará de *toda* la tierra.	TODA LA TIERRA
Porque Yahvé mismo lo ha dicho.	
9 En aquel día se dirá:	
«¡Sí, este es nuestro *Dios*;	DIOS
le hemos *esperado*	ESPERAR
para que él nos *salve*!	SALVAR
¡Este es *Yahvé*,	DIOS
le hemos *esperado*;	ESPERAR
regocijémonos y alegrémonos	SALVAR
en su *salvación*!»	

Este texto recoge una serie de temas importantes. La salvación se describe como un gran banquete, que será para *todos* los pueblos/naciones. Los gentiles participarán después de que Dios se haya tragado la muerte y el velo que cubre sus rostros. La gente engullirá el banquete, Dios engullirá la muerte y el velo. El velo no solo será apartado, sino destruido. Normalmente, las naciones que vienen ante el Señor deben acercarse con ofrendas (cf. Is 18:7; 60:4-7; Sal 96:8). Aquí, el banquete es pura gracia. Los miembros de las naciones no traen nada consigo. Los manjares del banquete son exquisitos, dignos de la mesa de un rey. Muchos creen que el versículo 9 forma parte de otro material. No obstante, el escritor lo ha intercalado aquí, por lo que queda claro que su intención es enfatizar la confianza en el Señor que viene a salvar. Nos llama la atención que en tan solo tres versículos (6-8), la palabra «todo» (toda/todos) aparece en cinco ocasiones.

Este tema del banquete se siguió desarrollando durante el periodo intertestamentario, asociándose con la venida del Mesías (cf. Jeremias, *Palabras*, 233ss. de la edición en inglés), pero nunca se mencionaba la idea de que la invitación también se extendería a los gentiles. Una versión aramea del pasaje, o targum, parafrasea el versículo 6 de la siguiente forma:

> El Señor Todopoderoso preparará para todos los pueblos sobre esta montaña un banquete; y aunque crean que es un honor para ellos, será una vergüenza, y grandes plagas, plagas de las que no podrán escapar, plagas que acabarán con ellos (citado por Gray, I, 429ss.).

Está claro que el autor de este texto ha perdido de vista la visión de Isaías. En *1 Enoch* 62:1-16 «los reyes, los poderosos, los dignatarios y los que dominan la tierra» (obviamente los gentiles) caerán ante el Hijo del hombre, que los sacará de su presencia. Él «los entregará a los ángeles para que estos los castiguen» (v. 11); «serán un espectáculo para los justos» (v. 12); y «la espada [del Señor] se emborrachará de su sangre» (v. 12). Después de esta destrucción de los pecadores, los justos y los elegidos comerán con el Hijo del hombre por los siglos de los siglos (v. 14, Charles, II, 227ss.). Luego, en la comunidad de Qumrán, el gran banquete se asociaba de forma directa con la venida del Mesías. Así se explica en una breve obra titulada «Regla Mesiánica» (1QSa 2:11-22). En este pasaje se cuenta cómo, en los últimos días, el Mesías se reunirá con toda la congregación para comer pan y beber vino. Se reunirán con él los sabios, los inteligentes y los perfectos. Y se sentarán de forma jerárquica, según su rango. En 2:12-16 dice:

> Todos ellos se reunirán en la presencia de él (el Mesías) siguiendo el orden estricto de precedencia, conforme a la dignidad de cada uno. Así que el Mesías de Israel tome asiento, se sentarán todos los demás, los jefes, en su presencia. Siguiendo el orden del escalafón, hablará cada uno ... Todos los jefes de la asamblea y todos los letrados expresarán su parecer en su presencia, conforme al escalafón (M. Jiménez F. Bonhomme, *Los Documentos de Qumrán*, Madrid: Ediciones Cristiandad, 1976, pp. 82-85).

Si leemos todo el texto, vemos que se describe el orden por escalafones de forma muy detallada. Primero están los jueces y los oficiales; luego, los jefes de miles, de cincuentenas, y de decenas; y por último, los levitas. Está prohibida la entrada a «toda persona con algún defecto corporal: los cojos, los mancos, los tuertos, los ciegos, los sordos, los mudos, los que tengan algún defecto que les deforme la figura, o simplemente los demasiado viejos» (*Ibíd.*, 2:5-6). Y, obviamente, esta prohibición no solo sirve para los judíos imperfectos, sino también para todos los gentiles. Vemos pues que reducen, e incluso eliminan, la visión abierta de Isaías. Según él, iba a llegar el día en que el velo de los gentiles iba a ser destruido y estos podrían sentarse a la mesa con el pueblo de Dios. Enoc rechaza a los gentiles y la comunidad de Qumrán, además, rechaza a los judíos injustos y a todo aquel que tenga un defecto físico. Está claro que los piadosos que estaban a la mesa con Jesús en Lucas 14:15 conocían este trasfondo, si no todo, al menos sí parte. En cuanto a la opinión de Jesús, el lector del Evangelio de Lucas ya tiene una idea en cuando a su postura, pues Lucas 13:29 es una parte importante del trasfondo de nuestra parábola. El pasaje en el que aparece este versículo se podría estructurar de la siguiente forma:

Lucas 13:28-34

La reunión para el banquete

Allí habrá llanto y rechinar de dientes

cuando vean a Abraham, Isaac, Jacob

y a todos los profetas en el reino de Dios,

mientras a ustedes los echen fuera.

Habrá quienes *lleguen* del oriente y del occidente,

del norte y del sur,

y *se sentarán a la mesa* en el reino de Dios.

Y miren, hay últimos que serán primeros,

y primeros que serán últimos.

La muerte de Jesús

En ese momento se acercaron a Jesús unos fariseos y le dijeron:

«Sal de aquí y vete a otro lugar,

porque Herodes quiere *matarte*».

El gran día

Él les contestó: «Vayan y díganle a ese zorro:

«Mira, expulso demonios y sano a la gente

hoy y mañana,

y *al tercer día* termino mi obra»».

El gran día

No obstante me es necesario

hoy y mañana

y *al día siguiente/el día que viene* seguir adelante.

La muerte de Jesús

Porque no puede ser que muera un profeta lejos de Jerusalén. ¡Jerusalén, Jerusalén, que *matas* a los profetas

y *apedreas* a los que se te envían!

La reunión

¡Cuántas veces quise *reunir* a tus hijos,

como *reúne* la gallina a sus pollitos debajo de sus alas,

pero no quisiste!» (cf. Bailey, *Poet*, 81).

Este pasaje empieza con el banquete mesiánico.

Aparecen tres temas interrelacionados, que luego se repiten en orden invertido. En los versículos anteriores (13:23-28) se nos dice que, en el cumplimiento final de todas las cosas, algunos que piensan que están aceptados rogarán diciendo: «Comimos y bebimos contigo» (13:26). Es decir, alegarán haber comido a la mesa con él. Pero la respuesta es «No sé quiénes son». Abraham, Isaac y Jacob y todos los profetas estarán allí, pero esos observadores serán rechazados. A continuación aparece la repetición de los tres temas, la *reunión* para el gran banquete, una referencia a la *muerte* de Jesús, y el *tercer* día (ver arriba).

Está claro que o bien Lucas o bien su fuente hicieron un trabajo de edición para obtener la estructura del texto que nos ha llegado. Presenta tres temas, que luego se repiten en el orden contrario. Es curioso que vuelvan a aparecer algunos de los temas de Isaías 25. *Habrá* una re-unión. Los fieles vendrán de los cuatro puntos cardinales. Se nos anun-cia una inversión radical de las posiciones, ya que los últimos serán los primeros, y algunos de los primeros serán los últimos. Jerusalén se presenta como el lugar donde Jesús quería reunir a los fieles para el banquete, pero Jerusalén le rechazó. En este texto se habla de la reunión para el banquete mesiánico, también de la muerte de Jesús (dos veces), y se hace referencia a que terminará su obra «el tercer día». Estos dos últimos temas no aparecen en nuestra parábola del capítulo 14, por lo que no los vamos a tratar de forma específica. Pero queremos dejar claro que son importantes para una compresión de la teología de los relatos que recogen el viaje de Jesús a Jerusalén y para un buen entendimiento del banquete mesiánico en Lucas, así como de la teología de la cruz en Lucas. En relación con nuestro texto vemos, en concreto, que Jesús anuncia un gran banquete escatológico. Los hijos de Jerusalén están invitados y rechazan la invitación. Algunos creen que estarán presentes y se les negará la entrada. Los invitados vendrán de los cuatro puntos cardinales.

Resumiendo el trasfondo literario de nuestra parábola, vemos que en Isaías 25 se describe el gran banquete de Dios como un banquete abierto. El targum del mismo pasaje invierte su sentido. Enoc directamente rechaza a los gentiles. Y la comunidad de Qumrán convierte el banquete en un encuentro elitista, donde solo pueden asistir los que son dignos de ello, y lo harán por rango. En Lucas 13 leemos sobre una gran reunión y banquete con los patriarcas. Algunos han rechazado esta cálida invitación. Muchos de los que esperan estar presentes serán rechazados. Los invitados vienen de todos los rincones de la tierra. La composición de Lucas asocia el «tercer día» y la muerte de Jesús con el banquete. Con este trasfondo veterotestamentario, intertestamentario y neotestamentario en mente, podemos pasar a comentar nuestro texto.

El piadoso anfitrión pronuncia una bendición sobre los que serán aceptados en aquel gran día. La respuesta esperada vendría a ser algo como: «¡Oh Señor, que podamos estar entre los justos y sin defectos, dignos para sentarnos con los hombres de renombre en aquel gran día!». Pero, en vez de usar una fórmula tradicional, Jesús responde con una parábola. Vamos ahora a ver su forma literaria.

Jesús le contestó:	GRAN BANQUETE
«Cierto hombre preparó un gran banquete e invitó a muchas personas.	MUCHOS INVITADOS
1 A la hora del banquete mandó a su siervo a decirles a los invitados: «Vengan,	HACED ESTO
porque ya todo está listo.»	POR ESTA RAZÓN
Pero todos, sin excepción, comenzaron a disculparse.	EXCUSAS

2   El primero le dijo: «Acabo de comprar un terreno   HE HECHO ESTO

    y tengo que ir a verlo.   DEBO HACER ESTO

      Te ruego que me disculpes.»   DISCÚLPAME

3   Otro adujo: «Acabo de comprar cinco yuntas de   HE HECHO ESTO
bueyes,

    y voy a probarlas.   DEBO HACER ESTO

      Te ruego que me disculpes».   DISCÚLPAME

4   Otro alegó: «Acabo de casarme   HE HECHO ESTO

    y por eso   POR ESO DEBO...

      no puedo ir».   NO VOY

5   El siervo regresó y le informó de esto a su señor.

    Entonces el dueño de la casa se enojó y le mandó   SEÑOR - VE A LAS
a su siervo: «Sal de prisa   CALLES

      por las plazas y los callejones del pueblo,

        y trae acá a los pobres, a los inválidos, a   LLENA

      los cojos y a los ciegos.»

6   Le dijo luego el siervo: «Señor,   SIERVO

  ya hice lo que me mandaste,   FUI

    pero todavía hay lugar».   NO LLENÉ

7   Entonces el señor le respondió: «Ve   SEÑOR - VE

    por los caminos y las veredas,   A LOS CAMINOS

      y oblígalos a entrar para que se llene mi   LLENA
casa».

Os digo que ninguno de aquellos invitados   LOS INVITADOS

disfrutará de mi banquete».   MI BANQUETE

Empieza con una referencia al banquete mismo y a los invitados originales. Estamos ante un claro caso de inclusión, porque estos mismos temas, haciendo uso del mismo tipo de terminología, aparecen de nuevo al final. Después de la introducción, la acción dramática se divide en siete intervenciones. De hecho, la parábola se podría titular «El banquete de los siete discursos». A su vez, tenemos siete estrofas (casi siete escenas); en las cuatro primeras encontramos una serie de ideas que se repiten, y en las tres últimas aparecen otra serie de ideas también repetidas. El señor tiene tres intervenciones. Cada una de ellas empieza con una orden para que se reúna a los invitados al banquete. Hay dos invitaciones dirigidas a los invitados originales al principio de la parábola y dos invitaciones a desconocidos (a diferentes grupos de personas) al final. Hemos de analizar la parábola estrofa por estrofa.

INTRODUCCIÓN

Jesús le contestó:
«Cierto hombre preparó un gran banquete   GRAN BANQUETE
e invitó a muchas personas.   MUCHOS INVITADOS

ESTROFA UNO – UN BANQUETE PREPARADO

A la hora del banquete mandó a su siervo a decirles   HACED ESTO
a los invitados: «Vengan,
    porque ya todo está listo».   POR ESTA RAZÓN
       Pero todos, sin excepción, comenzaron a   EXCUSAS
       disculparse.

Normalmente, los grandes banquetes los dan personas importantes que invitan a sus socios y amistades. Esta primera invitación se trata de una invitación seria y formal y, como veremos más abajo, aceptarla suponía adquirir un compromiso firme. En la primera estrofa de la parábola aparece una secuencia de tres ideas que se repetirán cuatro veces. Hemos intentado indicar esta secuencia con las palabras que aparecen a la derecha del texto: HACED ESTO, POR ESTA RAZÓN y EXCUSAS. A medida que avancemos veremos cuál es la importancia de que estas tres ideas se repitan. Y después de la primera invitación tenemos dos invitaciones más.

En un comentario rabínico sobre Lamentaciones dice que las personas de Jerusalén no asistían a un banquete si no se les invitaba dos veces (*Midrash Rabá Lam.* 4:2; Sonc., 216). Muchos han dicho que es por esta razón por la que aquí aparece una segunda invitación. No obstante, los editores del texto que acabamos de mencionar observan que la doble invitación es «para asegurarse de que no ha habido un error y la invitación sí se ha enviado». Como ilustra el párrafo siguiente, «un error así podría tener consecuencias trágicas» (*Ibíd.*, n. 5). El texto del *midrash* recoge una larga historia sobre un ciudadano de Jerusalén que organizó un banquete y envió una invitación a un amigo. Pero, accidentalmente, la invitación le llega a un enemigo suyo y la historia acaba en tragedia. Esta historia no tiene nada que ver con nuestra parábola, pero en ella se ve la importancia de la doble invitación, que era una costumbre común en el Oriente Próximo tradicional, costumbre que se ha mantenido hasta el día de hoy en las zonas rurales. En los banquetes tenía que haber carne. Se mataba los animales necesarios en función del número de invitados. El anfitrión enviaba su invitación y tomaba nota de los que habían aceptado. Entonces se decidía si se mataba un pollo o dos (para 2-4 invitados), o un pato (para 5-8), o un cabrito (10-15), o una oveja (15-35), o un ternero (35-75). Es decir, que la decisión sobre qué animal matar se hacía en función del número de invitados que aceptaba la invitación. Y una vez se mata el animal ya no hay vuelta atrás, porque la carne se tenía que comer aquella misma noche. Por tanto, cuando un invitado aceptaba, estaba obligado a ir al banquete. El anfitrión completaba los preparativos. Entonces, cuando llegaba «la hora del banquete», enviaba a un sirviente cuyo mensaje era la tradicional expresión «Venid, porque ya todo está listo», anunciando que la carne ya estaba preparada. Ibrahim Sa´id recoge muy bien esta idea cuando comenta este versículo:

> Esto se daba según la costumbre entre los nobles en Oriente, quienes extendían una invitación un tiempo antes del banquete y la repetían enviando a un mensajero cuando el banquete ya estaba listo (Sa´id , 382).

Thomson confirma lo que Sa´id dice:

> Si un sheik, un beg o un emir invita, siempre envía a un sirviente a llamarte por tu nombre. El sirviente normalmente repite la fórmula mencionada en Lucas xiv. 17: Tefuddulu, al ´asha hader, Vengan, pues la comida está preparada (Thomson, I, 178).

Además, según Thomson, «todos los detalles de la parábola están en consonancia con las costumbre de este país» (*Ibíd.*, 179). El texto griego respalda este trasfondo cultural. El presente de imperativo «¡Venid!» significa literalmente «continuad viniendo». Los invitados ya empezaron su acción cuando aceptaron la invitación, y le dan continuidad cuando responden ante el mensajero. De hecho, empezando con Ester (6:14) y hasta el siglo I de nuestra era podemos encontrar esta doble invitación tanto en obras judías como romanas (Marshall, 587ss.). Así, las dos invitaciones de nuestra parábola están en total consonancia con las costumbres de aquel tiempo. La primera aceptación obliga al invitado a ir a la fiesta del anfitrión cuando «la hora del banquete» ha llegado.

Ciertamente, el vocabulario que aquí se usa hablaba a los oyentes de la llegada de grandes eventos. «La *hora* del banquete» se acerca y el mensajero va a anunciarlo. «¡Venid! ¡Todo está listo!». El simbolismo teológico está claro. La hora del banquete mesiánico ha llegado. Todo está preparado; las invitaciones ya se han enviado; ¡que los que han sido invitados asistan a la fiesta y disfruten de la comunión y del alimento de ese banquete anunciado hace tantos años! ¡Pero no! La parábola continúa de una forma totalmente inesperada.

El texto dice literalmente: «Todos, de una, empezaron a excusarse». La expresión «de una» podría tratarse de un calco de la expresión aramea que significa «todos inmediatamente» (Creed, 191), tal y como interpreta la antigua versión siríaca. O también podría tratarse de una expresión griega que significa «unánimemente» (Marshall, 588). La expresión transmite sorpresa y, también, el sentimiento de verse insultado. Rechazar una invitación a última hora es de mala educación en cualquier cultura. En Oriente Próximo se considera como una desagradable afrenta hacia el anfitrión. De nuevo, un comentario de Thomson arroja luz sobre la realidad de aquel entonces: «Es cierto que, tanto hoy como entonces, rechazar una invitación de esa forma es un insulto para el anfitrión de la fiesta» (Thomson, I, 178; cf. también Marshall, 588). Todo iba bien, los invitados habían aceptado las invitaciones, habían matado a los animales, habían cocinado la carne, el mensajero había salido a avisar de que todo estaba listo y, de repente, ¡excusas! Así es como empieza la segunda estrofa.

ESTROFA DOS – EL EXPERTO EN PROPIEDADES

El primero le dijo: «Acabo de comprar un terreno   HE HECHO ESTO
   y tengo que ir a verlo.   DEBO HACER ESTO
     Te ruego que me disculpes.»   DISCÚLPAME

Observamos la misma repetición de temas: «he hecho esto» (primera línea), por tanto, «debo hacer esto» (segunda línea), y por ello te pido que me excuses (tercera línea). Estas palabras son una valiente mentira, como todo el mundo sabe. En Oriente Próximo, nadie compra un terreno hasta recorrerlo y conocerlo como la palma de su mano. Antes de plantearse la compra, cualquier persona quería tener la máxima información posible sobre los manantiales, los pozos, los muros, los árboles, los caminos, la pluviosidad. De hecho, en el pasado, todos estos elementos aparecían descritos con todo detalle en el contrato de venta. En cuanto a la compra de tierras, Thomson escribe:

> No es suficiente con conocer bien el terreno que compras; el con-
> trato debe mencionar cada uno de los elementos que hay en el
> terreno y certificar que las fuentes, pozos, árboles, etc. que hay
> en él también se venden con el terreno … Así Abraham compró
> un campo *y* la cueva *y* todos los árboles que había en él, *y* los que
> estaban en los extremos del campo (Thomson, II, 383; la cursiva
> es de Thomson).

El comprador también sabía la historia que había detrás de aquel terreno. Era capaz de decirte quiénes habían sido los dueños generación
tras generación, y podía remontarse muchos años atrás recitando los
beneficios que había dado aquel campo. Los pocos terrenos cultivables
son un elemento tan importante para la vida que en la Palestina árabe
estos terrenos tenían nombre propio (Lees, 213ss.). En la Palestina del
siglo I se daba una situación similar. Applebaum habla de la pobreza del
agricultor judío en tiempos neotestamentarios y escribe sobre:

> La gran maña y el enorme coraje del agricultor judío, que lograba
> sacar fruto de un pequeño pedazo de tierra. Pero el aumento
> de la población redujo la unidad de cultivo de los campesinos
> judíos, con lo que disminuyeron los recursos para su sustento
> (Applebaum, *JPFC*, II, 691).

Así, en nuestra parábola se le pide al anfitrión del banquete que se crea
que un invitado acaba de comprar un terreno que aún no ha visto, y eso
en un contexto en el que la población no dejaba de aumentar, la extensión de tierra era limitada y había aumentado al numero de agricultores
arrendatarios que no tenían tierras propias.

Un equivalente occidental sería el siguiente: en la ciudad, alguien can-
cela una cena diciendo «acabo de comprarme una casa por teléfono y
tengo que ir a echarle un vistazo y ver qué tal es el barrio». Está claro
que con una excusa así no iba a engañar a *nadie*.

Como dice Ibrahim Sa´id, «¿De qué sirve ir a ver el campo después de
cerrar la compra?» (Sa´id , 382). Sa´id , que escribía en árabe dirigién-
dose a lectores de Oriente Próximo, da por sentado que el lector sabe
que el proceso de comprar un campo es largo y complicado y a menudo
dura algunos años.

Hablando de las excusas de los invitados, Derrett sugiere una serie de
justificaciones legales. Quizá la tierra se había devaluado y el comprador (después de examinarla) quería retractarse de la gestión. Quizá necesitaba una escritura de traspaso para cerrar la compra. Quizá tenía que

confirmar la compra presentándose para tomar posesión de ella. O quizá se debía a cuestiones religiosas sobre el cultivo que tenían que ver con el cumplimiento de la Ley (Derrett, 137). No obstante, los banquetes se solían celebrar a última hora de la tarde (Jeremias, *Palabras*, 44s. de la edición en inglés). ¡En Lucas 17:8 está claro que la comida es después de la jornada de trabajo! Entonces, ¿por qué este experto en la propiedad está de repente tan ocupado? ¿Qué ha hecho durante todo el día? Derrett traduce la excusa de la siguiente manera: «Me veo obligado a salir (de la ciudad) para ir a ver el terreno» (Derrett, 137). Entonces, ¿tenemos que creer que se está preparando para salir de viaje justo antes de que anochezca? Si estaba pendiente de todo este complicado proceso, ¿por qué aceptó la invitación al banquete? Cuando la comida ya está preparada y el banquete está a punto de empezar, cuando el día ya está llegando a su fin, ¿descubre de repente que tiene una larga lista de cuestiones por atender? Black comenta que la palabra *ananken* recoge la idea de «costumbre obligada» o «presión» (Black, 225ss., 228). Marshall interpreta que se está hablando de una «obligación legal» (Marshall, 589). También sería posible. No obstante, en Oriente, donde el concepto del tiempo es muy diferente al nuestro, no existe la noción de que algo se debe hacer hoy y no se puede dejar para mañana. Entonces, ¿por qué no podía atender esas cuestiones al día siguiente? El terreno estará en el mismo sitio donde estaba. El comprador aceptó asistir al banquete, y Marshall reconoce que «cambiar de idea en el último momento es una gran falta de respeto y educación» (Marshall, 588). En nuestra opinión, hay razones suficientes para pensar que esta excusa no es más que una clara «falta de respeto y educación».

Por último, si este hombre *quiere* que el anfitrión le crea, puede decir «He estado negociando durante meses para conseguir un terreno, y el vendedor ha decidido de repente que tenemos que cerrar el acuerdo esta noche». Una excusa así salvaría el honor del anfitrión y la relación entre el invitado y su anfitrión. Pero ese no era su propósito. Usa una excusa claramente falsa con la intención de insultar a su anfitrión. (Vimos que la escena del banquete en Lucas 7:36-50 también empezó con un insulto intencionado). Además de los posibles aspectos legales de la compra, cuando el invitado dice «*tengo que* ir a verlo», está afirmando que para él es más importante su terreno que su relación con el anfitrión. En Oriente Próximo, donde las relaciones personales son tan importantes, una reacción así debió de chocar mucho más de lo que nos choca a nosotros. (Dicho sea de paso, en estos dos primeros discursos vemos una estrecha relación entre el señor y su sirviente. El invitado le habla al sirviente, pero se dirige al señor). La tercera estrofa sigue este mismo patrón.

ESTROFA TRES – EL EXPERTO EN ARADOS

Otro adujo: «Acabo de comprar cinco yuntas de bueyes,	HE HECHO ESTO
y voy a probarlas.	DEBO HACER ESTO
Te ruego que me disculpes.»	DISCÚLPAME

Las tres ideas principales (que aparecen a la derecha) se repiten por tercera vez. De nuevo, la excusa es ridícula. En los poblados de Oriente Próximo, los bueyes se pueden comprar de dos formas distintas. En algunos lugares, el dueño lleva un grupo de bueyes al mercado. Al lado del mercado siempre hay un pequeño trozo de tierra donde los posibles compradores pueden probar los bueyes. Si esos bueyes no pueden tirar juntos, no vale la pena comprarlos juntos. En los poblados más pequeños, el granjero que quiere vender dos bueyes anuncia a sus amigos el día que los va a usar para arar el campo. En las comunidades de tradición oral, estas noticias corren rápidamente. En el día señalado, los posibles compradores se acercan al campo del vendedor para ver cómo trabajan los animales y, claro está, para dirigirlos ellos mismos y comprobar si ambos tiran con la misma fuerza. Todo esto ocurre antes de que el vendedor empiece a negociar un precio. Por tanto, vemos que la excusa de este otro invitado también es pura invención.

Volviendo a nuestro equivalente occidental, es como si un hombre le dijera a su mujer: «No puedo ir a cenar hoy porque acabo de hacer una transferencia para pagar cinco coches de segunda mano y voy de camino al concesionario para averiguar el modelo, la antigüedad, y para ver si arrancan». Ante esta excusa, incluso la esposa más devota del mundo se preocupará por la salud mental de su marido.

Jesús subraya esta idea al mencionar las cinco *yuntas* o *pares* de bueyes y al decir que el comprador va a ir a *probarlas*. Como en el caso del experto en propiedades, podemos ver de forma inmediata que la excusa no es una válida. Sa'id , nuestro comentarista árabe cristiano que se crió en un pequeño poblado de Oriente Próximo, dice: «Esa excusa no es razonable, porque uno prueba los bueyes antes de comprarlos, no después» (Sa'id , 383). La cuestión es que no basta con echarles un vistazo, sino que hay que «*probarlos*» (como dice Sa'id) y ver si son bueyes que pueden trabajar juntos. Sin duda alguna, ese es el sentido de la palabra griega *dokimazo*. En cuanto a las excusas, vemos aquí una leve diferencia con respecto a la primera. El primer invitado no había empezado a irse. Lo que hace es explicar por qué cree que debe irse: «tengo que ir a verlo». El segundo invitado dice: «voy a probarlas». No comunica su intención, sino que anuncia una acción que ya ha empezado. El terreno es tierra, y la tierra es santa. Pero los bueyes son animales, y los animales son impuros. El segundo invitado le está diciendo al anfitrión: «Estos animales son para mí más importantes que nuestra relación». A pesar del descaro de usar una excusa así, al menos pide que se le excuse. Algo que el tercer invitado no es capaz de hacer.

ESTROFA CUATRO – EL NOVIO APASIONADO

Otro alegó: «Acabo de casarme   HE HECHO ESTO
  y por eso   POR ESO DEBO…
    no puedo ir.»   NO VOY

Los patrones que se repiten crean expectativas. Por ello, cualquier cambio, por pequeño que sea, llama la atención. En esta estrofa los temas de antes se repiten por cuarta vez: he hecho esto (primera línea), por eso debo hacer esto (segunda línea), discúlpame (tercera línea). Solo que, en esta ocasión, la segunda línea está inacabada, y la tercera es breve y maleducada. Este tercer invitado habla en pasado simple: «Me casé con una novia» (la palabra griega *gune* se puede traducir por «novia». Cf. Bauer, 167). ¡Como muchos de nosotros! Podemos darle el beneficio de la duda y dar por sentado que está hablando de un pasado reciente: «Acabo de casarme con mi novia». No obstante, la boda no se había celebrado ese día. Si hubiera habido una boda en el pueblo, el anfitrión no habría organizado un banquete. En los pueblos, cuando hay una boda normalmente todo el mundo está invitado, por lo que a nadie se le habría ocurrido celebrar otra fiesta. Pero aún en el caso de que hiciera relativamente poco que se había casado, su excusa no es nada convincente. En las sociedades de Oriente Próximo se habla de la mujer con mucha moderación. En árabe, las palabras «mujer» (*harim*), «sagrado» (*haram*) y «prohibido» (*harām*) provienen de la misma raíz. En una situación formal, los hombres no hablan de las mujeres. En el siglo XIX Thomson documentó que si un hombre estaba fuera de casa, si escribía una carta y solo tenía hijas, la dirigía al hijo que aún esperaba tener, porque dirigir una carta a una mujer no era apropiado. Habla también de la extrema reticencia de lo hombres en Oriente Próximo a «hablar de las mujeres de su familia» (Thomson, I, 175ss.). En el periodo intertestamentario, Ben Sirá escribió elogios sobre una larga lista de personas ilustres, todos ellos hombres (*Eclesiástico* 44-50). Además, la comida principal del día era por la tarde (Jeremias, *Palabras*, 44ss. de la edición en inglés), por lo que el invitado estaba diciendo: «Ayer te dije que iría, pero esta tarde estoy ocupado con una mujer, que es para mí más importante que tu banquete». Está claro que una excusa así resultaría grosera en cualquier cultura, pero mucho más en Oriente Próximo. Algunos comentaristas nos recuerdan que un hombre recién casado estaba exento del servicio militar durante un año (Dt 20:7; 24:5; cf. Plummer, 361ss.), e interpretan que la clave de esta excusa está en esos textos del Antiguo Testamento. Pero no estoy de acuerdo. En Deuteronomio se está hablando sobre un año de servicio militar fuera de casa. Nuestro apasionado invitado ha aceptado la invitación. No están en guerra; nadie le ha dicho que tiene que marcharse de la ciudad. El tiempo que pasará fuera de casa no será más que unas horas y podrá regresar a los brazos de su amada esa misma noche. Por último, ¡ni siquiera se disculpa! Parece que la respuesta está pensada para ofender al más paciente de los anfitriones, ya sea de cultura oriental u occidental (Thomson, I, 179). Entonces, ¿qué significa todo esto?

Los oyentes originales podían fácilmente reconocer el movimiento teológico de la historia. Se ha anunciado el banquete mesiánico. Ciertamente, la «hora del banquete» ha llegado. Aquellos invitados (los líderes de la comunidad judía) reciben el anuncio de que «todo está preparado». Así, en cierto sentido, el reino de Dios ha llegado en la persona de Jesús. Los que quieren «comer pan en el reino de Dios» deben primero comer pan con él (cf. Manson, *Sayings*, 129). Sin embargo, de repente aparece un sinfín de excusas. Se quejan de que Jesús come con los pecadores y no observa el *sabat* de una forma estricta. En una interpretación más profunda, se podría decir que este rechazo también podría deberse a que Jesús no se corresponde con su concepto nacionalista y teológico del Mesías. La parábola dice que, al rechazar a Jesús (con esas ridículas excusas), están rechazando el gran banquete de la salvación que Dios promete en Isaías, y que ha servido ante ellos por medio de la presencia de Jesús. Pero no solo rechazan al anfitrión, sino que además prefieren otras cosas. Manson escribe:

> Dios da el Reino; pero aceptar el regalo de Dios significa rechazar muchas otras cosas. El Reino de Dios ofrece los regalos más increíbles; pero requiere una lealtad exclusiva y una devoción completa. El gran banquete es un banquete, no un reparto de porciones gratuitas. Los que quieran disfrutarlo deben asistir. No pueden esperar que alguien haga un paquete y les envíe su porción porque están ocupados con otras cosas (*Ibíd.*, 130ss.).

Con estas implicaciones teológicas en mente, volvemos al texto.

ESTROFA CINCO – LA INVITACIÓN A LOS MARGINADOS

El siervo regresó y le informó de esto a su señor.

Entonces el dueño de la casa se enojó y mandó a su siervo:

«Sal de prisa   SEÑOR - VE

 por las plazas y los callejones del pueblo,   A LAS CALLES

 y trae acá a los pobres, a los inválidos,   LLENA

 los cojos y a los ciegos.»

Es lógico que el anfitrión se enfade: le han ofendido públicamente. Pero su respuesta es una respuesta de gracia, no de venganza. Hace un giro e invita a los marginados de aquella población. Vemos que esos pobres, inválidos, cojos y ciegos son *del pueblo*. Son una parte de la comunidad, aunque no puedan participar de la vida de esa comunidad. Está claro que estas categorías simbolizan a los marginados de Israel que se acercaban a Jesús y que él recibía con los brazos abiertos (cf. *Ibíd.*, 130).

Vimos arriba que los de la comunidad de Qumrán decían que ninguna persona «con algún defecto corporal» estaba invitada al banquete mesiánico. Durante siglos los comentaristas han observado que a los ciegos no se les invitaba a los banquetes, los inválidos no se casaban, los ciegos no iban a examinar terrenos y los cojos no iban a probar bueyes. La palabra «pobre» en la literatura bíblica muchas veces tiene un sentido teológico y significa «humilde y piadoso» (cf. Is 66:2; Mt. 5:3). No sabemos si ese es el caso en nuestro texto, pero lo que queda claro es que se da aquí un giro radical. Los primeros invitados (que debían de ser de la misma clase social que el anfitrión o, al menos, personas dignas de estar en la presencia de alguien como él) responden de forma negativa a las buenas noticias de que el banquete está listo. Creen que el banquete no puede celebrarse si ellos no van, con lo que el banquete va a ser un desastre y van a poder humillar al anfitrión. Pero eso no va a ser así, porque este invita a gente indigna. El anfitrión no tiene ninguna deuda social con los pobres, los inválidos, los ciegos y los cojos, y estos no van a poder corresponder a su generosidad. Su ofrecimiento es lo que en otro lugar he descrito como una «demostración visible e inesperada de amor en humillación» (Bailey, *Poet*, 182). Esta demostración debió de sorprender muchísimo a los nuevos invitados. Es probable que el anfitrión supiera que aquello iba a traer sufrimiento, pues los invitados originales se iban a enfadar al ver que su intento por boicotear el banquete había fracasado, y se burlarían del anfitrión diciendo que no es capaz de organizar un banquete sin tener que recurrir a «esa escoria» (cf. Lc 15:2, «Este hombre recibe a los pecadores y come con ellos»). De nuevo, como en el caso de la parábola del hijo pródigo, esta demostración visible e inesperada de amor a través del sufrimiento apunta teológicamente a la cruz, y explica de una forma dramática parte de su significado. El ofrecimiento a los «marginados de Israel» es el ofrecimiento de una gracia costosa. La parábola da por sentado que los nuevos invitados aceptan ese ofrecimiento.

ESTROFA SEIS – TODAVÍA HAY LUGAR

Le dijo luego el siervo: «Señor,   SIERVO
　　ya hice lo que me mandaste,   FUI
　　　　pero todavía hay lugar.»   NO LLENÉ

ESTROFA SIETE – LOS DE FUERA

Entonces el señor le respondió: «Ve   SEÑOR - VE
　　por los caminos y las veredas,   A LOS CAMINOS
　　　　y oblígalos a entrar para que se llene mi casa.»   LLENA

Como vimos, los invitados indignos eran *del pueblo* y, por tanto, parte de la comunidad. Sin embargo, ahora el anfitrión envía al sirviente a «los caminos y las veredas» para que traiga a personas de fuera de la ciudad. «Los caminos» es una referencia a los caminos principales que unían unas ciudades con otras, por los que solía viajar la mayoría de la gente. Pero mucha gente también viajaba caminando por caminos más estrechos que se construían a lo largo de los muros de piedra o las veredas. Marshall cree que la palabra que aquí traducimos por «veredas» podría referirse a vallas «que los mendigos seguían para estar más protegidos» (Marshall, 590). Los mendigos suelen vivir en pueblos y ciudades con una alta densidad de población. Además, no hay nada que nos indique que este último grupo de invitados están marginados en su comunidad. Lo único que sabemos de ellos es que no son de la comunidad del anfitrión. La mayoría de los estudiosos contemporáneos están de acuerdo en que esta última invitación simboliza la apertura hacia los gentiles, y en que así es como Lucas lo entiende (Manson, *Sayings*, 130). Sin embargo, algunos dicen que Jesús nunca contempló esa apertura hacia los gentiles y que esta invitación a gente de fuera de la comunidad es una parte que añadió la Iglesia primitiva porque se encontraba en una «situación de misión» (Jeremias, *Parábolas*, 80, p. 64 de la edición en inglés). Nos detendremos brevemente en esta cuestión.

Hunter ha escrito:

> Solo tenemos derecho a ver esta misión a «los caminos y las veredas» en Lucas 14:23 como un elemento secundario si podemos demostrar que Jesús nunca previó la misión a los gentiles (Hunter, *Interpreting*, 57).

Podríamos aceptar este reto y preguntarnos si en Lucas mismo hay algún material en relación con la misión a los gentiles que tenga que ver con Jesús de Nazaret. Está claro que la búsqueda de la respuesta puede empezar por la parábola que estamos analizando. Ya hemos dicho que Isaías 25:6-9 es un texto crucial para una clara comprensión de esta parábola. No hay duda alguna de que ese texto veterotestamentario incluye a los gentiles en el gran banquete de Dios. Por tanto, lo lógico es que en esta parábola de Jesús sobre un banquete ocurra lo mismo. Como eso es lo que ocurre, si tenemos en cuenta el trasfondo de Isaías, es más lógico pensar que estas líneas formaban parte de la parábola original y no, como algunos defienden, que se añadieron posteriormente. Además, en la parábola, el sirviente no va a buscar a los de fuera (gentiles) a los caminos y las veredas. El señor le da esa orden, pero la parábola no sigue (es decir, el sirviente no cumple la orden que se le ha dado). Cuando la parábola acaba, esa «orden» queda como una *tarea futura que aún está por realizar*. La que sí cumple es la orden de invitar a los marginados que hay *dentro* de la comunidad. En eso consistió el ministerio de Jesús: invitó a los marginados de Israel y los recibió. No llevó acabo ninguna acción significativa para alcanzar a los gentiles. De hecho, a los doce solo los envió a «las ovejas descarriadas del pueblo de Israel» (Mt 10:5). Vemos pues que los detalles que aparecen en este texto tal y como nos ha llegado encajan con el ministerio histórico de Jesús. Pero, ¿hay evidencias ya sea en Lucas o algún otro documento de que Jesús tuviera en mente a los gentiles?

No hay duda del interés que Lucas muestra por los gentiles (cf. Martin, 375ss.). Simeón declara que Jesús es «la luz que ilumina a las naciones» (2:32). La genealogía se remonta a Adán (Lucas 3:38) y no solo hasta Abraham (Mateo 1:2). La cita de Isaías 40:3-5 que aparece en Lucas 3:6 incluye la frase «Y *todo mortal* verá la salvación de Dios»; y la gran comisión dirigida a los discípulos al final del Evangelio menciona a los gentiles (24:47). Entonces, la pregunta que muchos se hacen es la siguiente: a lo largo de su ministerio, ¿Jesús dejó unas bases que la iglesia retomó, desarrolló y cumplió, o la preocupación por los gentiles solo se remonta a la situación posterior a la resurrección?

Está claro que el ministerio de Jesús se centró en «las ovejas perdidas del pueblo de Israel» (Mt 15:24). Johannes Blauw dice que la resurrección fue el momento de inflexión. En ese instante, la fuerza centrípeta de la misión (dejad que los gentiles *entren* si quieren, pero no vayáis a *buscarles*) se convierte en una fuerza centrífuga y la Iglesia se proyecta a los gentiles con un mensaje para todos los pueblos (Blauw, 83ss.).

Jeremias afirma la misma posición cuando escribe: «Jesús rechazó de forma expresa la idea de que él también había sido enviado a los gentiles; su misión se limitó a las ovejas perdidas de la comunidad israelita» (Jeremias, *Promise*, 26). Jeremias también cree que el mensaje del Antiguo Testamento siempre es «centrípeto; a los gentiles no se les evangelizará donde viven; pero la epifanía divina los llamará al santo Monte» (*Ibíd.*, 60). Según él, Jesús solo entiende que los gentiles serán llamados al final de los tiempos antes del juicio final. No obstante, Blauw admite que en el Antiguo Testamento hay señales de la fuerza centrígufa de la misión. Isaías 42:4 dice:

> no vacilará ni se desanimará
>> hasta implantar la justicia en la tierra.
>> Las costas lejanas esperan su enseñanza.

Este pasaje se encuentra entre los conocidos cánticos del Siervo y, de algún modo, el Siervo se ve como alguien que implantará «la justicia en la tierra». También, en Isaías 49:6 (en otro de los cánticos del Siervo), se ve de forma aún más clara esa fuerza centrífuga:

A	Y ahora *dice el* SEÑOR,	EL SEÑOR DICE
	que desde el seno materno me formó *para que fuera yo su siervo*,	MI SIERVO
B	para hacer que *Jacob se vuelva* a él,	HACER VOLVER A JACOB
	que *Israel* se *reúna* a su alrededor;	REUNIR A ISRAEL
C	porque a los ojos del SEÑOR	
	soy digno de honra,	HONRADO
	y mi *Dios* ha sido *mi fortaleza*.	RECIBE FORTALEZA

A′ Él dice:	EL SEÑOR DICE
No es gran cosa *que seas mi siervo*,	MI SIERVO
B′ ni que *restaures* a las tribus de *Jacob*,	RESTAURAR A JACOB
ni que *hagas volver* a los de *Israel*, a quienes he preservado.	HACER VOLVER A ISRAEL
C′ Yo te pongo ahora como *luz para las naciones*,	LUZ PARA LAS NACIONES
a fin de que lleves *mi salvación* hasta los *confines de la tierra*.	SALVACIÓN HASTA LOS CONFINES DE LA TIERRA

Ya hemos observado el uso del paralelismo escalonado en Isaías (cf. 30,31 en la Introducción). Aquí, mediante el uso de pareados que se repiten, se hace hincapié en el papel único del Siervo. En la primera serie, Dios forma al Siervo en el seno materno (A) para restaurar a Jacob/Israel (B), y Dios, que es su fortaleza, lo ve como digno de honra (C). Esta serie de ideas es relativamente tradicional. Pero la segunda serie nos choca, porque descubrimos que no es gran cosa ser el Siervo de Dios (A′), ni tampoco lo es restaurar a Jacob/Israel (B′). Por eso le pone como luz para las naciones (C′). La clara progresión del texto clarifica el papel doble del Siervo. Ha sido formado y enviado para las «ovejas perdidas del pueblo de Israel». Pero eso no es suficiente para la grandeza del Siervo. Dios le da fuerzas y le honra (C) para que se lleve la luz de salvación hasta lo último de la tierra. En este texto vemos de forma clara la fuerza centrífuga de la misión. Así podemos decir (con Blauw) que en el Antiguo Testamento apenas aparece la fuerza centrífuga de la misión, *aunque* sí la encontramos en los cánticos del Siervo de Isaías, que se citarán en el Nuevo Testamento en numerosas ocasiones.

¿Encontramos algún indicio de esta fuerza centrífuga de la misión en las enseñanzas de Jesús antes de la resurrección? Creemos que sí. El pasaje central es la escena en la sinagoga de Nazaret donde Jesús anuncia y empieza su ministerio (Lc 4:14-30). De nuevo, el texto que cita del Antiguo Testamento es de Isaías (61:1-2), pero esta vez se trata de una cita versionada que está formada por siete unidades conceptuales. Son las siguientes:

1 El *Espíritu del Señor* está sobre mí,	ESPÍRITU DEL SEÑOR
2 por cuanto me ha ungido para	
anunciar buenas nuevas a los pobres.	PREDICAR
3 Me ha *enviado* a proclamar	ENVIAR – LIBERTAD
a los cautivos *libertad*	
4 y dar *vista a los ciegos*,	VISTA
3' a *enviar* a los oprimidos en *libertad*,	ENVIAR – LIBERTAD
2' a *pregonar*	PROCLAMAR
1' *el año* del favor *del Señor*.	EL AÑO DEL SEÑOR

Este texto de Lucas se diferencia de Isaías 61:1-2 en cuatro puntos principales. Como Lund ha observado (Lund, 236-38), los cuatro cambios eran necesarios para crear la forma literaria de Lucas: un pasaje de siete líneas en el que las tres primeras se corresponden con las tres últimas, y donde el clímax aparece en la línea central. Añadiríamos a la observación de Lund que la nueva versión no se debe solo a razones literarias, sino a razones teológicas. Así, los cuatro cambios son los siguientes. En primer lugar, en la línea tres ya no aparece la expresión «sanar los corazones heridos», por lo que nos queda una línea de una longitud más manejable, que empieza con la palabra «enviar» y acaba con la palabra «libertad». En segundo lugar, en la línea 3' se introduce una línea entera de Isaías 58:6. También empieza con la palabra «enviar» (en algunas versiones traducida por «poner», para formar la expresión «poner en libertad»), y termina con la palabra «libertad». Es obvio que Jesús la seleccionó, al menos en parte, porque su principio y su final son paralelos a la línea 3. En tercer lugar, la palabra clave «proclamar» (*kerusso*) que aparece en la línea 2' ha venido a sustituir la palabra que aparece en Isaías, que significa «decir» o «llamar». Eso es porque la línea paralela (2) contiene el verbo «predicar» o «anunciar buenas nuevas» (*evangelizo*). Estos dos verbos son las palabras que más se usan en el Nuevo Testamento para hablar de la proclamación del evangelio. Después de estos cambios, estos dos verbos sirven para crear el paralelismo entre 2 y 2'. Por último, no aparece la última parte de Isaías 61:2, que habla del juicio a los gentiles. Así, la línea 1' se convierte en la paralela de la línea 1. Con estos cuatro cambios, se obtiene un paralelismo invertido. Para nosotros, el mayor interés se encuentra en las tres líneas centrales. Ya sabemos que en los paralelismos invertidos el clímax suele estar en el centro de la estructura; es por eso, pues, por lo que prestaremos más atención a esa parte central, donde observamos lo siguiente:

3   Me ha *enviado* – a proclamar a los cautivos – *libertad*

4   y dar *vista a los ciegos*,

3'   a *enviar* a los oprimidos – en *libertad*

Como hemos visto, la línea 3' es de Isaías 58:6 y se ha intercalado en este texto para hacer el paralelo de la línea 3; también, la línea 3 se ha deshecho de «sanar los corazones heridos» para tener una longitud semejante a la de 3'. Así, en estas dos líneas (3 y 3') ha habido más trabajo de edición que en el resto de la cita, líneas que aparecen en el centro de la estructura de siete líneas. La razón de esa cuidadosa edición se hace evidente cuando examinamos el resto de la discusión que tiene lugar en la sinagoga.

En Lucas 4:25-27 Jesús habla de dos héroes de la fe del Antiguo Testamento. Ninguno de ellos era judío. En primer lugar menciona a la mujer de Sarepta de Sidón. En segundo lugar, a Naamán de Siria. El texto tiene dos estrofas, cada una de ellas formada por dos líneas. Ambas estrofas están relacionadas por un paralelismo escalonado, como el que vimos en Isaías 49:5-6 y en 55:10-11. El paralelismo escalonado está estructurado de la siguiente forma:

1   *Muchas viudas vivían en Israel*

2   en *tiempos de Elías*,

(cuando el cielo se cerró por tres años y medio, de manera que hubo una gran hambre en toda la tierra)

3   *Elías* no fue enviado a *ninguna* de ellas

4   *sino a una viuda de Sarepta*, en los alrededores de *Sidón*.

1'   *Había en Israel muchos enfermos de lepra*

2'   en *tiempos* del profeta *Eliseo*,

3'   pero *ninguno* de ellos fue *sanado*,

4'   *sino Naamán el sirio*.

En ambas estrofas aparecen las mismas cuatro ideas: (1) muchos en Israel, (2) el profeta, (3) no se envió ayuda a nadie, y (4) excepto a «x». Esta es la secuencia de ideas que aparece en las dos estrofas. A nosotros nos interesa observar la segunda línea de la primera estrofa. Esa línea contiene información histórica extra que cualquier persona acostumbrada a frecuentar la sinagoga ya conocía. Sin embargo, es probable que Teófilo (a quien Lucas dirige su escrito; cf. 1:3) no conociera los detalles de la vida de Elías, por lo que necesitaba esta información. Si el lector no tenía esa información, la ilustración no servía de nada. Cualquier lector griego se debía preguntar qué era lo que le ocurrió a la mujer de Sarepta. En la segunda estrofa no hace falta ninguna información extra. Aunque el lector no sepa nada de Naamán el sirio, es obvio que un leproso es sanado. Así, la forma literaria del texto original de ocho líneas, con sus repetitivos paralelismos escalonados, deja claro que la información extra de la línea 2 fue añadida después de la composición de las 8 líneas originales. En consecuencia, estamos ante dos capas literarias. Alguien escribió las ocho líneas originales y, más adelante, otra persona introdujo información nueva para los lectores no judíos. El paralelismo de las ocho líneas originales es tan preciso como Isaías 49:5-6 y 55:10-11 y merece el título de poema. Diríamos que lo más natural es pensar que el poema original es una cita de las palabras de Jesús de Nazaret, y que la información histórica adicional es un detalle que Lucas añade pensando en sus lectores gentiles. También es posible que la Iglesia primitiva palestina hubiera escrito las ocho líneas y que Lucas usara dicho material para hacer una construcción más extensa. No tenemos ninguna prueba de que eso sea así; solo estamos hablando de probabilidad. Estas dos ilustraciones, debido a su forma poética, podrían haberse mantenido intactas durante siglos en una sociedad campesina de Oriente Próximo (como evidencian los oráculos de Amós, la poesía árabe preislámica y muchos otros casos). Diremos que no hay razones *históricas* para negar que Jesús de Nazaret sea el autor de las ocho líneas originales.

Entonces, estas dos ilustraciones aparecen en el texto como un *midrash*, una interpretación del tema clave de la cita de Isaías que hemos mencionado más arriba. En el centro de esa cita, en la línea 3, el profeta *es enviado* a alguien para proclamar libertad. En la línea paralela (3′), el profeta *envía* a otros a la libertad. Este cambio también aparece en las dos estrofas que acabamos de examinar. Elías es *enviado* a la mujer y Eliseo *envía* a Naamán a la libertad:

> Me ha *enviado* – a proclamar – libertad (como Elías, que *fue* enviado a la mujer de Sarepta)

> A *enviar* a los oprimidos – en libertad (como Eliseo, que *envió* a Naamán en libertad)

En la primera frase encontramos un caso de la fuerza centrífuga de la misión (Elías *sale* de Israel y ayuda a la mujer de Sarepta); en la segunda, uno de la fuerza centrípeta de la misión, más común que la primera (Eliseo ministra a Naamán, que se ha sentido atraído por el pueblo de Dios y *se acerca* a Eliseo en Israel). Entonces, ¿a quién podemos atribuir este material? ¿Se trata de una composición de Lucas? ¿O podemos atribuirla, en cierto sentido, a Jesús de Nazaret? Estas preguntas deben tener en cuenta tanto la forma como el contenido.

En cuanto a la cita no literal de Isaías, podemos observar que en la sinagoga era perfectamente legítimo que el lector saltara algún párrafo, sobre todo si estaba leyendo de los profetas. No podía realizar grandes saltos, es decir, no podía saltar del principio del libro al final, ni tampoco podía saltar de un libro a otro. Pero los saltos relativamente pequeños eran legítimos, y la extensión de la discusión en la Mishná (*Magilla* 4:4) y en el Talmud (B.T. *Magilla* 24a) deja claro que era una práctica relativamente frecuente. Además, en diversas ocasiones, Pablo cita de forma libre (no literal), corroborando la legitimidad de hacer algo así (cf. 1Co 2:9). También encontramos este tipo de «citas» en los evangelios (Mr 1:2-3). Así, Jesús podría haber pensado cuidadosamente en lo que quería transmitir, y podría haber trabajado de antemano en cómo presentar los textos de Isaías 58 y 61. A la vez, la decisión de usar las palabras griegas *evangelizo* («predicación de la buenas nuevas») y *kerusso* («proclamar») podría haber sido una decisión premeditada, pues en el Nuevo Testamento estas son las principales palabras para hablar de la proclamación del Evangelio. También, la palabra «libertad» (*aphesis*), que aparece al final de las líneas 3 y 3′, es la misma palabra que aparece en los textos del Antiguo Testamento griego. Pero en el Antiguo Testamento hebreo se utilizan palabras distintas, aunque tienen el mismo significado. Es decir, el paralelismo de las líneas 3 y 3′ en hebreo es bastante claro, pero en griego lo es mucho más. Así, podría ser que el texto que nos ha llegado estuviera influenciado por la Septuaginta (el Antiguo Testamento griego) y, por tanto, por la Iglesia primitiva. En consecuencia, diremos que el texto retocado de Isaías, tal como aparece en Lucas, recoge conceptos principales de Isaías que Jesús selecciona en su discurso en la sinagoga.

Así (como ya hemos comentado), podemos decir que el *midrash* de ocho líneas (excluyendo la explicación histórica posterior) es de Jesús de Nazaret y refleja la fuerza centrífuga de la misión que él apoyaba, aunque no cumplió (excepto en contadas ocasiones). Jesús es quien compone el *midrash* de ocho líneas. Y Lucas añade el comentario explicativo. La fuerza centrífuga de la misión impregna y da forma a todo el pasaje. Hemos observado que se ha eliminado la dura crítica contra los gentiles que aparece en Isaías 61:2. Las dos ilustraciones seleccionadas en el *Midrash* presentan a dos gentiles como héroes de la fe a los que debemos imitar. ¿Por qué escoge como héroes de la fe a dos gentiles en lugar de escoger a Abraham en el monte Moria, o a Moisés en el Mar Rojo, o a Jeremías cuando compró el campo que Dios le dijo que comprara? ¿No será que la ira de los judíos de la sinagoga surgió en parte al oír hablar así de unos gentiles? Jeremias argumenta de forma convincente que el versículo 22 significa «todos daban testimonio en contra de él ... estaban asombrados de que hablara de la misericordia de Dios» (Jeremias, *Promise*, 44ss.). Estaban esperando que continuase leyendo Isaías 61:2b, «y el día de la venganza de nuestro Dios». En lugar de hablar de los extranjeros que un día trabajarán para ellos («pastoreará los rebaños de ustedes, y sus campos y viñedos serán labrados por un pueblo extranjero», Is 61:5), toma a dos gentiles como ilustración de la fe que se necesita para entrar en el reino. Es comprensible que los oyentes se enfurecieran. Así, en este pasaje crucial encontramos una clara referencia a la fuerza centrífuga de la misión, que alcanza incluso a los gentiles. Todo el texto refleja la línea teológica de Lucas y de la Iglesia primitiva, pero vemos que esta línea ya la podemos encontrar en Jesús e, incluso, en Isaías 49:5-6.

Aún tenemos que examinar dos pasajes más, aunque sea de forma breve. El primero es el de la parábola de la lámpara. En Lucas 11:33, la lámpara se pone en un lugar elevado para que «los que entren tengan luz». Nos encontramos de nuevo ante la fuerza centrípeta de la misión. Solo los que *entran* verán la luz. Lo mismo ocurre en Mateo 5:15, donde la lámpara se pone sobre una repisa «para que alumbre a todos los que están *en la casa*». De nuevo, el énfasis aquí es la fuerza centrípeta de la misión. Solo los que están «*en la casa*» verán la luz. No obstante, y es un detalle que no podemos pasar por alto, el versículo anterior dice: «ustedes son la luz del mundo. Una ciudad en lo alto de una colina no puede esconderse». Para un judío, lo normal sería que hubiera dicho: «ustedes son la luz de Israel». Pero no fue así. Reflejando de cierta forma la idea que ya aparece en Isaías 49:6, la luz sobre la colina debe alcanzar *a todo el mundo*. De nuevo, como en Lucas 4:16-30, las fuerzas centrípeta y centrífuga de la misión aparecen de la mano. La ciudad en lo alto de la colina da luz *a todo el mundo*, y la lámpara solo la ven aquellos que están *en la casa*. Por último, en el caso de la mujer griega/cananea de Tiro y Sidón (Mt 15:21-30; Mr 7:24-30), tenemos una clara afirmación de la naturaleza exclusiva del ministerio de Jesús. Le dice a la mujer que él ha sido enviado «a las ovejas perdidas del pueblo de Israel» (Mt 15:24). Y ahí, la conversación gira en torno a los símbolos de la comida y el pan de los hijos. Jeremias afirma que:

> la clave para entender lo que Jesús le dice a la mujer que buscaba su ayuda está en que ella entendió que Jesús estaba hablando del banquete mesiánico. La grandeza de su fe (Mt 15:28) estaba en que reconoció que Jesús era el dador del Pan de Vida, tal y como muestran sus palabras sobre las migajas que los perros se aventuran a comer (Jeremias, *Parábolas*, 147, n. 14, p. 118, n. 14 de la edición en inglés; *Palabras*, 234 de la edición en inglés; *Promise*, 29ss.).

Si aceptamos la argumentación de Jeremias, tenemos en este texto el caso de una mujer gentil que entiende que Jesús es quien trae la salvación. Por tanto, en el mismo relato en el que Jesús declara que *solo ha venido a Israel*, vemos cómo este se acerca a una mujer gentil y la elogia porque ella le ve como «el dador del Pan de Vida». (En Isaías 49:5-6 vimos la misma yuxtaposición de «restaurador de Israel» + «luz de salvación para las naciones»). Podemos encerrarnos en una idea teológica preconcebida y decir que Jesús no tenía interés en los gentiles. Pero en este texto tenemos un ejemplo de lo contrario. ¿Acaso no está diciendo «de los judíos primeramente, pero también de los gentiles» (Ro 1:16)? A la luz de los textos de los que hemos hablado, ¿no es posible ver el ministerio y las enseñanzas de Jesús dirigidas principalmente a la nación judía, pero apuntando claramente más allá de Israel y cumpliendo así la gran canción del Siervo de Isaías 49:5-6? Elías fue *enviado*. La luz de la ciudad sobre la colina llega *a todo el mundo*. La mujer griega de Sidón es alimentada con el pan de vida y se encuentra con Jesús en territorio no judío. Los versículos finales de la parábola del gran banquete se deben analizar a la luz de estos textos que acabamos de comentar. T.W. Manson apunta que «podríamos ver toda la parábola [del gran banquete] como un *midrash* de Isaías 49:6» (*Sayings*, 130).

Cuando consideramos Lucas 14:23-24 a la luz de lo comentado arriba, entonces sí es posible ver las dos últimas estrofas como parte de la parábola original. La sugerencia de una invitación a los gentiles no solo concuerda teológicamente con otras cosas que Jesús hizo y enseñó, sino que la misma forma literaria de la parábola sugiere que las dos últimas intervenciones completan la serie de siete. Además, al inicio de la fiesta hay dos invitaciones a los primeros invitados; por tanto, no es sorprendente que al final de la parábola haya dos invitaciones a los nuevos invitados (aunque cierto es que en uno de los casos se trata del mismo grupo de personas, y en el otro no). Uno de los argumentos que usan los que creen que esta segunda invitación no es original es que no aparece en Mateo. No obstante, si examinamos los dos relatos de la parábola, queda claro que la versión de Mateo ha experimentado un considerable trabajo de edición. Casi todos los versículos tienen más colorido, son más extensos. Si Mateo se ha tomado la libertad de *añadir* material en función de su propósito, ¿no podría ser que también se hubiera sentido con la libertad de desechar algunos detalles? Las dos invitaciones a los invitados originales que aparecen al *principio* de la versión de Lucas, Mateo las reduce a una sola invitación. Parece, pues, que del mismo modo, al *final* también ha reducido las dos invitaciones a una sola. Entonces, ¿qué significa esta invitación final?

En la sexta estrofa, el siervo le dice a su señor que después, de invitar a todos los marginados de Israel, aún hay lugar en el banquete. En la estrofa siete, la invitación se extiende a los gentiles. La palabra clave aquí es «oblígalos». Basándose en este texto, la iglesia institucional cometió muchas injusticias, como por ejemplo la Inquisición española. Pero nada está más lejos del mensaje del Evangelio. En Oriente Próximo, ante una invitación inesperada, la norma es rechazarla. Sobre todo, además, si el invitado es de un estatus social inferior al del anfitrión. (El invitado podía estar pasando hambre y estar muy necesitado de la comida que se le iba a ofrecer en el banquete, pero la presión cultural de rechazar una invitación así era muy fuerte). Por lo que a la cultura se refiere, en Lucas 24:28-29 tenemos una escena similar. En esa ocasión, Jesús recibe una invitación inesperada. Como buen oriental, «Jesús hizo como que iba más lejos». Los dos hombres, de nuevo, como buenos representantes de su cultura, «insistieron» para que se quedara o, según la traducción que consultemos, «le obligaron» a quedarse. No significa que le obligaran en contra de su voluntad. Lo que ocurre es que saben que, por cuestión de honor, *debe rechazar* la invitación durante los primeros quince minutos de la discusión. Para convencerle de que *realmente quieren* que se quede, y de que *realmente tienen* comida, deben empujarle amablemente hacia el interior de la casa. Eso es lo que significa que le obligaron a quedarse. En la parábola tenemos otro caso de una invitación inesperada por parte de alguien de una mejor posición social. La invitación al banquete llega a un extranjero de fuera de la ciudad. Él no es un pariente del anfitrión; de hecho, ¡ni siquiera es ciudadano de la ciudad anfitriona! Se trata de un ofrecimiento muy generoso, pero el extranjero piensa: «¡no puede ser verdad!». Después de discutir durante un rato, el sirviente tendrá que rodear el hombro del sorprendido invitado y, amablemente, arrastrarle hasta el banquete. No hay otra forma de convencerle de que realmente está invitado a la fiesta, de que no importa que sea extranjero. ¡La gracia es *increíble*! «¿Cómo puede ser verdad?», se pregunta. «¿Una invitación para mí? ¿Qué he hecho yo por el anfitrión? ¿Sabe que nunca podré pagarle? ¡No puede estar hablando en serio! ¡Claro que me apetece! Pero... teniendo en cuenta quién soy, ¡no puede estar hablando en serio!». El anfitrión sabe que su sirviente se va a encontrar con esta reacción, así que le ordena que haga uso del único método eficaz: que sonría, insista y, por fin, para dar credibilidad a sus palabras, tome por el hombro a los invitados y, amablemente, los acompañe hasta el banquete. ¡Que les demuestre que la invitación es auténtica! Ese es el significado de «oblígalos» (cf. *Ibíd.*).

Por último, el motivo de esta invitación es «para que se llene mi casa». Este apunte final parece querer demostrar que es posible *llenar* el banquete sin los invitados originales. La fiesta se puede celebrar con éxito aunque ellos decidan no venir. El noble anfitrión quiere que los nuevos invitados se sientan a gusto. No quiere que miren a su alrededor y piensen: «Cuántos sitios vacíos. ¡Qué vergüenza para el anfitrión! Pobre hombre ... La gente importante ha rechazado su invitación, y nosotros solo somos unos cuantos...». ¡No! ¡El banquete debe estar lleno! Con esta consideración llegamos al final de la séptima estrofa y pasamos a examinar la conclusión.

CONCLUSIÓN

les digo	
que ninguno de aquellos invitados	LOS INVITADOS
disfrutará de mi banquete.	MI BANQUETE

Hay cierta ambigüedad en este texto, y los comentaristas han escrito largo y tendido sobre esta última frase. ¿Aún forma parte de la parábola y por tanto son palabras del anfitrión? (Derrett, 141; Marshall, 590ss.). ¿O se trata de la conclusión que Jesús saca y comparte con los que están con él en el banquete? (Jeremias, *Parábolas*, 214-219, pp. 171-180 de la edición en inglés). Aunque reconocemos que la frase podría interpretarse de ambas formas, creemos que es más probable que se trate de un comentario que Jesús les hace a las personas que están con él. En Lucas

15:7, al final de la parábola de la oveja perdida, encontramos una construcción similar que acaba con un comentario dominical. Lucas 15:10
contiene la mismo fórmula (cf. también Lc 18:6 y 18:14). En otro lugar
ya he argumentado que la construcción que encontramos en Lucas 16:8
no es similar. En este pasaje, el patrón o señor de 16:8 es el señor de la
parábola (cf. Bailey, *Poet*, 102ss.). Pero tenemos que tener en cuenta que
en nuestro texto se cambia al plural («Les digo»). Durante la parábola,
el señor habla en singular a su sirviente, y lo mismo ocurre en la última
intervención, que encontramos en la séptima estrofa. Derrett dice que el
anfitrión solía enviar porciones del banquete a los amigos importantes
que realmente no podían asistir a la fiesta (Derrett, 141). Pero ya hemos
comentado que ese no es el caso de esta parábola. Las excusas de los
primeros invitados son realmente pobres y el anfitrión está *enfadado*.
Si sus amigos tuvieran razones de peso para no ir, no estaría enfadado.
Pero, como no las tienen, obviamente no va a enviarles porciones especiales. Por tanto, creemos que acabar la parábola con una declaración
en la que el anfitrión explica que los que han rechazado la invitación
no van a probar el banquete sería un tanto redundante. Sin embargo, si
interpretamos que son palabras de Jesús, que dirige a los que tiene a su
alrededor en ese preciso momento, esas palabras adquieren un significado profundo. Lo que Jesús está diciendo, de forma simbólica, es que
los que quieran «comer pan en el reino de Dios» (14:15), deberían darse
prisa y aceptar su invitación a comer con él, porque no se puede comer
con él desde la distancia. Por tanto, ese inesperado cambio al plural parece indicar que Jesús ya ha acabado de relatar la parábola y que ahora
se dirige directamente a sus oyentes.

Sin embargo, es cierto que las dos posibilidades están ahí. Los invitados de la parábola, que rechazan la invitación del anfitrión, tampoco
participarán del gran banquete (por decisión propia). Del mismo modo,
los que están sentados a la mesa con Jesús (14:15) corren el peligro de
quedarse fuera del banquete de la salvación si no atienden a la invitación
que Jesús, el inaugurador del reino, está extendiendo a todo el que la
quiera aceptar. Si podemos sostener esta manera de entender el texto,
al banquete se le llama abiertamente «mi banquete». Así, Jesús está diciendo con claridad que él es el anfitrión. El banquete es su banquete. Él
hace una primera invitación. Anima a sus invitados a asistir y luego les
dice que su decisión de no asistir es definitiva. De nuevo, la reflexión de
T.W. Manson nos puede ser de mucha ayuda:

> Jesús no enseña aquí una predestinación mecánica, que determina
> desde la eternidad quién entrará y quién no entrará en el Reino,

ni tampoco enseña que la entrada en el Reino solo depende de
la decisión del hombre. Los dos puntos esenciales de su enseñanza son que nadie puede entrar en el Reino sin la invitación de
Dios, y que una persona solo se queda fuera del Reino cuando
así lo decide de forma deliberada. El hombre no se puede salvar
a sí mismo; pero sí se puede condenar... Para Jesús, la profunda
tragedia de la vida humana no está en las muchas cosas malas o
necias que los hombres hacen, ni en las muchas cosas buenas y
sabias que no logran hacer, sino en el rechazo del gran regalo de
Dios (*Sayings*, 130).

Esto nos lleva a examinar los símbolos que los oyentes originales debieron de ver de forma instintiva. Y a la luz de esos símbolos intentaremos determinar cuál es la respuesta que Jesús quería despertar en sus
oyentes. Por último, intentaremos discernir cuál es el conjunto de enseñanzas teológicas de esta parábola. Empecemos, pues, por los símbolos.

¿Qué debieron detectar de forma instintiva los oyentes originales de
la parábola? Podemos mencionar lo siguiente con bastante seguridad:

el banquete = el banquete mesiánico que inaugura la nueva era

los invitados originales = los líderes de Israel, pues es lógico que ellos
sean los primeros invitados

los cojos y los pobres de la ciudad = los marginados del pueblo de Israel

los invitados de los caminos y las veredas = los gentiles

A esta lista tendríamos que añadir al mismo Jesús. Algunos hacen una
distinción e interpretan que el anfitrión representa a Dios, y el sirviente,
a Jesús o a Juan el Bautista, o incluso a ambos. Pero afirmar que los
oyentes originales habrían hecho toda esa serie de identificaciones es
demasiado suponer. Es cierto que muchos comentaristas a lo largo de los
siglos de la historia de la Iglesia han identificado a Jesús con el anfitrión
o con el sirviente; y en Qumrán era el Mesías el que llamaba a los fieles
al banquete mesiánico. Pero la parábola presenta una estrecha identificación entre el sirviente y su amo típica del mundo oriental. El primero
era considerado como espejo del segundo. Ya hemos visto que los invitados originales se dirigen al sirviente como si estuvieran hablando con
su señor, preguntándole a él directamente si les excusa. Ciertamente, a
lo largo de toda la parábola, el sirviente es la voz de su señor. Así que
el referente de este símbolo combinado está bien claro: Dios, que actúa
a través de su agente único, Jesús. Por tanto, Jesús puede afirmar que
el banquete es «mi banquete». A la vez, él es el único agente de Dios: a

través de Jesús, Dios obra inaugurando el banquete mesiánico de la era de la salvación e invitando a los diferentes tipos de invitados. Entonces, ¿de qué forma usa Jesús estos símbolos para animar a sus oyentes a que den una respuesta concreta?

Con toda probabilidad, los oyentes originales entendieron la idea principal de la parábola. Jesús les estaba diciendo:

El Mesías de Dios está aquí. Él los invita al banquete mesiánico del día de salvación. El banquete ya está preparado. ¡No rechacen la invitación! Porque si lo hacen (con sus ridículas excusas), otros (de entre los marginados de Israel) ocuparán el lugar de ustedes, y (en el futuro) la invitación será para los gentiles. El banquete seguirá adelante sin ustedes. No lo cancelaré ni lo retrasaré. La era escatológica ha llegado. Respondan a la invitación, o no participarán de la salvación de Dios.

Como la del hijo pródigo, esta parábola está pensada en defensa del evangelio para los marginados. En Lucas 15:2, la queja de los fariseos consiste concretamente en que Jesús *come* con recaudadores de impuestos y pecadores. Comer o estar a la mesa con Jesús es participar del banquete mesiánico como anticipo del cumplimiento de todas las cosas que tendrán lugar al final de los tiempos. Entonces, ¿qué cuestiones teológicas encontramos en esta parábola?

El conjunto de temas teológicos que se suman para formar el impacto de esta parábola es:

1. Jesús es el agente único de Dios que invita a participar del banquete mesiánico de salvación.

2. El banquete mesiánico prometido por Isaías (Is 25:6-9) queda inaugurado en el banquete con Jesús (escatología realizada). Pero la parábola acaba de forma abierta. Aún no han llegado todos los invitados. Al final de la parábola, la casa aún no está llena. Por tanto, la parábola anuncia un futuro que aún se ha de cumplir (escatología futura). La visión completa del banquete mesiánico tendrá lugar en el futuro, cuando los fieles se sienten en el reino con Abraham, Isaac y Jacob (Lc 13:28-29). Así, el banquete mesiánico del final de los tiempos ya es, pero todavía no es.

3. Las excusas que la gente da para rechazar la invitación al banquete son estúpidas e insultantes. Hay personas como los invitados originales en todas las épocas.

4. La invitación al banquete y a la comunión con Jesús llega a los indignos que no pueden compensar al anfitrión por su gracia. Estos marginados pueden ser tanto de la comunidad como de fuera de ella.

5. La gracia es increíble. Esto es tan cierto que, para que los indignos se convenzan de que la invitación va en serio, es necesario insistir.

6. La parábola enseña sobre la fuerza centrífuga de la misión. El sirviente, con su invitación, recibe la orden de ir a buscar invitados incluso fuera de la ciudad. Si la salvación de Dios consiste en llegar a lo último de la tierra (Is 49:6), alguien tiene que llevar el mensaje y presentarlo de forma convincente (Lc 14:23).

7. Aparece el concepto del juicio autoimpuesto. Los que eligen rechazar la invitación pierden la oportunidad de tener comunión con el anfitrión y sus invitados.

8. Aparece también una advertencia dirigida a los presuntuosos de la comunidad de creyentes. Dios puede seguir sus planes sin ellos. Si ellos rechazan su invitación, invitará a otros, incluso a gente de fuera de la comunidad.

9. El tiempo para responder se acaba. Como explica Charles Smith, «en el banquete mesiánico no hay plaza de forma indefinida, y los que creen que … siempre habrá lugar para ellos, se llevarán una horrible sorpresa» (C. Smith, 125).

10. Al banquete solo se puede asistir por invitación. Y los que aceptan la invitación deben asistir. No se puede participar desde la distancia.

Dado que esta parábola contiene una rica colección de temas teológicos, no es de extrañar que se le haya dado un lugar prominente junto con otras parábolas que hablan de la llegada del evangelio a los marginados. Ciertamente, un mensaje relevante para la Iglesia de nuestros días.

La cuestión de las comunidades de creyentes y el ser comensal de Jesús es un tema que no vamos a poder tratar aquí. Como ya hemos observado, la parábola queda abierta. Claramente, una parte del significado de la celebración de la Santa Cena es la continuidad de esa comunión o comensalidad con el Señor resucitado, anticipando el cumplimiento del banquete del final de los tiempos. Esta parábola ofrece al menos parte del fundamento teológico de esa celebración. Entonces, ¿no es la Santa Cena una extensión de esa misma celebración? La respuesta variará en función de nuestra tradición. No obstante, todas las tradiciones teológicas cristianas deben considerar lo que se presenta de una forma tan brillante en este banquete de las siete intervenciones.

Una consideración final que vale la pena mencionar, aunque no podamos dedicarle espacio aquí, es observar las diferentes formas en las que Mateo y Lucas tratan este problema de la presunción. En Lucas encontramos una serie de parábolas que proclaman el concepto del ofrecimiento gratuito de la gracia de Dios: el gran banquete, la oveja perdida, la moneda perdida, el hijo pródigo y (según mi parecer) el mayordomo infiel (Bailey, *Poet*, 86-109). El lector del Evangelio de Lucas puede preguntar: «Si la gracia es gratuita, ¿no es también barata?». Pero el orden en el que aparecen estas parábolas le da la respuesta. Entre dos parábolas donde aparece un banquete, en las que se habla de la gracia (el gran banquete y el hijo pródigo), aparece una serie de declaraciones que hablan claramente del alto precio del discipulado (Lc 14:25-35). Mateo se enfrenta a ese problema de un modo diferente. En ese evangelio, en una parábola similar a la del gran banquete, a los invitados (aunque la invitación es gratuita) se les pide que vayan vestidos de forma adecuada. La entrada al banquete es gratis, pero cuando uno acepta debe asumir las responsabilidades que esa decisión conlleva (Mt. 22:11-14).

Así, la parábola del gran banquete presenta cuestiones teológicas de peso en una narración inolvidable que continúa hablándonos de forma poderosa en nuestros días.

Capítulo 7

EL SIERVO OBEDIENTE
(Lucas 17:7-10)

La importancia de esta breve parábola es mayor que la atención que normalmente se le presta. En el relato que Lucas ha elaborado ya le ha contado al lector que el señor que vuelve del banquete de bodas servirá a sus siervos (12:35-38). Unos versículos más tarde, el lector descubrirá que Jesús está entre sus discípulos, no como uno que se sienta a la mesa, sino «como uno que sirve» (22:27). Para el insensible, estos textos son invitaciones a ser presuntuoso. Si Jesús vino y viene a servirnos, ¡fantástico! Aquí estoy, ¡listo para disfrutar de su servicio! Aunque no queremos anular el significado de las parábolas que acabamos de mencionar, aquí Jesús afirma de forma clara y contundente su autoridad sobre sus discípulos. ¡Él es el Señor! Ellos son sus siervos, ¡que no se confundan! Dado que la parábola del siervo obediente usa parte de las imágenes que aparecen en la parábola de los siervos de Lucas 12:35-38, al principio de nuestro estudio vamos a dedicar un pequeño espacio a analizar la parábola del capítulo 12.

En el esquema de la sección central de Lucas (Bailey, *Poet*, 79-85), 17:1-10 aparece como una colección de frases independientes sobre temas diversos: ser de tropiezo (vv. 1-2), el perdón (vv. 3-4), la fe (vv. 5-6) y el deber (vv. 7-10). Por tanto, no vemos la necesidad de encontrar una relación entre esta parábola y el anterior diálogo con los apóstoles, ni entre la parábola y la curación de los leprosos que aparece a continuación. Así, la estudiaremos a la luz de los otros dos episodios en los que se habla de la relación entre el señor y sus siervos, mencionados arriba. Entonces, si la parábola es parte de esa colección de frases independientes, ¿a quién está dirigida?

Los tres párrafos anteriores están dirigidos a los discípulos (v. 1) y a los apóstoles (v. 5). En la parábola, el texto mismo apunta a que estamos ante los mismos oyentes que en los versículos anteriores. La expresión «quién de ustedes» se usa para introducir enseñanzas o palabras de Jesús dirigidas a los discípulos, a las multitudes y a sus opositores (Bailey, *Poet*, 139ss.; contra Jeremias, *Parábolas*, 120ss., p. 103 de la edición en inglés). Por tanto, parece ser que Jesús dirige la parábola a los discípulos. El argumento principal de los que no están de acuerdo con esta afirmación es que los discípulos no debían de tener siervos. Pero eso no es así. En Occidente solo tienen sirvientes aquellos que son de clase media o alta. Pero en Oriente es distinto. Los más pobres envían a sus hijos a servir a casas de otros para que al menos tengan qué comer. Así, es común que familias con pocos recursos tengan en sus casas este tipo de sirvientes. Jacobo, Juan y su padre Zebedeo tenían una barca y trabajadores a su cargo (Mr 1:20). Es probable que otros discípulos estuvieran en la misma situación. Además, en la parábola solo se habla de un siervo. El que ara el campo y cuida de las ovejas es el mismo que cocina. Esto habla de un señor de recursos económicos bastante modestos. Applebaum escribe: «Las tradiciones talmúdicas dan por sentado que un hombre sencillo tiene al menos un esclavo» (*JPFC*, II, 627). Además, la parábola no dice que el señor sea un terrateniente. Puede que el sirviente esté arando un campo arrendado. En los evangelios no encontramos nada que nos haga pensar que los discípulos fueran extremadamente pobres. Por último, la parábola hace referencia a una situación cultural conocida. No es obligatorio que los oyentes fueran de una clase económica determinada. Es decir, la parábola no dice: «Escuchen ustedes que son señores de varios sirvientes». Lo que dice es: «¿Verdad que la relación entre señor y siervo, como saben, presupone estas cosas?». Lo mismo ocurre en la parábola de la oveja perdida, donde Jesús se dirige a los fariseos con la misma frase introductoria que tenemos aquí («¿Qué hombre de ustedes...?»). Los pastores estaban entre las profesiones proscritas para los fariseos (Bailey, *Poet*, 147). Por tanto, está claro que *no eran pastores*. Del mismo modo, Jesús está apelando al conocimiento general que sus oyentes tenían de cómo funcionaban las cosas en su propia cultura; así, si los fariseos no eran pastores, tampoco es necesario que los discípulos tuvieran esclavos o sirvientes. Vemos, pues, que no hay argumentos de peso para cuestionar las palabras de Lucas, que deja bien claro que la parábola está dirigida a los discípulos/apóstoles.

La parábola es una sencilla balada de tres estrofas, como la que ya hemos visto en 11:9-13, 11:29-32 y 15:3-7. A continuación ofrecemos el esquema de esta parábola:

(1)   Supongamos que uno de ustedes tiene un   SIERVO
siervo
      que ha estado arando el campo o cuidando   CUMPLIR ORDENES
      las ovejas.
          Cuando el siervo regresa del campo,   ÓRDENES
            ¿acaso se le dice: «Ven en seguida a   CUMPLIDAS
            sentarte a la mesa»?   ¿RECOMPENSA?
(2)   ¿No se le diría más bien:
            «*Prepárame* la comida y comeré   SERVIR AL
            y cámbiate de ropa   SEÑOR
            y *atiéndeme*
          mientras *yo como y bebo*;   LUEGO A TI
            después *tú podrás comer y*   MISMO
            beber»?
(3)   ¿Acaso el siervo tiene un mérito especial   SIERVO
      por haber hecho lo que se le mandó?   CUMPLIR ÓRDENES
          Así también ustedes, cuando hayan   ÓRDENES
          hecho todo lo que se les ha mandado,   CUMPLIDAS
          dirán: «A los siervos no se nos debe   ¿RECOMPENSA?
          nada; no hemos hecho más que
          cumplir con nuestro deber».

Como en el caso de Lucas 15:3-7, la tercera estrofa es aplicación, aunque recoge una serie de temas presentes en la primera. Estos temas (que mostramos a la derecha) aparecen en la primera estrofa y se repiten en la tercera. En dos ocasiones nos hemos desviado de la traducción tradicional de este pasaje. Eso lo veremos de forma más detallada más adelante. En la sección central tenemos dos paralelismos. *Prepárame* concuerda con *atiéndeme*, y *yo como y bebo* con *tú podrás comer y beber*. Algunas de las palabras de la estrofa central parecen a primera vista redundantes. Por eso en la primera línea algunas versiones solo traducen «Prepárame la comida», aunque en el original aparecen dos verbos («Prepárame la comida y comeré»). Si mantenemos los dos verbos, todos los versos de esta estrofa central tienen dos verbos principales. La forma literaria de tres estrofas refuerza la opinión de Marshall de que no es necesario pensar que la estrofa central es redaccional (Marshall, 646). En la mayoría de las parábolas que estamos estudiando, el discurso directo aparece al principio de la estrofa. Por el contrario, aquí, en la primera y en la última, el discurso directo aparece al final de la estrofa. Por tanto, la forma literaria es de nuevo completa, artísticamente satisfactoria, y nos ofrece una clave importante para la interpretación.

Antes de proceder a la interpretación de la parábola, debemos examinar la que encontramos en Lucas 12:35-38 (RVR 1960) porque, como hemos dicho antes, en ella hay algunas de las imágenes que aparecen aquí, y funcionan a la inversa que en esta. Nuestra intención no es hacer un estudio profundo de la parábola del capítulo 12, sino simplemente observar su forma literaria y el uso que hace de las imágenes que contiene. La forma es la siguiente:

A   1   Estén ceñidos vuestros lomos,   LOS SIERVOS SE
        1′ y vuestras lámparas encendidas;   PREPARAN

B   2   y sed semejantes a hombres que   LOS SIERVOS SE
        aguardan   PREPARAN
                                                     LOS SIERVOS ESPERAN
        3 a que su señor regrese de las bodas,   PARA SERVIR
        3′ para que cuando llegue y llame,   EL SEÑOR LLEGA
    2′ le abran en seguida.   EL SEÑOR LLEGA
                                                     LOS SIERVOS SIRVEN
C   4   Bienaventurados aquellos siervos   BIENAVENTURADOS LOS
        5 a los cuales su señor, cuando venga,   SIERVOS
        halle velando;   EL SEÑOR LLEGA

        6 de cierto os digo que se ceñirá,   EL SEÑOR SE PREPARA
            7 y hará que se sienten a la mesa,   HONRA A LOS
        6′ y vendrá a servirles.   SIERVOS
        5′ Y (aunque venga a la segunda   EL SEÑOR SIRVE
        vigilia,   EL SEÑOR LLEGA

        y aunque venga a la tercera vigilia),
        si los hallare así,
    4′ bienaventurados son aquellos siervos.   BIENAVENTURADOS
                                                     LOS SIERVOS

En este caso, la forma literaria está construida sobre un uso muy sofisticado del fenómeno del paralelismo partido. Si dejamos a un lado todas las repeticiones, podemos identificar fácilmente los siete movimientos de la parábola:

1. Los siervos se preparan para servir al señor
2. Los siervos esperan para servir al señor
3. Se anuncia el regreso del señor
4. Bienaventurados los siervos que velan
5. El señor llega
6. El señor se prepara y sirve a sus siervos
7. Los siervos se sientan para que señor les sirva

Si seguimos los números es fácil seguir el desarrollo de las ideas. A excepción de la línea 7, todas las líneas/ideas se repiten. Un recuento prosaico de estas siete ideas, dejando a un lado las repeticiones paralelas, quedaría de la siguiente forma: «Prepárense (1) y esperen para servir (2) a su señor que va a regresar (3). Bienaventurados son (4) si el señor llega y los encuentra despiertos (5). Porque entonces se ceñirá para servirles (6) mientras *ustedes* se sientan a la mesa (7)». Sin embargo, las palabras que se repiten no son una redundancia, sino una parte de la forma literaria. El paralelismo partido es un recurso estilístico que aparece ya en el Antiguo Testamento. Freedman escribe: «Es como si el poeta partiera de forma deliberada un pareado para insertar una variedad de materiales entre el primer y el segundo verso y crear así una estrofa» (Freedman, xxxvi). En el Nuevo Testamento encontramos un ejemplo claro en las bienaventuranzas de Lucas (Lc 6:20-26; cf. Bailey, *Poet*, 64). En este pasaje aparece una serie de cuatro *pareados* que usa las palabras clave «bienaventurados» y «porque»:

> *Dichosos* ustedes los pobres,
> *porque* el reino de Dios les pertenece.

En el texto, aparecen tres pareados estructurados de este modo. Pero el cuarto pareado de la serie contiene material extra insertado entre la primera y la segunda línea:

> *Dichosos* ustedes cuando los odien,
>
> (cuando los discriminen, los insulten y los desprestigien por causa
> del Hijo del hombre. Alégrense en aquel día y salten de gozo,
> pues miren que les espera una gran recompensa en el cielo).
>
> *Porque* los antepasados de esta gente trataron así a los profetas.

El pareado está intacto. Lo único que ocurre es que en medio de las dos líneas que lo forman aparece un material extra. A la vez, ese material está ordenado siguiendo un patrón concreto: tres declaraciones negativas, que encajan con tres declaraciones positivas y, en medio, una referencia al Hijo del hombre:

> Dichosos ustedes cuando los odien,
>   cuando los discriminen,   -
>   los insulten   -
>   y los desprestigien·   -
>   por causa del Hijo del hombre.

Alégrense en aquel día	+
y salten de gozo,	+
pues miren que les espera una gran	
recompensa en el cielo.	+

Porque los antepasados de esta gente trataron así a los profetas.

Así, este texto es claramente un ejemplo neotestamentario del fenómeno que Freedman identifica en el Antiguo Testamento. El paralelismo de dos líneas se divide para incluir, en este caso, siete líneas más. Estas siete líneas tienen una forma literaria propia, cuyo clímax aparece en el centro. Vemos, pues, que el texto más amplio está formado por cuatro pareados, y el cuarto se divide para incluir otro material y formar así toda una estrofa.

En Lucas 12:35-38 encontramos un caso curioso de este fenómeno, pues ocurre dos veces seguidas. El primer pareado es un simple paralelismo sinónimo.

Estén ceñidos vuestros lomos,	LOS SIERVOS SE PREPARAN
y vuestras lámparas encendidas;	LOS SIERVOS SE PREPARAN

La primera de estas dos imágenes tiene que ver con estar preparados para realizar cualquier tarea que requiera algo de fuerza. El siervo se tiene que poner un cinturón y sujetarse la tela de la túnica exterior en el cinturón para que la parte baja de la túnica no le moleste. La segunda tiene que ver con prepararse para guiar al señor en la oscuridad. Solo aquel que ha vivido en un mundo sin sistema de electricidad puede entender lo importante que es prepararse y encender las lámparas antes de que oscurezca. Cuando comparamos la estrofa A con la estrofa B queda claro que la referencia a los siervos (con su preparación y su espera) se repite en la parte más exterior (2), y en el centro se inserta un nuevo material que hace referencia al señor:

Estrofa A	*Estrofa B*
1 Estén *ceñidos vuestros lomos,*	2 y sed semejantes a hombres que *aguardan* (un pareado sobre el retorno del señor)
1' y *vuestras lámparas encendidas;*	2' le *abran* en seguida.

El siervo se prepara ciñéndose los lomos (1) y aguarda las órdenes que el señor le dará cuando regrese (2). Encender las lámparas (1') sirve para abrir la puerta, con la lámpara en mano, cuando el señor llegue (2'). Así, las dos líneas principales se han convertido en cuatro haciendo uso del recurso de repetir las ideas básicas (que tienen que ver con los siervos) e insertando entre ellas dos líneas más (que tienen que ver con el señor). Luego se repite ese mismo proceso. Ahora se reformulan las cuatro líneas (de una forma ligeramente diferente) y de nuevo se inserta en el centro material nuevo. La correspondencia entre la estrofa B y las cuatro líneas de la estrofa C se hace muy patente en este esquema:

Estrofa B	*Estrofa C*
2 Sed semejantes a *hombres* que aguardan	4 Bienaventurados aquellos siervos 5 a los cuales su señor, cuand venga, halle velando
3 a que su *señor* regrese de las bodas	
3′ para que cuando *llegue* y llame,	5′ aunque venga, si los hallare así
2′ le *abran* en seguida.	4′ bienaventurados son aquellos siervos.

Las líneas insertadas nos hablan de los siervos que *esperan* (2) para *abrir* (2′) y que, por tanto, son bienaventurados (4, 4′). Las cuatro líneas interiores hablan de la *venida* del *señor*. Las repeticiones son necesarias para completar los paralelismos.

Si la parábola/poema hubiera acabado con estas líneas, ya habría tenido un sentido completo. Su teología hubiera estado en consonancia con otras cosas que Jesús había enseñado, y nadie habría detectado que aún faltaban tres líneas. Sin embargo, el oyente/lector original observador ya había visto la partición que hay en la primera estrofa y el material que se ha añadido en el centro para formar una segunda estrofa, por lo que probablemente esperaba que en la tercera estrofa se diera ese mismo fenómeno. Si esto es cierto, las expectativas del oyente se cumplen. La tercera estrofa también se vuelve a dividir y entre ellas se inserta tres nuevas líneas. Por tanto, la tercera estrofa tiene siete líneas y aparecen en un orden invertido. En la literatura bíblica, cuando se hace una inversión de líneas paralelas, lo que queda en el centro suele ser el clímax (Bailey, *Poet*, 50ss.). Eso es también lo que ocurre en esta parábola. El señor se pone en la posición del *siervo* y sirve a su propio siervo *como si este fuera el señor*. Este clímax es tan chocante que aparece introducido por la expresión «de cierto les digo» o «créanme», que es una fórmula con un significado especial. En Lucas solo aparece en seis ocasiones, y en todas ellas se usa para introducir algo chocante o difícil de aceptar, o algo sobre lo que se quiere poner un énfasis especial. También podría indicar que Lucas está usando un material que no ha sido redactado por él (Marshall, 536). En este caso, introduce esa chocante inversión de roles.

En Oriente Próximo, los roles tradicionales de amo y de siervo están claramente definidos. ¡En la mentalidad de Oriente Próximo no cabe que un señor sirva a su siervo! Esta inversión de roles la encontramos en Jesús cuando en Juan 13:3-5 lava los pies de sus discípulos, y en Filipenses 2:6-7, donde aparece descrita de forma poética y desde una perspectiva teológica. En esta parábola, el mensaje llega al lector de forma poderosa. El que está preparado y dispuesto a servir, y espera pacientemente la culminación final del reino de Dios, *será servido* por Aquel al que está esperando. Esta escena tiene lugar en la parusía, pero Lucas 22:27 y Juan 13:3-5 dejan claro que Jesús *ya está* en medio de ellos como un señor que sirve. Sin embargo, cuando este rico simbolismo se toma de forma aislada, se puede caer en una malísima representación de un aspecto crucial de la relación de Jesús con sus discípulos. Es cierto que él está en medio de ellos como uno que sirve, como *su siervo*. Pero, a la vez, él sigue siendo el *señor*, y ellos deben recordar quiénes son como siervos. Por eso es crucial esta parábola de Lucas 17:7-10, porque representa a Jesús como señor, cuyos siervos le deben lealtad y obediencia.

Con este trasfondo en mente, adentrémonos en la parábola en cuestión.

ESTROFA UNO

Supongamos que uno de ustedes tiene un siervo	SIERVO
que ha estado arando el campo o cuidando las ovejas.	CUMPLIR ÓRDENES
Cuando el siervo regresa del campo,	
¿acaso se le dice: «Ven en seguida a sentarte a la mesa»?	¿RECOMPENSA?

En una era tecnológica en la que contamos con la semana de cuarenta horas, los sindicatos y el derecho a vacaciones, el mundo de esta parábola nos parece no solo distante, sino también injusto. Después de un largo día de trabajo en el campo, un trabajador debería poder esperar que se apreciara su trabajo y debería tener derecho a recibir alguna recompensa. Pero Jesús construye su parábola sobre un patrón de funcionamiento muy extendido y aceptado en Oriente Próximo. La relación entre amo y siervo, tanto en aquellos tiempos como en la actualidad, conlleva aceptar la autoridad, y obedecer a dicha autoridad. Pero los que no somos de esa cultura debemos tener en cuenta la seguridad que ese tipo de relación ofrecía al siervo, y también el sentido de valía y significado que le otorgaba al hombre que trabajaba para un gran señor. Debido a nuestra cultura moderna, normalmente no alcanzamos a ver estas cualidades de sentido, valía y seguridad que forman parte de esta relación. El siervo ofrece lealtad, obediencia y trabajo duro, pero, al trabajar para un señor importante, los beneficios mencionados arriba eran enormes. Por ello, esa relación entre el señor y el siervo es realmente apropiada para ilustrar la relación del creyente con Dios y con su Hijo/agente único.

Jeremias ha demostrado de forma convincente que la expresión introductoria (17:7) *tis ex humon* («quién de ustedes») es una expresión que solo usa Jesús y que busca una respuesta negativa (Jeremias, *Parábolas*, 127ss., p. 103 de la edición en inglés; Bailey, *Poet*, 12ss.). Está claro que ninguna persona de Oriente Próximo se podía imaginar a un siervo que esperara honores especiales por cumplir con su deber. El amo no está en deuda con él por el trabajo hecho en el campo. Tengamos en cuenta que la comida (a la que hace referencia en v. 8 con el verbo *deipneso*, «yo ceno») no es a las ocho de la noche, sino hacia las tres de la tarde (Jeremias, *Palabras*, 44ss. de la edición en inglés). Por tanto, no estamos ante una larguísima jornada de trabajo impuesta por un señor desalmado, sino ante una jornada relativamente normal. La idea no es si el amo permite o no que el siervo descanse y coma, sino si el amo le da ciertos privilegios al siervo que cumple con su deber diario. La respuesta que cualquier persona de Oriente Próximo daría es: «¡Claro que no!».

ESTROFA DOS

¿No se le diría más bien:	
«*Prepárame* la comida y comeré	SERVIR AL SEÑOR
y cámbiate de ropa y *atiéndeme*	
mientras *yo como y bebo*;	
después *tú podrás comer y beber*»?	LUEGO A TI MISMO

El señor es el señor, por lo que *no es un igual* de su siervo. En esta parábola, el señor no come con su siervo. Si pensamos en el lenguaje que se usa para describir las reuniones con comida, en el Nuevo Testamento vemos las dos caras de la misma moneda. Jesús comía con sus discípulos *e incluso* con pecadores. A los discípulos los llama amigos, no siervos (Jn 15:15), aunque el siervo no es mayor que su amo (Jn 15:20). Jesús está a la puerta para entrar y comer con todo el que abra (Ap 3:20). Signifiquen lo que signifiquen estas imágenes, lo que está claro es que no hablan de una relación de iguales entre el señor (Jesús) y sus discípulos y siervos. La igualdad entre ambos es una idea ajena al Nuevo Testamento. De nuevo, esta corta parábola sirve para corregir las incorrectas interpretaciones que se han hecho de los textos ya mencionados. Como en Lucas 15:3-7 (cf. Bailey, *Poet*, 144ss.), la tercera estrofa es un comentario y, en cuanto al tema, encaja con la primera.

ESTROFA TRES

¿Acaso el siervo tiene un mérito especial	SIERVO
por haber hecho lo que se le mandó?	CUMPLIR ÓRDENES
Así también ustedes, cuando hayan hecho	ÓRDENES CUMPLIDAS
todo lo que se les ha mandado,	
dirán: «A los siervos no se nos debe	¿RECOMPENSA?
nada; no hemos hecho más que	
cumplir con nuestro deber».	

La primera estrofa empezaba con una pregunta de respuesta negativa. Esta estrofa paralela empieza de la misma forma. Como ya vimos, los cuatro temas principales de la primera estrofa se repiten aquí. En este caso, se anima a los discípulos/apóstoles a identificarse con el siervo de la parábola y a ver la enseñanza de la parábola en cuanto a su posición. La posición solo se entiende de forma adecuada cuando a la hora de examinar el texto se tiene en cuenta el tipo de lenguaje y las presuposiciones culturales. Por ello, prestaremos especial atención a dos expresiones que hemos traducido por «mérito especial» y «no se nos debe nada».

El verbo común *eucharisteo* («agradecer») aparece dos veces en Mateo, dos en Marcos y cuatro en Lucas. En Lucas 17:16 aparece en el relato sobre la curación de los diez leprosos. Por tanto, Lucas conoce esta palabra y la usa más que los demás evangelistas. No obstante, en esta parábola las palabras que usa son *me echei charin to doulo*, que literalmente significa: «¿Tiene alguna gracia/favor para el siervo?». La palabra *charin* es el vocablo neotestamentario más común para referirse a la gracia. No podemos pasar por alto el peso teológico de esta gran palabra, como veremos más abajo. Pero aquí solo vamos a preguntarnos cuál es el significado de la expresión «tener gracia/favor para…». En las epístolas hay casos claros donde «tener gracia para» significa «ser agradecido con» (cf. 1Ti 1:12; 2Ti 1:3; Ro 7:25; 2Co 9:15; Bauer, 886). Sin embargo, la palabra *gracia* en Lucas tiene que ver principalmente con «mérito» (6:32-34) o «favor» o «regalo» (1:30). Bauer da una lista de pasajes, la mayoría de ellos de Lucas-Hechos, donde la palabra *gracia* aparece en la expresión «mostrar gracia», y, según él, «en estos pasajes el significado es cercano a recompensa» (Bauer, 885; cf. Lc 2:52; 6:32; Hch 2:47; 7:10, 46). La situación relacional que hay detrás del uso de esta palabra (en un contexto oriental) puede verse claramente en Lucas 1:30, donde se le dice a María «Dios te ha concedido su favor», seguido del anuncio «Quedarás encinta y darás a luz un hijo…». Es paralelo de la expresión veterotestamentaria «si ahora he hallado gracia en tus ojos, entonces…» (cf. Gn 18:3; Nm 11:15; 1S 20:29; Est 5:8). Si el siervo o inferior tiene el favor de su superior, el superior está en deuda con el solicitante y se espera que conceda la petición que este le hace o algún tipo de favor especial. Es cierto que estos textos hablan de «*hallar* favor o gracia», mientras que en Lucas 18:8 se habla de «*tener* favor». Pero en el primer caso el solicitante ha recibido favor/gracia como un regalo; es tan grande que no lo puede ganar. Por tanto, solo ha hallado el *favor* o *gracia* como un regalo. Esta parábola está hablando claramente del trabajo realizado y sus resultados. Después de todo el trabajo que este siervo hace, ¿*tiene favor*? ¿Está el amo en deuda con él? ¿Tiene algún mérito por lo que ha hecho (Lc 6:32-34)? Estamos hablando de algo mucho más profundo que una simple expresión de gratitud. Claro que el amo puede expresarle a su criado que aprecia su trabajo, dirigiéndole unas palabras de gratitud al terminar el día. Pero esa no es la cuestión. ¿El amo está en deuda con el siervo porque este ha cumplido sus órdenes? Esta es la pregunta que espera una clara respuesta negativa.

Esta comprensión del texto aparece reflejada en la magnífica versión árabe del siglo XIII realizada por Hibat Allah Ibn al-'Assal, quien traduce: «¿Tiene algún mérito este siervo por hacer lo que se le ordenó?». Montefiore cita a un tal Merx que escribe:

> «¿Tiene él (el siervo) gracia (es decir, a los ojos del señor) porque hizo lo que se le ordenó?». ¿Gana un favor especial? El sentido queda mucho más claro así (Montefiore, *Gospels*, II, 1009).

Trench traduce «¿Tiene él deuda con ese siervo?» (Trench, 476). Es decir, ¿considera el amo que tiene una deuda con el siervo? Estos dos estudiosos difieren solo en cuanto al sujeto del verbo *tener*. Para Montefiore, el sujeto es el siervo, mientras que, para Trench, el sujeto es el señor. En la línea paralela de la primera estrofa también encontramos el verbo *tener* y allí el señor es el sujeto y el siervo es el complemento. Parece ser que esta es la mejor comprensión de la línea que estamos analizando. En nuestra lengua queda un tanto extraño: «¿Tiene el amo un mérito especial para el siervo?...». Las lenguas semíticas no cuentan con el verbo *tener*, y esto complica aún más cualquier intento de entender de forma precisa la expresión, pero el sentido está claro. La pregunta es: ¿el amo le *debe* algo al siervo porque el siervo ha cumplido las órdenes que se le han dado? Claro que no.

Por último, tenemos la aplicación para los oyentes. La pasiva «cuando hayáis hecho *lo que fue ordenado*» es, según Jeremias, «una perífrasis para el nombre divino» (Jeremias, *Parábolas*, 234ss., p. 193 de la edición en inglés). La última línea, como la última línea de la primera estrofa, acaba con discurso directo. Aquí nos encontramos, de nuevo, con un antiguo problema de traducción. La lectura tradicional de esta última línea es «somos siervos inútiles/miserables, solo hemos hecho lo que era nuestro deber». La palabra clave es *achreios*, que puede tener dos sentidos. El primero es *inútil* (que haría referencia a la función de siervo). El otro es *miserable*, que es más fuerte y no hace referencia al trabajo en sí, sino a la persona. B.T.D. Smith resume el problema y comenta una solución que muchos han sostenido:

> Está claro que un esclavo que hace todo lo que se le pide no es inútil para su amo, por lo que muchos pasan por algo este adjetivo por considerarlo un comentario añadido posteriormente (B.T.D. Smith, 184).

Sin embargo, Smith acepta el adjetivo y lo traduce por «inútil». Jeremias rechaza *inútil* y prefiere *miserable*, y decide que es «… una expresión de modestia» (Jeremias, *Parábolas*, 234ss., p. 193 de la edición en inglés). Resumiendo, el significado «inútil/sin valor» (en relación con el trabajo hecho) no puede ser correcto porque el siervo hace su tarea. El significado «miserable/inútil» (en relación con el siervo como persona) parece duro y un comentario innecesario sobre alguien que ha estado trabajando muy duro. Por ello, una larga lista de comentaristas ha decidido que esta palabra deber ser una glosa o comentario posterior (Bauer, 128), aunque la única versión que respalda esta decisión es la antigua siríaca (sinaítica). No obstante, hay otra forma de entender el problemático término *achreios*. De hecho, la palabra griega es *chreios*, unida a lo que los lingüistas llaman el prefijo privativo alfa. En castellano, tenemos esa misma construcción con, por ejemplo, las palabras moral y amoral. Cuando añadimos el prefijo *a-* negamos la palabra. En este caso, *chreios* significa «necesidad», por lo que la palabra *achreios* significa literalmente «sin necesidad». Es fácil imaginar la evolución de esa palabra. La persona para la que tú eres «sin necesidad» es inútil. Entonces, el que es inútil tiene normalmente rasgos poco deseables en su carácter, por lo que es miserable/inútil. Pero, en este caso, hemos de volver a la traducción literal de la palabra: «sin necesidad». Bengel sugirió esta compresión de *achreios*:

> *akhreios* es un *hou ouk esti okreia* o *khreos*, de quien no hay necesidad, una persona de la que podemos prescindir, alguien a quien Dios el Señor nada debe (Bengel, II, 160).

La dificultad aquí es que Bengel deja una ambigüedad básica sin resolver. Cuando optamos por «sin necesidad», ¿significa que el señor «no tiene necesidad» del siervo? ¿O significa que el siervo «no tiene necesidad» (de una recompensa)? Bengel mencionó de forma explícita la primera opción, pero también apuntó a la segunda, con lo que dejó la cuestión sin resolver. T.W. Manson lo definió como «que no reclama para sí mérito ninguno» (*Sayings*, 303), pero no indica cómo llegó a esta conclusión desde el punto de vista lingüístico. Nuestra opinión es que Manson está en lo cierto, y que su sugerencia se puede defender desde la lingüística.

Empezamos con las versiones siríaca y arábiga. Algunas de las principales traducciones árabes a partir del siglo XI están de acuerdo con Hibat Allah Ibn al-'Assal, que traduce: «Somos siervos a los que no se les debe nada» (*nahnu khuddam la haja lana*). Literalmente, el texto dice: «Somos siervos y no tenemos necesidad». Claramente, Hibat Allah ha usado el significado «sin necesidad» de *achreios*. La pregunta que nos surge es la siguiente: ¿el sentido de esta traducción encaja en el contexto? La respuesta es que sí encaja, si pensamos en el contexto cultural de Oriente Próximo. Entre las gentes de los poblados del Líbano y Palestina esta expresión idiomática no es ambigua. En un poblado, un trabajador realiza un pequeño servicio para el dueño de una casa y, al finalizar, tiene lugar la siguiente conversación:

Dueño de la casa: *fi haja?*   (Literalmente: «¿Hay alguna necesidad?»

                                Significado: «¿Te debo algo?»)

Trabajador: *ma fi haja?* (Literalmente: «No hay necesidad»

                                Significado: «No me debes nada»).

Esta expresión idiomática está muy extendida y, que sepamos, es general en todo Oriente Próximo. Con alguna variante en el vocabulario, la hemos encontrado por toda la región, desde Siria hasta Sudán. Obviamente, Hibat Allah la traduce para que tenga sentido para sus lectores. Su traducción del siglo XIII transmite al lector el significado que acabamos de ver. Además, esta traducción de *achreios* por «sin necesidad» aparece en la siríaca harcleana, en la que aparece *la hoshho* (Vat. Sir. 268, folio 110ʳ; cf. Bailey, *Hibat Allah*, 22-24). Se sabe que esta versión siríaca del siglo VII es una traducción del griego extremadamente literal. Por tanto, la lectura que hace la harcleana podría ser simplemente un intento de ser literal. No obstante, también es probable que el traductor esperara que los lectores entendieran *algo concreto*, pues cuando optas por uno de los sentidos que una palabra tiene, lo haces por algo. Siguiendo a Hibat Allah, podemos sugerir que el editor/autor/compilador original de este pasaje ha usado *achreios* como equivalente de *ouden chreian*. Es decir, ha tomado el prefijo de negación y lo ha añadido a la palabra. Por tanto, la parábola original instruye a los discípulos a decir: «Somos siervos a los que no se les debe nada; tan solo hemos cumplido con nuestro deber». Esta traducción es etimológicamente posible. Encaja perfectamente con el contexto y con toda la parábola. Importantes versiones antiguas reflejan ese sentido, por lo que nosotros concluimos que esta es la mejor compresión del texto. Con este significado, el problema que se nos plantea con el adjetivo «inútiles» (siervos cumplidores e inútiles) se soluciona, y ya no hay necesidad de verlo como una glosa o comentario posterior.

Este no es el único caso en las parábolas donde la mejor compresión de una palabra griega que lleva un prefijo privativo alfa es ver en primer lugar el significado de la palabra y luego pensar en el significado negativo. En Lucas 11:8, la problemática palabra compuesta *anaideia* significa «desvergüenza» o «descaro». Pero, cuando uno empieza por la raíz de la palabra y luego le añade el sentido negativo, el significado que nos queda es «evitar la vergüenza», que, en nuestra opinión, es la intención original que hay detrás de la palabra *anaideia* en esa parábola (Bailey, *Poet*, 125-133).

La palabra griega que traducimos como «siervo» es *doulos*, y significa también «esclavo». Dado que la palabra «esclavo» en nuestra sociedad está cargada de connotaciones negativas, sería un problema usarla en esta parábola como traducción de la palabra *doulos*. Pablo se llama a sí mismo «esclavo de Jesucristo» (Ro 1:1) y, obviamente, usa esta palabra en un sentido positivo. En nuestro texto ocurre lo mismo. El discípulo no es un empleado que trabaja por el salario que va a ganar. Es un esclavo por el que el amo ha asumido plena responsabilidad: ese esclavo disfruta de una seguridad total y, a la vez, trabaja por un sentido de lealtad, no por la recompensa que pueda ganar. Por eso, después de cumplir con *todos* sus deberes, dice: «Nadie me debe nada; tan solo he cumplido con mi deber».

La aplicación teológica de esta parábola cuidadosamente elaborada es de gran peso. Está claro que, de nuevo, estamos hablando de la salvación y las buenas obras. El comentario judío sobre los Salmos (*Midrash Tehillim*), cuando explica el Salmo 46:1, dice así:

> Los hijos israelitas no fueron redimidos de Egipto por sus buenas obras, sino para que Dios pudiera hacerse un nombre eterno, y por el favor de Dios... (Montefiore, *Rabbinic*, 361).

Al comentar esta parábola, Montefiore menciona la doctrina rabínica de «ojo por ojo»:

> En ningún otro lugar el antagonismo de Jesús y su reacción en contra de ciertas tendencias de la enseñanza rabínica queda tan justificada y tan completa como aquí (Montefiore, *Gospels*, II, 1009).

Porque la salvación de Jesús fue un regalo.

Además de la salvación y las obras, aparece el tema de la motivación para el servicio y sus resultados. ¿Servimos para ganar algo? Después de servir, ¿le pedimos a Dios algo a cambio? La parábola responde un no rotundo a ambas preguntas.

Algunas voces contemporáneas respaldaron la visión que Jesús plantea. En los «Dichos de los Padres» (*Pirké Abot*) se dice que Simeón el Justo (h. 300 A.C.) dijo: «sean como esclavos que sirven al señor no para recibir un regalo: y dejen que el temor de los cielos esté sobre ustedes» (Mishna *Pirké Abot*, 1:3, Charles, II, 691; cf. también 2:9). Hunter observa:

> La parábola del granjero y su trabajador nos advierte diciéndonos que no apliquemos a la religión la mentalidad del «registro de cuentas», porque si lo hacemos nos pensamos que, según nuestras obras, tenemos derecho a pedirle cuentas a Dios. Jesús dice que eso no es así. Lo mismo hará el apóstol Pablo (Hunter, *Then*, 84).

Según el comentarista egipcio Sa'id, esta parábola tiene que ver concretamente con la doctrina de la justificación, y reafirma que la gracia de Dios no es algo que se pueda ganar (Sa'id, 424). Esto queda muy claro cuando dejamos a un lado la traducción tradicional y permitimos que el lenguaje original salga a relucir. «¿Tiene (Dios) gracia por el siervo porque este hizo lo que se le ordenó?». La respuesta es «No». Jeremias tienen razón cuando dice que la parábola es una llamada a «renunciar humildemente a toda justicia propia farisaica» (Jeremias, *Parábolas*, 234ss., p. 193 de la edición en inglés).

La última pregunta sería: ¿quién es el señor? La respuesta es Dios, obviamente. Entonces, ¿tiene esta parábola implicaciones cristológicas? De nuevo, las tiene más bien de forma implícita. Pero no podemos pasar por alto que sí las tiene. En toda la tradición, a Jesús se le llama «señor». El discípulo, en el mundo oriental, siempre ha sido un siervo del maestro. El alumno/discípulo literalmente sirve a su maestro. A menudo duerme en su casa y desempeña la función de un siervo doméstico. Foerster describe al discípulo del siglo I de la siguiente forma:

> Los alumnos se turnaban para preparar la comida y cubrir las necesidades generales del grupo. Al que le tocaba, servía de forma personal a su maestro, observaba su conducta y era un compañero humilde, respetuoso y atento (*JPFC*, II, 964).

Jesús es el agente/Hijo único de Dios, y como tal es el señor de los discípulos y ellos son sus siervos. Ciertamente, estas implicaciones cristológicas se desarrollaron en la Iglesia primitiva, que ya había conocido al Jesús resucitado, pero sugerimos que ya están presentes en la parábola.

Por último, tenemos que preguntarnos cuál es la respuesta que Jesús esperaba de los discípulos y cuáles son las enseñanzas teológicas que aparecen en la parábola.

Lo más lógico es pensar que se esperaba que los discípulos que escucharon la parábola percibieran lo siguiente: «Como siervos, nuestros mejores esfuerzos no suman méritos delante de nuestro señor. Como siervos/esclavos, cumplimos con nuestro deber sin esperar ningún tipo de recompensa». Los temas teológicos que se usan para provocar esta respuesta son:

1. El creyente es un siervo/esclavo. Se espera que obedezca y conozca su papel como siervo.

2. La gracia/la salvación es un regalo, no una recompensa por los servicios realizados.

3. El siervo de Dios trabaja para cumplir con un deber. No le pide a Dios una recompensa, ni sirve para recibirla.

4. Dios es el señor del creyente. Pero, a la vez, el creyente lleva a cabo su servicio en obediencia al agente/Hijo único de Dios, Jesús, a quien debe servir con diligencia y lealtad.

De paso, diremos que en los Sinópticos se presta mucha atención al tema de las recompensas. Bultmann resume todo este tema de la siguiente forma: «Jesús promete recompensas a los que obedecen sin pensar en la recompensa» (Bultmann, *Teología*, I, 14 de la edición en inglés).

Por tanto, en esta parábola se nos habla del poderoso tema de la naturaleza de la gracia de Dios. El tema se presenta de forma negativa. El siervo/esclavo más trabajador sabe que nadie le debe nada por ser precisamente lo que es. Él cumple con su deber, y eso no tiene ningún mérito. Cuando el señor le ofrece un regalo, no es porque se lo haya ganado o se lo merezca, y lo mismo ocurre con Dios.

Capítulo 8

EL JUEZ Y LA VIUDA (Lucas 18:1-8)

Como en muchas de las parábolas, nos encontramos ante una historia aparentemente simple, que esconde una serie de cuestiones interpretativas y teológicas complejas. No obstante, un estudio detallado del trasfondo literario, de la forma retórica y de la cultura nos ayudará a descubrir algunos de los secretos teológicos de esta historia tan preciosa.

En la parábola del juez y la viuda se puede identificar fácilmente el trasfondo literario. Como vimos en la parábola de la higuera estéril, es imprescindible realizar una cuidadosa comparación entre la parábola en boca de Jesús y su prototipo. Así, seremos capaces de ver qué ha tomado prestado, qué ha transformado y, de la misma importancia, qué ha dejado fuera. Es este caso, nuestro prototipo lo encontramos en Ben Sirá. El texto es el siguiente:

No desdeña la súplica del huérfano,

ni a la viuda, cuando derrama su lamento.

Las lágrimas de la viuda, ¿no bajan por su mejilla,

y su clamor contra el que las provocó?

Quien sirve de buena gana, es aceptado,

su plegaria sube hasta las nubes.

La oración del humilde las nubes atraviesa,

hasta que no llega a su término no se consuela él.

Y no desiste hasta que vuelve los ojos el Altísimo,

hace justicia a los justos y ejecuta el juicio.

Y el Señor no se tardará,

ni tendrá con éstos más paciencia,

hasta no haber machacado los lomos de los sin entrañas,

y haber tomado venganza de las naciones

(Eclesiástico 35:14-20)

Las semejanzas y las diferencias son muchas, y son importantes. Las examinaremos en tres categorías: puntos de semejanza completa, puntos de semejanza (pero con una deferencia) y puntos de diferencia completa.

PUNTOS DE SEMEJANZA COMPLETA

1. Ambos textos empiezan con el tema general de la oración. Luego, después de una ilustración, ambos pasan a tratar el tema específico de la justicia ante la opresión que experimentan los justos.

2. Ambos usan el principio rabínico de «de lo ligero a lo pesado» (de una ilustración «ligera» extraída de la vida cotidiana a una aplicación «pesada»).

PUNTOS DE SEMEJANZA (PERO CON UNA DIFERENCIA)

1. La imagen de una viuda pidiendo ayuda es similar en ambas historias. (Sin embargo, en la parábola de Jesús la naturaleza insistente de las acciones de la viuda es más destacada. A diferencia de Jesús, Ben Sirá deja a la viuda para hablar del *hombre* humilde que no será consolado hasta que reciba una respuesta. Es decir, Jesús quiere hacer hincapié en la insistencia y Ben Sirá pasa a hablar de una figura masculina).

2. En ambos textos se menciona la paciencia de Dios. (No obstante, Ben Sirá dice que Dios *no es* paciente con los *injustos*. Como veremos, Jesús afirma que Dios *es* paciente con los *justos*).

3. Ambos textos hablan de la vindicación de los justos. (Sin embargo, en Ben Sirá Dios actúa de dos formas. Hace justicia a los justos y hace caer su venganza sobre los injustos. En la parábola de Jesús no aparece el segundo elemento).

4. En ambos aparece una ilustración concreta: una viuda. (Sin embargo, Jesús usa la ilustración para desarrollar toda una parábola).

PUNTOS DE DIFERENCIA COMPLETA

1. En Ben Sirá, la forma de lograr que tus oraciones sean escuchadas es rendir un servicio «de buena gana». Ese tipo de servicio «es aceptado» y «sube hasta las nubes». En la parábola de Jesús no aparece la idea de que Dios te oye si le sirves.

2. El personaje del juez injusto es un elemento nuevo y arriesgado. Para representar a Dios, Jesús elige a un personaje malo. Esto le da aún más fuerza al principio de interpretación «de lo ligero a lo pesado».

Así, es obvio que el autor bíblico conocía el material de Sirá y usó elementos que aparecen ahí, otros los transformó y otros los omitió. Las semejanzas son tan numerosas que, como Montefiore, creemos que estamos ante un caso de préstamo. Vamos a examinar de forma más detallada las semejanzas y las diferencias.

El tema de la parábola del juez y la viuda y el de la parábola que le sigue tiene que ver con la oración. A menudo se hace referencia al paralelismo con Lucas 11:5-8. En otras ocasiones he argumentado que la sección central de Lucas tiene un esquema que hace que Lucas 11:1-13 esté en una posición paralela a 19:1-4 (Bailey, *Poet*, 79-82). En el primer caso hay tres unidades de tradición sobre el tema de la oración; en el segundo hay dos. A su vez, los pasajes tienen que ver con la pregunta sobre la venida del Hijo del hombre y así con el pasaje anterior en 17:22-37. Esta última relación se ve reforzada por la introducción lucana en 18:1 y por la conclusión en 8b. Por tanto, en el pasaje se entrelazan dos ideas: el tema de la oración y el de la paradójica tardanza y carácter repentino de la parusía. Ciertamente, como observaremos, cada uno de estos dos pasajes (18:1-8, 9-14) tiene un énfasis único en cuanto al tema de la oración.

La cuestión de la autenticidad de nuestro pasaje es realmente importante, por lo que no podemos ignorarla. El pasaje se divide en tres secciones. En primer lugar, la introducción del evangelista (v. 1), segundo, la parábola propiamente dicha (vv. 2-5) y, por último, la aplicación referente a la venida de Cristo de la parábola (vv. 6-8). La introducción es claramente obra de Lucas o su fuente, y no es parte de la parábola. Es significativo que la parábola que aparece a continuación (18:9-14) también empieza con la introducción del evangelista que, como veremos, también es el comentario que él hace sobre cuál es el tema de la parábola. Creemos que debemos tomar en serio estas introducciones y verlas como importantes indicaciones sobre el significado original de la parábola. Bultmann la ubica en una lista de parábolas cuyo significado original es irrecuperable (Bultmann, *Historia*, 199 de la edición en inglés). No obstante, si tomamos en serio el trasfondo literario de *Eclesiástico* y la introducción del evangelista, sí tenemos evidencias de la intención original de la parábola.

En cuanto a la parábola y, en particular, a la aplicación referente a la venida de Cristo que hay al final, existen opiniones muy diversas. Linnemann argumenta que ambas son secundarias (Linnemann, 187ss.) Jeremias presenta fuertes argumentos lingüísticos para probar la autenticidad de ambas (Jeremias, *Parábolas*, 187-189, 154-56 de la edición en inglés; cf. Marshall, 669-671). Kümmel encuentra elementos concretos que apuntan a que la aplicación referente a la venida de Cristo es original y argumenta que «no se trata de una reinterpretación, pues la parábola, como metáfora, puede tener tanto una aplicación general como una aplicación particular» (Kümmel, 59). La idea central de Kümmel es que el texto habla de que la salvación de Dios vendrá rápidamente y que esa era una de las enseñanzas principales de Jesús (*Ibíd.*, 54).

En el prototipo de la parábola (que encontramos en *Eclesiástico*), vimos una aplicación de la figura de la viuda sobre la oración en general, que al final del pasaje se convirtió en una discusión más específica sobre la intervención de Dios a favor de la comunidad de los fieles. En nuestro pasaje se da ese mismo giro. Marshall observa un paralelo histórico más cercano:

> De hecho, tenemos un estructura similar a la que aparece en la parábola del hijo pródigo, donde una historia, cuyo personaje principal parece ser el padre y cuya preocupación central es describir el carácter de Dios, acaba con una «sorpresa desagradable» cuando nos presenta al hermano mayor y pregunta a los oyentes si ellos se comportan como él. Lo mismo ocurre aquí. Después de plasmar el carácter de Dios, la parábola pasa a la aplicación para los discípulos y les pregunta si tendrán una fe tan persistente como la de la viuda (Marshall, 670ss.).

Por tanto, desde el punto de vista literario, teológico y lingüístico existen razones suficientes para afirmar que tanto la parábola como la aplicación referente a la venida de Cristo provienen de boca de Jesús.

LA INTRODUCCIÓN

Y él contaba a sus discípulos una parábola para mostrarles que debían orar siempre y no desfallecer/tener miedo.

Damos por sentado que los oyentes eran los discípulos (17:22). La parábola que aparece a continuación (18:9-14) está dirigida a los que se creen justos como los fariseos. En las enseñanzas paralelas sobre la oración (Lc 11:1-13) podemos observar un giro idéntico. Ahí, la primera parte está dirigida a los discípulos (11:1-8) y lo más probable es que la parábola/poema sobre los dones del Padre celestial (vv. 9-13) esté dirigida a los fariseos (Bailey, *Poet*, 139-142).

La introducción refuerza la idea general de la persistencia en la oración. A la vez, la introducción ya apunta a la aplicación específica que aparece en la conclusión de la parábola. Los fieles no solo deben ser persistentes en la oración porque conocen la intervención decisiva de Dios en la historia, sino que deben buscarle cuando él parece lejano y cuando fluctúa la confianza de los creyentes. La solución al temor es la oración. En la famosa obra de Shakespeare, Macbeth tiene miedo de que sus planes no tengan éxito. Su mujer intenta fortalecerle ordenándole: «¡Asegura tu valor hasta la tenacidad y no fracasaremos!» (Acto 1, Escena 7). Macbeth le hace caso, pero sus planes desembocan en tragedia tanto para él como para los que le rodean. Aquí, lo que se aconseja como solución para el miedo que le roba al creyente su tranquilidad y las ganas de perseverar es una oración confiada, sencilla y piadosa. Jesús y sus amigos se tuvieron que enfrentar al rechazo una y otra vez. Podemos ver pues que esta introducción/interpretación generalizada de la parábola concuerda con la situación a la que Jesús se enfrentaba. También podemos apreciar que, como introducción a la parábola, es adecuada para un periodo posterior de la vida de la Iglesia primitiva.

LA PARÁBOLA

La primera estrofa nos habla del juez; y la segunda, de la viuda. La tercera vuelve a hablar del juez (con los mismos temas) y la cuarta vuelve a centrarse en la viuda. Las tres ideas de JUEZ-DIOS-HOMBRE de la primera estrofa se repiten en un orden idéntico en la tercera estrofa. Las estrofas dos y cuatro, que se centran en la viuda, recogen las mismas ideas, pero en la última estrofa se ha invertido el orden. No tiene ningún sentido precipirtarse y sugerir que la última estrofa podría haber tenido al final el tema de la vindicación (como en la estrofa tres). Podría haber sido así, porque eso explicaría que el lenguaje esté colocado de una forma tan precisa (como en tantos casos de paralelismo en los Salmos). Sin embargo, las estrofas están intactas, sin ningún detalle interpretativo extra. Cada una de las ideas aparece en uno de los versos de forma equilibrada, y el efecto general es simétrico y artísticamente satisfactorio.

Lucas 18:1-5

1 Cierto juez había en cierta ciudad	JUEZ
a Dios no temía	DIOS
y a hombre no respetaba	HOMBRE
2 Y una viuda había en esa ciudad,	VIUDA
y ella venía a él	VENIR
diciendo: «vindícame ante mi adversario»	VINDICAR
3 Él no quiso durante (algún) tiempo.	JUEZ
Entonces se dijo a sí mismo: «Aunque no temo a Dios	DIOS
y no respeto a hombre,	HOMBRE
4 como ella me incordia, esta viuda,	VIUDA
la vindicaré,	VINDICAR
no sea que viniendo de continuo me saque	VENIR
de quicio».	

ESTROFA UNO – EL JUEZ PAGANO

1 Cierto juez había en cierta ciudad	JUEZ
a Dios no temía	DIOS
y a hombre no respetaba	HOMBRE

En 2 Crónicas 19:4-6 Josafat nombró a jueces y les dijo:

> «Tengan mucho cuidado con lo que hacen, pues su autoridad no proviene de un hombre, sino del SEÑOR ... Por eso, teman al SEÑOR y tengan cuidado con lo que hacen, porque el SEÑOR nuestro Dios no admite la injusticia ni la parcialidad ni el soborno».

En cualquier sociedad, estas amonestaciones siempre son necesarias, y el Antiguo Testamento intenta una vez tras otra establecer justicia en el tribunal. Amós, en particular, estaba enfadado por la corrupción de los jueces (Am 2:6-7; 5:10:13). En tiempos del Nuevo Testamento había el mismo problema. Edersheim (*Life*, II, 287) dice que los jueces en la ciudad de Jerusalén eran tan corruptos que se les llamaba *Dayyaney Gezeloth* (jueces-ladrones) en lugar de *Dayyaney Gezeroth* (jueces de prohibiciones), que era el título real. El Talmud habla de jueces de poblados que están dispuestos a pervertir la justicia por un plato de carne (B.T.

Baba Kamma 114a). En contra de las directrices de Josafat, el juez de nuestra parábola no tiene respeto ni por el hombre ni por Dios. Plummer dice que la palabra que solemos traducir por «respetar» (*entripo*) también puede significar «avergonzarse de algo o tener temor reverente» (Plummer, 412). La voz activa del verbo es «avergonzar o humillar» y la pasiva, o bien «ser humillado», o bien «tener respeto por» (Bauer, 269). Pero, empezando con el antiguo siríaco, y siguiendo con todas las otras versiones siríacas y todas las versiones árabes durante mil años más, la única traducción que hemos tenido aquí en Oriente Próximo es «No se avergüenza delante de la gente». Por tanto, cuando nuestras traducciones occidentales tienen algo como «respetar» o «no tener consideración», se pierde un matiz muy importante de la descripción del juez. En la cultura tradicional de Oriente Próximo, los conceptos de la vergüenza y el orgullo son muy importantes. Los patrones de la conducta social se regulan a través de la vergüenza. Un padre no le dice a su hijo: «Eso está mal, Juanito» (que consiste en apelar a un estándar abstracto del bien y del mal), sino «Eso es vergonzoso, Juanito» (apelar a aquello que estimula la vergüenza o el orgullo). En una sociedad así el lenguaje que acompaña al concepto de vergüenza es muy importante (Bailey, *Poet*, 132). Una de las críticas más duras para un adulto en el Oriente Próximo rural hoy es *ma jikhtashi* («no siente vergüenza»). La idea es que esa persona hace algo vergonzoso: aun cuando se le grita «vergüenza te tendría que dar», no se siente avergonzado. No sabe diferenciar entre un acto bueno y un acto vergonzoso.

En este sentido nos encontramos con otro caso en el que vemos reflejadas actitudes muy antiguas. Jeremías tenía el mismo problema: Se nos dice que «los sabios serán avergonzados» (8:9), pero, en cuanto a los profetas y a los sacerdotes, escribe:

> ¿Acaso se han avergonzado de la abominación que han cometido?
>
> ¡No, no se han avergonzado de nada,
>
> y ni siquiera saben lo que es la vergüenza! (8:12)

El texto hebreo usa dos términos fuertes para referirse a la vergüenza (*bwsh*, *klm*) y arroja luz sobre el problema de aquel juez. No hay *nada* que le haga sentirse avergonzado. No hay nada a lo que apelar, pues en su alma no queda un ápice de honor.

El problema de este juez no es que no «respete» a los demás en el sentido de respetar a alguien con más cultura o de una posición más elevada. Lo que ocurre es que es incapaz de darse cuenta de la maldad de sus acciones aun cuando está en la presencia de alguien ante quien se debería avergonzar. En este caso está haciendo daño a una viuda desamparada. Debería sentirse avergonzado. Pero *no se siente avergonzado* delante de los hombres. En la parábola de los labradores malvados de Lucas 20:13 aparece el mismo concepto y la misma palabra. Los labradores se niegan a dar parte de la cosecha al dueño del viñedo. Y tratan a los siervos de este de forma vergonzosa. Al final, el dueño dice: «Enviaré a mi hijo amado; seguro que ante él sí tendrán vergüenza (*entrapesontai*)». (Esa es la traducción que hacen todas las versiones siríacas y árabes). La esperanza no es que a él lo traten bien, sino que su presencia les haga sentirse avergonzados por lo que han hecho y les lleve a abandonar sus acciones malvadas. Pero, en esa parábola, los labradores *tampoco se sintieron avergonzados*. En ambos textos la palabra griega tiene ese significado. La cultura de Oriente Próximo así lo exige, y los padres de aquella zona geográfica le dan ese sentido en sus traducciones. Por tanto, en Lucas 18 tenemos el retrato de un hombre muy difícil. No teme a Dios. Tampoco tiene un sentido de lo que está bien y de lo que es vergonzoso al que se pueda apelar. Está claro que la única forma de influenciar a un hombre así es a través del soborno. Ese es el tipo de hombre con el que se encuentra la viuda.

ESTROFA DOS – LA VIUDA DESVALIDA

Y una viuda había en esa ciudad,	VIUDA
y ella venía a él	VENIR
diciendo: «vindícame ante mi adversario»	VINDICAR

La viuda en el Antiguo Testamento es un símbolo típico de los inocentes, los desvalidos, los oprimidos (cf. Éx 22:22-23; Dt 10:18, 24:17, 27:19; Job 22:9, 24:3, 21; Sal 68:5; Is 10:2; también *Judit* 9:4). Isaías 1:17 pide a los gobernantes y al pueblo que «defiendan a la viuda». Luego, en el versículo 23, se nos dice: «todos aman el soborno … no se ocupan de la causa de la viuda». Basándose en Isaías 1:17, la tradición legal judía exigía lo siguiente: «primero se debe tratar el caso del huérfano, luego, el de la viuda…» (Dembitz, 204). Así, esa mujer tenía unos derechos legales que eran violados constantemente. Bruce escribe de la viuda: «demasiado débil para obligar a nadie, demasiado pobre para pagar para que se hiciera justicia» (Bruce, *Parabolic*, 159). Plummer observa: «ella no tenía un protector que pudiera coaccionar al juez, ni dinero para sobornar al letrado» (Plummer, 412; cf. Marshall, 669). Ibn al Tayyib nos habla de la desdicha de la viuda en la cultura de Oriente Próximo:

En cualquier época y lugar, los avariciosos han visto en la viuda una figura a la que poder oprimir fácilmente, pues no tiene quien la proteja. Por eso Dios ordena que los jueces tengan una especial consideración por ella, Jer. 22:3 (Ibn al-Tayyib, Edición Manqariyus, II, 312).

Jeremias sugiere que «una deuda, una hipoteca, una parte de la herencia le es retenida» (Jeremias, *Parábolas*, 188, p. 153 de la edición en inglés); y, como Bruce observa, «Una viuda sabía que podía tener muchos adversarios si no tenía nada que comer» (Bruce, *Parabolic*, 159). Está claro que se trataba de una cuestión de dinero, porque, según el Talmud, un erudito cualificado podía decidir sobre cuestiones de dinero (B.T. *Sanedrín* 4b, Sonc., 15).

Su clamor es un llamamiento a la justicia y la protección, no a la venganza. Smith traduce: «hazme justicia de mi adversario» (C.W.F. Smith, 186).

A modo de resumen, hasta aquí la parábola hace tres presuposiciones:

1. La viuda tiene derecho a que se le haga justicia (derecho que se le está denegando).

2. Por alguna razón, el juez no quiere escucharla (¿quizá no ha pagado un soborno?).

3. El juez prefiere favorecer al adversario de la viuda (o bien se trata de alguien influyente, o bien sí ha pagado un soborno).

Smith comenta:

Quizá el juez ha dado por sentado que ella será incapaz de recompensarle, y podemos suponer además que quizá le beneficie más dejar que el adversario de la viuda se salga con la suya (C.W.F. Smith, 186ss.).

En el siglo XIX, un viajero de Occidente presenció en Iraq una escena que nos ayuda a entender un poco más lo que había detrás de esta parábola:

Ocurrió en la antigua ciudad de Nisibis, en Mesopotamia. Inmediatamente después de entrar por la puerta de la ciudad, a un lado estaba la prisión, con sus ventanas barradas, por las que los prisioneros sacaban los brazos para pedir limosna. En frente había un gran patio abierto, el tribunal de Justicia de aquel lugar. Al fondo, en un nivel un poco más elevado, estaba el estrado donde se sienta el *Kadi* o juez, cómodamente instalado entre sus cojines. Estaba rodeado de varios secretarios y otros personajes importantes. El pueblo se amontonaba en la parte inferior del patio, donde había una gran algarabía porque todos clamaban pidiendo que su caso fuera el primero en ser escuchado. Los litigantes más prudentes no se unían a la pelea, sino que intentaban hablar con los secretarios, pasándoles sobornos, a los que eufemísticamente se llamaba «tasas». Cuando lograban satisfacer la avaricia de los subordinados del juez, uno de ellos se lo comunicaba al *Kadi*, quien entonces daba paso a los casos de dichos litigantes. Parecía que se daba por sentado que los casos que primero se trataban eran los de los litigantes que habían aportado un soborno más cuantioso. Mientras tanto, una mujer pobre de la multitud no dejaba de interrumpir los procedimientos alzando su voz sin cesar pidiendo justicia. Una y otra vez le ordenaban que se callara y le decían lo molesta que era, pues estaba allí cada día. «¡Y seguiré viniendo cada día!», decía ella, «¡Hasta que el *Kadi* me escuche!». De repente, al finalizar con uno de los casos, el juez dijo de forma impaciente: «¿Qué quiere esa mujer?». Enseguida le contaron su caso. A su hijo se lo habían llevado como soldado, y ella estaba sola y no podía labrar la tierra; sin embargo, el cobrador de impuestos la había obligado a pagar, algo de lo que ella, por ser viuda, estaba exenta. El juez le hizo un par de preguntas y dijo, «Que no pague». Vemos, pues, que su perseverancia tuvo recompensa. Si hubiera tenido el dinero para pagar a los secretarios su caso se habría tratado mucho antes (Tristram, 228ss.).

Una larga lista de comentaristas, desde Plummer hasta Jeremias, citan esta historia reconociendo en ella una útil evidencia que nos aporta una información que viene a confirmar la realidad de nuestra historia. No obstante, tanto en el relato de Tristram como en la parábola hay un elemento crucial que ninguno de los comentaristas menciona. Oriente Próximo era y es un mundo de hombres, y las mujeres no estaban entre los hombres que se agolpaban gritando delante del juez. Podemos verlo en los escritos judíos de los tiempos talmúdicos. El tratado *Shebuoth* dice:

> ¿No ves que los hombres van a los tribunales? ¿No veis que las mujeres no van? ... Quizá digas: «es que no es normal que la mujer vaya, porque "la hija del Rey es todo esplendor" (nota: Sal 45:14; la hija del Rey [= la mujer judía], es modesta, y se queda

dentro de casa cuanto más mejor)» (B.T. *Shebuoth* 30a, Sonc.,
167).

A la luz de esta reticencia a que las mujeres aparecieran en el tribunal, podemos entender que la presencia de la viuda significa que estaba
completamente sola, que en la familia no quedaba ningún hombre que
pudiera ir a hablar en su nombre. Esta suposición vendría a subrayar la
impotencia de esta mujer.

Sin embargo, aún nos queda un elemento todavía más importante. Durante la guerra civil libanesa de 1975-76, a una campesina palestina
que yo conocía le sobrevino una tragedia. Desapareció un primo suyo.
Se creía que lo había raptado uno de los muchos grupos armados que
luchaban en la ciudad de Beirut. Toda la familia buscó en vano. Él era
hijo único, su madre era viuda, y no era miembro de un grupo paramili-
tar. Desesperada, la familia envió una delegación de tres campesinas al
líder militar/político de las fuerzas izquierdistas de la zona en la que el
hombre había desaparecido. El hombre que fueron a ver era conocido
internacionalmente, un poderoso militar de gran peso político. Las tres
mujeres se abrieron camino en el tribunal para conseguir una audiencia
con él y, una vez lo lograron, le dijeron a la cara cosas muy duras. Al
día siguiente, mi amiga me describió la escena de una forma muy viva.
Yo le pregunté lo siguiente: «¿Qué hubiera ocurrido si los hombres de
la familia hubieran ido a decirle todas esas cosas a ese militar?». Ella
alzó el ceño y rápidamente me respondió: «Los habría hecho matar al
instante». Tristram oyó muchas voces que «clamaban pidiendo que su
caso fuera el primero en ser escuchado». Había mucha gente gritando.
Entonces, ¿cómo consiguió la viuda ganar la atención del magistrado?
Está claro que su clamor debía de ser diferente al de los demás. En la
sociedad oriental, un mundo de hombres, las mujeres no suelen tener
ningún poder. Pero, a la vez, se las respeta y honra. A los hombres se
les puede maltratar en público, pero a las mujeres no. Las mujeres le
pueden chillar a una figura pública, pues no les pasará nada. En el caso
de mi amiga palestina, la familia envió a las mujeres *deliberadamente*
porque así podrían expresar abiertamente su dolor y su sentimiento de
verse traicionadas y decirle una serie de cosas que hicieran que aquel
hombre tomara alguna medida. Los hombres no podrían haber dicho
todo aquello y seguir vivos. Este es el trasfondo que se respira en nuestra parábola.

ESTROFA TRES – EL JUEZ RETICENTE

Él no quiso durante (algún) tiempo.	JUEZ
Entonces se dijo a sí mismo: «Aunque no temo a Dios	DIOS
y no respeto a hombre,	HOMBRE

ESTROFA CUATRO – LA VIUDA VINDICADA

como ella me incordia, esta viuda,	VIUDA
la vindicaré,	VINDICAR
no sea que viniendo de continuo me saque de quicio».	VENIR

Hemos incluido la palabra «algún», pero lo hacemos con cautela. Aparece en el Codex Bezae y en algunas de las versiones coptas, latinas y siríacas. Refuerza el paralelismo ente las estrofas uno y tres, pero no sabemos si aparecía en el original. Sea como sea, el juez deja al descubierto que la descripción que se había hecho de él es realmente acertada. Sabe que no teme a Dios y que nadie que le pida cuentas le va a hacer sentirse avergonzado. Si alguien se atreve a acusarle de algo, a él no le va a afectar lo más mínimo.

En la frase «se dijo a sí mismo» tenemos lo que Black ha llamado «un conocido semitismo … "dejar que la mente hable", "pensar"» (Black, 302). Este tipo de soliloquio es común en las parábolas (cf. el joven rico; el hijo pródigo; el mayordomo infiel; el dueño del viñedo). Esta expresión semítica apunta, por tanto, a la autenticidad de esta parábola.

La palabra que aquí traducimos por «sacar de quicio» es un término de la lucha que significa «un golpe bajo el ojo» (cf. 1Co 9:27), lo que ha llevado a muchos comentaristas a sugerir que el juez temía que la mujer se volviera violenta (Linnemann, 185). Pero el resto del texto no apunta a esta interpretación, ni tampoco lo que sabemos de la cultura de Oriente Próximo. La viuda puede proferir todo tipo de insultos, pero si se pone violenta la sacarán del tribunal y no la dejarán volver a entrar. Derrett argumenta que la palabra significa «ennegrecer la cara» (Derrett, *Judge*, 189-191). Observa correctamente que esta expresión es muy común en todo Oriente. No obstante, significa «destruir la reputación de» y describe a un hombre a quien le preocupa el honor y que tiene ganas de conservarlo. El juez de nuestra historia no tiene honor. Derrett observa esta objeción e intenta defender su interpretación sugiriendo que la expresión «no respeto a hombre» es de hecho un cumplido ofrecido a un juez imparcial. No obstante, nosotros creemos que «A Dios no temía, y a hombre no respetaba» no es en parte un insulto y en parte un cumplido, sino que se trata de una declaración negativa formada por dos partes negativas. Así, este juez no tiene el sentido de la vergüenza y, como resultado, no se puede «ennegrecer su cara». De nuevo, preferimos la rica y extensa tradición de las traducciones árabes, que ofrece algunas variantes de «¡no sea que me dé dolor de cabeza!». El comentario de Ibn al-Tayyib es realmente útil. Según él, los términos que aquí se utilizan pueden hacer referencia a un golpe en la cabeza: «Esta exageración por parte del juez es para indicar que el grado de su persistencia es tal que ha logrado irritarle en gran manera» (Ibn al-Tayyib, Edición Manqariyus, II, 312).

La expresión griega *eis telos* la hemos traducido por «de continuo». Ibn al-Tayyib le da un énfasis especial al traducir: «no sea que continúe viniendo por siempre y me saque de quicio». La expresión griega es enfática y destaca la voluntad de continuar por siempre. El juez está convencido de que la mujer nunca se rendirá. T.W. Manson lo llama una «guerra de desgaste» entre los dos (*Sayings*, 306).

Como hemos observado, la parábola es un claro caso del principio rabínico de «de lo ligero a lo pesado» (*qal wahomer*). La mujer está al parecer en una situación desesperada. Es una mujer en un mundo de hombres, una viuda sin dinero o amigos influyentes. Para convencer al juez no se puede apelar a su deber ante Dios, y no hay hombre que le pueda hacer sentirse avergonzado por su maldad e indiferencia ante el sufrimiento de los inocentes. No obstante, esta mujer no solo logra que su caso se escuche, sino que se falle a su favor. La idea principal de la parábola, junto con la introducción que la acompaña, apuntan claramente a la persistencia en la oración. Si se cubren las necesidades de esta mujer, *cuánto más* las necesidades de los justos que oran, no a un juez despiadado, sino a su Padre que los ama. Aunque su situación parezca difícil, no es tan mala como la de esta viuda. Pueden estar seguros de que sus peticiones son escuchadas y van a recibir una respuesta. Ante el miedo, el creyente se ve llevado a orar, y a hacerlo de forma continuada aun en medio del desánimo, con la plena confianza de que Dios va a obrar lo mejor para él.

Los versículos 6-8 se han llamado desde hace mucho tiempo una *crux interpretum*. No es nuestra intención revisar todo el debate ni las soluciones que se han propuesto (Marshall, 674-77); lo que vamos a hacer es presentar nuestra propia comprensión con la esperanza de que sea una ayuda para solucionar los problemas que aquí encontramos. Veamos una traducción literal del texto, que muestra los paralelismos que aquí encontramos:

1 ¿No vindicará Dios a sus escogidos   (futuro)

2 los que claman a él día y noche?   (presente)

3 También él es lento para la ira con ellos.   (presente)

4 Os digo que él los vindicará rápidamente   (futuro)

5 Pero cuando el Hijo del hombre venga, ¿encontrará fe en la tierra?

El tercer verso tradicionalmente se lee como una pregunta y la palabra clave *makrithumeo* se suele traducir por «paciencia» o «tardanza» (la mayoría de traducciones: «¿se tardará en responderles»?). El quinto verso es problemático; muchos creen que se trata de una reflexión final del evangelista o la Iglesia, o una frase que Jesús dijo en otro contexto y que el evangelista o su fuente ha insertado aquí. Lo que sí está claro es que esta frase habla claramente de una inquietud sobre la calidad de la fe en la comunidad de creyentes. *Alguien* (ya fuera Jesús, la Iglesia, la fuente de Lucas o Lucas) está preocupado debido a los especímenes de fe que hay a su alrededor, tan lejanos de la perfección, que carecen de la voluntad de soportar que sí vemos en la mujer de la parábola (sobre *pistis* con el artículo cf. Marshall, 676). El autor de este verso está aparentemente asustado de que los creyentes no oren, que eso les lleve al desánimo y, en última instancia, a perder su fe. ¿Por qué este nerviosismo? Sugerimos que la respuesta a esta pregunta está en los cuatro versos anteriores. En el verso tres encontramos la idea principal de esta discusión.

Cuando nos detenemos a analizar el verso tres, se nos plantean dos problemas. ¿Cuál es el significado de la palabra que normalmente se traduce por «tardanza» o «tardar»? ¿Y se trata de una pregunta, o de una afirmación? Así pues, primero hemos de mirar la traducción de esa palabra clave. *Makrothumeo* es uno de los grandes términos que el Nuevo Testamento utiliza para hacer referencia a la paciencia. Pero traducirlo simplemente por «tardar» no le hace justicia. El Nuevo Testamento tiene tres palabras que significan paciencia, y todas se aplican a Dios. La primera es *anoche,* y aparece en Romanos 2:4 y de nuevo en 3:26. Dios tiene una *paciencia* divina para pasar por alto nuestros pecados. El segundo tipo de paciencia es *hupomone,* que es la paciencia del que sufre, cuya mejor ilustración es Cristo en la cruz. Entonces, en Romanos 2:4 *anoche* está ligada con nuestra palabra (*makrothumia*) y se usa en el contexto de juicio y misericordia. Literalmente, *makrothumia* se aplica a aquel que puede «contener su ira». Es la paciencia del vencedor que opta por no vengarse. T.W. Manson lo traduce como «envía su ira bien lejos» (*Sayings*, 307). Un buen ejemplo de esto es cuando David, lanza en mano, encuentra a Saúl durmiendo. Saúl está buscando a David para matarlo. David ha logrado entrar en el campamento de Saúl y, en ese instante, tiene la oportunidad de matar a su perseguidor. El acompañante de David quiere vengarse, pero David muestra una gran *makrothumia*; «envía lejos su ira» y se niega a matar a Saúl (1S 26:6-25). Está claro que esta es una cualidad que Dios debe ejercer si quiere salvar a los pecadores. En Éxodo 34:6 Dios le dice a Moisés que es «lento para la ira» y «misericordioso». Horst, en su artículo sobre *makrothumia*, describe esta cualidad de Dios diciendo que es la forma en la que trata con nosotros. Horst escribe que él es el Dios «que refrenará su ira y hará que lo que gobierne sea su gracia y su amor. La ira y la gracia de Dios son los dos polos que determinan la amplitud de su paciencia» (Horst, *TDNT*, IV, 3376). Esta misma voluntad de Dios de refrenar su ira y así ser misericordioso aparece en el *Libro de Sabiduría* (h.. 50 A.C.). Este texto describe a Dios como «lento para la ira» («eres bondadoso y fiel, eres paciente…») y «misericordioso» («y todo lo administras con misericordia») (15:1). En cuanto a esto, el autor escribe: «Somos tuyos aunque hemos pecado, puesto que reconocemos tu poder». Así, Dios deja a un lado su ira y muestra misericordia al creyente, aunque este ha pecado. De nuevo, es muy útil el comentario de Horst: «junto a esa ira hay un freno divino que pospone su actuación hasta que ocurre algo en el hombre que justifica ese aplazamiento» (Horst, *TDNT*, IV, 376). Los rabinos nos ofrecen una maravillosa ilustración (según observa T.W. Manson). Cuentan de un rey que estaba buscando dónde construir el campamento de sus tropas. Decidió hacerlo a cierta distancia de la capital para que, en caso de que la población civil se rebelara, las tropas tardaran en llegar a la ciudad. Durante la tardanza, los rebeldes tendrían tiempo de entrar en razón, por lo que «se dice que Dios contiene su ira para darle a Israel tiempo para arrepentirse» (T.W. Manson, *Sayings*, 308; cf. P.T. *Taanith*, 11.65b). A la vez, según Ben Sirá (35:19-20), Dios no tiene *makrothumia* con los gentiles. Como ya vimos arriba, este autor escribe:

Y el Señor no se tardará,

ni tendrá con éstos más paciencia (*makrothumia*),

hasta no haber machacado los lomos de los sin entrañas,

y haber tomado venganza de las naciones.

Aquí, de nuevo *makrothumia*, que es una parte del lenguaje de la salvación, se usa para describir las acciones de Dios hacia su pueblo, *no* hacia las naciones. Hacia los gentiles/las naciones el Señor no tiene *makrothumia*.

En el Nuevo Testamento vemos este mismo trasfondo reflejado en la parábola de los dos deudores (Mt 18:23-35). El siervo debía a su señor diez mil talentos, que no podía pagar (v. 25). El señor (que obviamente estaba enfadado) ordena que vendan a toda su familia como esclavos. El siervo cae de rodillas rogando: «¡Ten paciencia conmigo (*makrothumeson ep´ emoi*) y te lo pagaré todo!». Es decir, le pide a su señor que deje a un lado su enfado y que tenga paciencia. Y su señor, así lo hace.

Si pensamos en el resto del Nuevo Testamento, encontramos este mismo sentido de «dejar la ira a un lado» cada vez que esta palabra se usa para referirse a Dios. En Romanos 2:4 es un atributo de Dios y aparece ligado al arrepentimiento. En Romanos 9:22 está relacionado con la ira. En 1ª Timoteo 1:16 Jesús deja a un lado su ira sobre Pablo. En 1ª Pedro 3:20 Dios ejerce su *makrothumia* con los desobedientes, y en 2ª Pedro 3:9 Dios ejerce *makrothumia* «porque no quiere que nadie perezca sino que todos se arrepientan». Por último, en 3:15, que es paralelo al versículo 9, se le dice al lector que «tenga presente que la *makrothumia* de nuestro Señor significa salvación» (es evidente que para que la salvación se pueda dar es necesario que Dios deje a un lado su ira). Vemos en todos estos textos una misma manera de entender el término *makrothumia*, que ahora aplicaremos a nuestro texto.

En su artículo sobre *makrothumia*, Horst habla de nuestra parábola. Une la cuestión de la perseverancia del verso 3 con la idea de la vindicación del verso 4. Afirma que *ekdikasis* («vindicación») en nuestro pasaje significa:

> No solo el juicio final para los adversarios sino también un auto-examen para los escogidos. Cuando el Hijo del hombre venga, ¿encontrará fe en la tierra» (v. 8b). La fe es la única forma de entrar en la *ekdikasis* (vindicación) ante el juicio final y lo único que nos ayuda a pedir por la llegada de dicho juicio. Por tanto, la *makrothumein* de Dios (lentitud para la ira) es para ellos un intervalo de gracia necesario que debería despertar la fe y la oración que mueve montañas (17:6 par.). En la *makrothumein* de Dios hay la posibilidad de que los creyentes se puedan presentar delante de Dios … con la confianza de que pueden implorar justicia y gracia (Horst, *TDNT*, IV, 381).

Además, Horst argumenta que la expresión de la que estamos hablando no es una pregunta, sino una afirmación que hace referencia a los escogidos, y que no significa «tardanza» (*ibíd.*; cf. también Bruce, *Parables*, 164). Podríamos aceptar la interpretación de Horst, aceptar que debería leerse como una afirmación, y que *makrothumia* no significa «tardanza», sino que tiene que ver con el deseo de Dios de dejar su ira a un lado a causa de los pecados de los escogidos. Dios vindicará a sus escogidos, que claman a él día y noche. Pero estos escogidos no son santos sin pecado, sino pecadores. Si él no está dispuesto a dejar su ira a un lado, no pueden acercarse a él en oración y no se atreven a pedir que les vindique, a menos que, con Amós, el día del Señor sea un día de oscuridad y no de luz (Am 5:18-20). La acción de pedir la vindicación no les hace justos. Como en el caso de Lucas 13:1-5, una causa justa no produce gente justa. Lo mismo ocurre aquí: un clamor sincero pidiendo a Dios que intervenga y vindique a los escogidos no los convierte en santos ante su presencia. La única razón por la que pueden invocar a Dios y «orar y no temer» es que Dios está dispuesto a «dejar su ira a un lado». Dios puede vindicarles si ejerce con liberalidad su *makrothumia*.

El paralelismo invertido de estos cuatro versos ayuda a reforzar esta compresión del texto. Los dos primeros versos plantean una cuestión y los dos últimos aportan la respuesta. Los tiempos de los verbos refuerzan el paralelismo con una secuencia ABBA. El primer verso pregunta: «¿No vindicará (futuro) Dios a sus escogidos?». Y el cuarto responde: «Él los vindicará (futuro) rápidamente». En el segundo verso descubrimos que los escogidos claman (presente) a él día y noche. Este clamor tiene su respuesta en el verso 3, donde dice que Dios es (presente) lento para la ira con ellos.

La divergencia teológica entre este texto y el de Ben Sirá es crucial. Como hemos observado, Ben Sirá también usa la parábola de la viuda. Su parábola también pasa de hablar de la oración en general a hablar de que Dios vindica a su pueblo. También menciona que Dios es lento para la ira. Pero en Ben Sirá vemos que eso significa un ataque a los gentiles. Dios no va a ser lento para la ira con los gentiles, sino que va a machacar sus lomos (o, en otras versiones, sus genitales). Curiosamente, el texto de Lucas no habla del juicio contra los adversarios de los fieles, sino que el relato acaba con una pregunta desafiante, pregunta de tono triste que realmente espera que el Hijo del hombre halle fe en la tierra, y una clara afirmación de que los escogidos pueden seguir clamando solo gracias a que Dios está dispuesto a dejar su ira a un lado. Así que este texto no trata de que Dios retrasa su salvación, sino de que Dios está dispuesto a posponer su juicio.

Por último, la cuestión de la naturaleza de la vindicación requiere que hagamos una pequeña reflexión. En Ben Sirá se nos dice la forma que esta vindicación tendrá. A los malvados se les pagará por sus atrocidades con la misma moneda, y serán machacados y eliminados. Su pueblo se gozará en su misericordia (35:23). En nuestra aplicación parabólica no hay detalles sobre la vindicación. Como ya vimos, no se menciona una venganza sobre los gentiles. Pero, en cuanto a los fieles, ¿cómo los vindica el Señor? ¿Es tan solo una promesa para el final de los tiempos (aunque estos puedan estar cerca), o nos está dando el texto una pista sobre la dinámica de cómo funcionan las cosas en el presente? Los tiempos verbales que hacen referencia a la vindicación son futuros. Pero, ¿se refiere necesariamente a un futuro lejano? Este pasaje está en Lucas 18. Estamos tan solo a unos versículos del inicio de la pasión. Los enemigos de Jesús están uniendo fuerzas para realizar su ataque final. ¿Va a vindicar Dios a su Hijo? El lector recibe una respuesta. ¡Vaya respuesta! Sí, Dios vindicará a su Hijo que también clama a él día y noche, pero esa vindicación no se verá hasta el día de la resurrección, y para ello tendrá que pasar por la cruz. Durante siglos, los musulmanes no han sabido qué hacer con el escándalo de la cruz. Para ellos, Jesús es un gran profeta. En los Salmos Dios dice: «No toquen a mis ungidos; no hagan daño a mis profetas» (Sal 105:15). Los musulmanes dicen: «Si estas cosas son verdad, ¿por qué no vindica Dios a su profeta en los relatos de la pasión? ¿Cómo puede ser verdad la historia de la cruz? En un intento de asegurar que Dios vindicó a Jesús, la tradición islámica ha modificado la historia de la cruz introduciendo un rescate divino antes del viernes santo y la crucifixión de un sustituto. Pero, ¿no tienen razón los musulmanes cuando se hacen esa pregunta? ¿Dónde está la vindicación de Dios? Y la respuesta correcta es qué la vindicación de Dios de este profeta sobrepasa todas las expectativas de sus seguidores. Fue vindicado a través de la resurrección, y el camino hacia esa resurrección pasó por el Gólgota. Si esa fue la vindicación de Jesús, ¿qué han de esperar sus discípulos?

Los versículos finales del pasaje (18:6-8) se han leído, durante siglos, en el contexto de esperar la parusía. Podría ser que ese fuera el contexto en el que el mismo Lucas los entendiera, y con razón. Pero, ¿no es posible ver una aplicación inicial de estos textos en el ministerio de Jesús? ¿Va Dios a vindicarle, a él y sus temerosos seguidores, que se han arriesgado con él? T. W. Manson dice que no hemos sido elegidos para vivir de forma privilegiada, sino para servir.

> Ellos no son los niños mimados de la Providencia, sino el cuerpo
> de élite del ejército del Dios vivo. Porque son lo que son, están

destinados a sufrir en manos de los malvados; y en muchos casos el sello de la elección es el martirio (*Sayings*, 307).

Mientras el miedo se intensifica durante el viaje final a Jerusalén, esta parábola trata el tema del miedo. ¡La promesa que aquí encontramos es que Dios ciertamente los vindicará y lo hará rápidamente!

Por último, ¿qué se supone que los discípulos debían entender, y qué enseñanzas teológicas componen el significado de esta parábola? Para los discípulos, la respuesta esperada era ciertamente algo así:

> En medio de la dificultad y de la persecución, no hemos de tener miedo. Dios ha puesto a un lado su ira y nos escucha. Hemos de confiar y perseverar en la oración. No estamos orando a un juez malhumorado, sino a un Padre amante que vindicará a sus escogidos y lo hará rápidamente.

El conjunto de cuestiones teológicas sería el siguiente:

1. La oración vence al miedo.

2. La persistencia en la oración es una señal de piedad.

3. En la oración, el creyente se dirige a un Padre amante (no a un juez caprichoso).

4. Para poder escuchar las oraciones de los fieles, Dios tiene que poner su ira a un lado, y así lo hace, pues su clamor pidiendo vindicación no los hace santos.

5. Dios está obrando en la historia y cumplirá sus propósitos y vindicará a sus escogidos.

6. El ejemplo que los fieles tienen que imitar es el de una mujer. Ben Sirá empieza con una mujer, pero acaba hablando de una figura masculina. Jesús empieza con una mujer y de ahí saca una aplicación para todos los escogidos. El sesgo sexista de Ben Sirá no aparece en la historia de Jesús. Por tanto, la forma en la que se explica la parábola es positiva para el estatus de la mujer en la comunidad de creyentes.

7. El clamor pidiendo vindicación implica un autoexamen para que los fieles sigan manteniendo la fe.

De nuevo, a través de una historia aparentemente simple, nos llega una serie de verdades teológicas que nos hablan de una forma poderosa.

Capítulo 9

EL FARISEO Y EL RECAUDADOR DE IMPUESTOS (Lucas 18:9-14)

El texto:

A algunos que, confiando en sí mismos, se creían justos y que despreciaban a los demás, Jesús les contó esta parábola:	(INTRODUCCIÓN)
1 «Dos hombres subieron al templo a orar; uno era fariseo, y el otro, recaudador de impuestos.	DOS SUBEN FARISEO, RECAUDA-DOR DE IMPUESTOS
2 El fariseo se quedó en pie alejado de demás fieles y oró así: "Oh Dios, te doy gracias porque no soy como otros hombres	SU ACTITUD SU ORACIÓN
3 —ladrones, malhechores, adúlteros— ni mucho menos como ese recaudador de impuestos.	RECAUDADOR DE IMPUESTOS (LA IMAGEN)
4 Ayuno dos veces a la semana y doy la décima parte de todo lo que recibo."	SU JUSTICIA PROPIA
5 En cambio, el recaudador de impuestos, que se había quedado en pie a cierta distancia, ni siquiera se atrevía a alzar la vista al cielo,	RECAUDADOR DE IMPUESTOS (LA REALIDAD) SU ACTITUD SU ORACIÓN
6 sino que se golpeaba el pecho y decía: "¡Oh Dios, ten compasión de mí, que soy pecador!"	
7 «Les digo que éste, y no aquél, volvió a su casa justificado ante Dios.» Pues todo el que a sí mismo se enaltece será humillado, y el que se humilla será enaltecido.	DOS DESCIENDEN RECAUDADOR DE IMPUESTOS, FARISEO (CONCLUSIÓN)

Esta famosa parábola ha sido considerada durante mucho tiempo como una historia sobre el orgullo, la humildad y la actitud correcta en la oración. Desde luego, estos temas están presentes. No obstante, como en el caso de muchas de las parábolas que hemos examinado, una mirada más próxima nos permite ver las importantes cuestiones teológicas que normalmente se pasan por alto. Aquí también encontramos alguna palabra clave que se puede traducir de forma diferente a la forma en la que se ha traducido tradicionalmente. De nuevo, una mirada más detenida a la cultura y al estilo nos permite descubrir un contenido teológico que no percibimos si tan solo hacemos una lectura superficial. También podemos apreciar aquí la forma parabólica que vimos en las parábolas anteriores. En este caso, las estrofas están invertidas en cuanto a la relación que hay entre ellas. Nuestra interpretación intentará tener en cuenta estos factores. Así, en primer lugar examinaremos la forma literaria que acabamos de presentar.

Esta parábola contiene una serie de temas paralelos que la convierte en otra de las parábolas estructuradas en siete estrofas (cf. Lc 10:30-35; 14:16-23; 16:1-8). Después de la introducción, añadida por Lucas o la fuente que usó, la parábola empieza con dos hombres que suben al templo (1). La parábola concluye con los mismos dos hombres que bajan, pero el orden se ha invertido. Al final, el primero que se menciona es el recaudador de impuestos (7). Queda bastante claro que las estrofas 2 y 6 también son paralelas. Primero se menciona la actitud de cada uno, y luego la forma en la que se dirigen a Dios. La segunda línea de ambas estrofas es una explicación de la noción que ambos adoradores tienen de sí mismos. Las estrofas 3 y 5 se centran en el recaudador de impuestos. En ambas se le menciona, pero hay un enorme contraste entre las imágenes que aparecen en una y otra estrofa. En la estrofa 3 se habla del recaudador de impuestos desde la perspectiva del fariseo, mientras que en la estrofa 5 se nos habla de él desde la perspectiva del narrador. En el centro de la parábola tenemos una defensa que el fariseo hace de su justicia propia. Este tema de la justicia se repite de nuevo al final de las siete estrofas (una característica típica de este tipo de forma literaria). Otro recurso literario común en esta forma de paralelismo invertido es el punto de inflexión que se da justo después de la mitad de la parábola (cf. Bailey, *Poet*, 48, 51, 53, 62). Esta característica aparece aquí en la estrofa 5, donde la parábola da un giro radical introducido por las siguientes palabras: «En cambio, el recaudador de impuestos...». Tan solo hay un paralelismo que no es del todo completo. Se nos dice cuál es la postura o posición de los dos personajes. Pero el primero aparece en la estrofa 2, y el segundo en la 5. Es posible ver el movimiento de la parábola de una forma simplificada que equilibraría estas dos ideas:

Dos suben

  El fariseo se queda en pie

      y ora

  El recaudador de impuestos se queda en pie

      y ora

Dos bajan

La dificultad de esta estructura es que la oración del fariseo ocupa cinco líneas, mientras que la del recaudador de impuestos solo una. Además, la base de la justicia del fariseo (estrofa 4) pierde su importancia en el centro. Otros paralelismos de la parábola quedan ensombrecidos cuando yuxtaponemos este elemento sobre la postura o la posición de los personajes. Por tanto, nosotros sugerimos que la intención del autor queda reflejada en la primera estructura que s plantead arriba. Esta parábola, como la del buen samaritano, se estructuró de forma deliberada en siete estrofas y se colocó el clímax en el centro. La introducción fue añadida por el editor, y la estructura reforzaría la opinión de que la conclusión también podría no pertenecer a la parábola, que acabaría con la estrofa 7. Ahora pasaremos a examinar estrofa por estrofa.

INTRODUCCIÓN

A algunos que, confiando en sí mismos, se creían justos

y que despreciaban a los demás, Jesús les contó esta parábola:

Está claro que esta introducción es un añadido, ya sea del propio evangelista o de su fuente. Como tal, es una interpretación de la parábola. El intérprete le dice al lector que el tema es la *justicia* y, en concreto, la justicia propia. T.W. Manson comenta que la parábola está dirigida a aquellos que:

Tenían fe en sí mismos y en sus propias fuerzas —fe que las vasijas más débiles solo depositan en Dios—, y cuya base de confianza eran sus propios logros de piedad y moralidad (*Sayings*, 309).

Siglos atrás, Ibn al-Tayyib llegó a la misma conclusión. En su comentario de este mismo versículo, dice: «Cristo vio que algunos de los que se reunían alrededor de él creían que serían salvos por su propia justicia, en lugar de confiar en la misericordia de Dios» (Ibn al-Tayyib, Edición Manqariyus, II, 313). Como hemos observado, uno de los temas principales es el de la humildad en la oración. No obstante, el versículo 9 deja bien claro que la cuestión central es el tema de la justicia y de dónde proviene.

En otro lugar comentamos que el material de la sección central de Lucas fue compilado por un editor anterior a él (Bailey, *Poet*, 79-85). Dicho editor/teólogo colocó esta parábola en su esquema junto con otro material sobre el tema de la oración. Por tanto, según dicho editor, esta parábola trata sobre la oración. Por tanto, es poco probable que este editor que colocó la parábola junto a otros materiales sobre la oración escribiera una introducción que sacara a relucir un aspecto teológico diferente. Así, esta introducción interpretativa podría provenir de la mano de un comentarista cristiano muy temprano anterior a la compilación de los pasajes sobre los viajes de Jesús o anterior a Lucas mismo. Sin embargo, aunque esta introducción se pueda atribuir a un evangelista muy temprano, al editor de los pasajes sobre los viajes, o a Lucas, su comentario se tiene que tomar en serio. Como veremos, la parábola está cargada de vocabulario que apunta al tema de la justicia y cómo se logra. Por tanto, esta introducción concuerda con el mensaje interno de la parábola. Pasemos ahora a comentarla.

1 «Dos hombres subieron al templo a orar; uno era fariseo, y el otro, recaudador de impuestos.	DOS SUBEN FARISEO, RECAUDA-DOR DE IMPUESTOS

En primer lugar se menciona al fariseo, y en segundo, al recaudador de impuestos. Ambos *suben*. Pero cuando llega el momento de *bajar*, el recaudador de impuestos será el primero.

Tradicionalmente se ha asumido que el contexto de la parábola es el de la devoción privada. Y esta idea ha marcado la forma en la que hemos interpretado el texto en Occidente. Para los lectores de Oriente Próximo, este texto es una parábola que trata sobre la adoración pública. El comentario de Ibn al-Tayyib es revelador, cuando comenta que el publicano esta «lejos» y dice, «es decir, separado de los fariseos y *del resto de los adoradores del templo*» (Ibn al-Tayyib, Edición Manqariyus, II, 315; la cursiva es mía). Aquí, Ibn al-Tayyib afirma, de pasada, la presencia de una congregación de adoradores. Veremos que esta presuposición tiene su base en el mismo texto.

Una parte de nuestro problema en Occidente es que el verbo «orar» lo asociamos más con la práctica privada, y el verbo «adorar» con la práctica congregacional. No obstante, en la literatura bíblica, el verbo «orar» puede significar ambas cosas. En Lucas 1:10 Zacarías está participando en el templo en el sacrificio diario por la propiciación, y le llega el turno de ofrecer el incienso en el santuario. Mientras, «la multitud reunida afuera estaba orando». Jesús cita Isaías 56:7, donde al templo se le llama «casa de oración» (Lc 19:46). La famosa lista de las preocupaciones de los primeros cristianos que aparece en Hechos 2:42 incluye la enseñanza de los apóstoles, la comunión, el partimiento del pan y *la oración*. En esta lista, la palabra que traducimos por «oración» es un sinónimo de «adoración en comunidad». Hechos 16:13, 16 describe el lugar de adoración pública como «un lugar de oración». Estos y tantos otros textos dejan claro que el contexto de un pasaje concreto debe determinar si el verbo «orar» hace referencia a la adoración en comunidad o a la oración privada. Cuando Jesús sube a solas al monte a orar, está claro que el contexto es el de la oración privada. Pero en esta parábola hay una serie de indicadores que apuntan a que se está hablando de adoración en comunidad, no de la devoción privada. En primer lugar, se nos habla de *dos* personas que suben al mismo tiempo a un lugar de adoración pública. En segundo lugar, descienden al mismo tiempo (presumiblemente, una vez finalizado el culto). En tercer lugar, se menciona de forma específica el templo (un lugar de adoración pública). Para el ciudadano de Oriente Próximo contemporáneo, el verbo «orar» también tiene ese doble sentido. Pero cuando un ciudadano de Oriente Próximo cristiano dice «Voy a la *iglesia* a orar», o un ciudadano de Oriente Próximo musulmán dice, «Voy a la *mezquita* a orar», todo el mundo sabe que están hablando de adoración en comunidad, no de devoción personal. Aún más, en la parábola, la mención del templo da todavía más peso a la idea de que se trata de adoración en comunidad. En cuarto lugar, como veremos más abajo, el texto nos dice que el fariseo «se quedó en pie alejado de los demás». En quinto lugar, también se nos dice que el recaudador de impuestos «se quedó a cierta distancia». ¿A cierta distancia de quién? Podría querer decir «a cierta distancia del fariseo», pero también «a cierta distancia de los demás adoradores». Sobre todo si podemos sostener que había otros adoradores, de los que el fariseo también se ha distanciado. Por último, el recaudador de impuestos menciona en su oración la propiciación (cuando dice «ten compasión de mí»). En el templo, cada mañana y cada tarde se ofrecía un sacrificio de propiciación, y normalmente se hacía en presencia de una congregación. De hecho, en las discusiones sobre esos cultos se da por sentada la presencia de un grupo de fieles (cf. Mishná *Tamid*, Danby, 582-89; *Eclesiástico* 50:1-21). Resumiendo, diremos que ante el verbo «orar» tenemos dos opciones interpretativas. Puede querer decir oración privada o adoración en comunidad. Las evidencias que aparecen en la parábola apuntan al segundo significado. Esta será la interpretación que tendremos en mente a medida que comentemos la parábola. No obstante, uno puede preguntar: ¿no hace cada uno de los personajes una oración privada?

La interpretación tradicional de que la parábola solo habla de la devoción privada probablemente tiene que ver con el hecho de que cada uno de los personajes de la parábola eleva una oración privada. ¿No es lógico que eso lleve al lector a concluir que en esta parábola no aparece ningún culto o adoración congregacional? No. Safrai describe la adoración del templo en el siglo primero:

> Muchos judíos subían al templo cada día para participar en la adoración, para recibir la bendición sacerdotal que se pronunciaba al final del culto, (y) *para orar mientras se quemaba el incienso* (Safrai, *JPFC*, II, 877; la cursiva es mía).

También dice que están allí para «adorar y orar durante la liturgia» (*Ibíd.*, 876). Ben Sirá tiene una elaborada descripción del ritual de la propiciación en el templo (*Eclesiástico* 50:1:21). Menciona que había cantores que entonaban alabanzas mientras

> el pueblo suplicaba al Señor Altísimo,
>
> dirigía sus plegarias ante el Misericordioso,
>
> hasta que terminaba el culto del Señor
>
> y se ponía fin a la liturgia (*Eclesiástico* 50:19).

Está claro que la gente *oraba* durante el culto. Normalmente, el momento para la oración personal era mientras se quemaba el incienso, tal como se menciona en Lucas 1:10, que citamos más arriba. Safrai escribe: «Mientras se quemaba el incienso, la gente se reunía para orar en el patio» (Safrai, *JPFC*, II, 888). Todos sabían que era el momento de oración personal, e incluso la gente que no estaba en el templo realizaba sus peticiones en ese momento del día, sobre todo durante el sacrificio de la tarde (cf. Judit 9:1). Por tanto, podemos concluir que hay evidencias suficientes para decir que, como parte de la adoración en comunidad, los fieles solían orar de forma personal durante el sacrificio de propiciación que se realizaba dos veces al día.

Así, si estos dos hombres están de camino para participar de la adoración en comunidad, ¿podemos saber si subían para el sacrificio de propiciación de la mañana o de la tarde? Sí podemos, pues ese era el único culto diario de adoración en comunidad que se realizaba en el templo. Así, por lógica, cualquier persona que un día cualquiera subía al templo para la oración en comunidad, subía para el sacrificio de propiciación. En este culto se sacrificaba un cordero (por los pecados del pueblo) al alba. Y a las tres de la tarde se realizaba de nuevo el mismo sacrificio. Los elaborados rituales que formaban parte de estos sacrificios se han descrito de forma muy completa en otras obras (Dalman, *Sacred*, 302ss.; Edersheim, *Temple*, 152-173; Safrai, *JPFC*, II, 887-890). El momento en el que se quemaba el incienso era un momento muy adecuado para la oración personal, porque en ese momento del culto el sacrificio del cordero había cubierto los pecados de Israel y, por tanto, el camino a Dios quedaba abierto. *Ahora*, los fieles ya podían acercarse a Dios (Edersheim, *Temple*, 157). El incienso ascendía ante el trono de Dios y los fieles pronunciaban sus peticiones individuales. Este trasfondo combina adecuadamente la idea de las oraciones personales (que los dos personajes de nuestra historia pronuncian) dentro del contexto de la adoración en comunidad (puesto que la parábola menciona el sacrificio de propiciación) en un lugar de adoración pública como es el templo (según el texto, ese es el lugar en el que la escena se desarrolla).

Aunque uno concluya que no hay evidencias suficientes para decir que en esta parábola estemos en un contexto de adoración en comunidad, ha de reconocer que está obligado a aceptar que ese es el contexto general. Cada día al alba se realizaba el sacrificio de propiciación. El humo del sacrificio se esparcía e invadía todo el templo. Cualquier persona que hubiera subido al templo a orar de forma privada entre el culto del alba y el de la tarde se encontraba en la presencia de ese altar donde acababa de arder un sacrificio. Sabía que era posible dirigirse a Dios y hablarle de sus necesidades personales gracias a ese sacrificio de propiciación. Lo cierto es que cualquier oración privada quedaba enmarcada en medio de los dos sacrificios de propiciación. Por tanto, cualquier oración en el área del templo (ya fuera una oración privada, o la oración asociada a la adoración en comunidad) necesariamente presupone el contexto de estos dos sacrificios de propiciación al día que, de hecho, se mencionan en nuestra parábola.

Todos sabemos cuál era la actitud en siglo I hacia los fariseos y los recaudadores de impuestos. Los primeros eran los estrictos observadores de la Ley, y los segundos los transgresores de esa Ley y los traidores de la nación. Una vez los personajes están en escena, la historia continúa.

2   El fariseo se quedó en pie alejado de demás fieles   SU ACTITUD
      y oró así:
      "Oh Dios, te doy gracias porque no soy como otros   SU ORACIÓN
      hombres

En la primera línea del pareado nos encontramos un problema textual y un problema de traducción. Hemos optado por el texto seleccionado por Kurt Aland *et al.* en el Texto de las Sociedades Bíblicas Unidas (Jeremias acepta el mismo texto y asegura que el estilo del discurso es semítico). El problema que ha dado lugar a las diversas variantes textuales es la pregunta siguiente: ¿se quedó *en pie alejado de los demás*, o se puso a *orar para sí mismo*? La expresión *pros heauton* puede significar «por sí mismo» o «de forma independiente» y, unido a la palabra que le precede, «quedó en pie», nos da el primer significado. O puede significar «para sí mismo» y unirse a la palabra que le sigue, «orar». En este último caso obtendríamos «El fariseo quedó en pie orando para sí mismo». Desde hace un tiempo se ha dicho que el sintagma preposicional *pros heauton* se refiere a la actitud con la que está orando, porque, de acuerdo con el griego clásico, para complementar al verbo «quedar en pie» debería poner *kath heauton* (Plummer, 416).

No obstante, se pueden decir algunas cosas en contra del planteamiento de Plummer. En primer lugar, en las parábolas lucanas los soliloquios van introducidos por la expresión *en heauto*, y no *pros heauton* (cf. 7:39; 12:17; 16:3; 18:4). En segundo lugar, para describir al recaudador de impuestos se explica el lugar en el que se queda de pie, por lo que es natural que para describir al fariseo se use una forma similar. En tercer lugar, la manera tradicional de entender el texto podría ser un ejemplo adicional del fenómeno del vertido. Este fenómeno ocurre cuando hay textos que se han leído juntos durante tanto tiempo que, como dos ríos que fluyen juntos, un texto «vierte» su significado en el otro texto. Encontramos un ejemplo importante de este fenómeno en Lucas 11:5-13, donde la idea de la insistencia presente en los versículos 9-13 se «vierte» en los versículos 5-8 (cf. Bailey, *Poet*, 128ss.). En Lucas 18 podría haber ocurrido lo mismo, pues en la parábola previa el juez habla *consigo mismo* (*en heauto*); y eso podría haber hecho que de forma gradual e inconsciente se pensara que aquí el fariseo también está pronunciando un soliloquio. En cuarto lugar, el Códice de Beza (D), junto con algún otro manuscrito menor, contiene *kath heauton*, que indica que sus editores entendieron que el fariseo está *en pie alejado de los demás*, no que estuviera orando para sí. En quinto lugar, la importante antigua siríaca del siglo II traduce este texto sin ninguna ambigüedad y dice que el fariseo estaba *alejado de los demás*. Delitzsch, en su famosa versión hebrea del Nuevo Testamento, también traduce «alejado de los demás», al igual que hacen un buen número de versiones arábigas. En sexto lugar, si leemos el texto como un soliloquio, este dato (que se trata de un soliloquio) no aporta nada a la parábola. Pero si pensamos que el fariseo se quedó alejado de los demás fieles, tenemos un dato que concuerda perfectamente con todos los demás detalles de la parábola, además de dar fuerza a la idea que se quiere transmitir (con Manson, *Sayings*, 310). En séptimo lugar, el argumento del griego clásico no tiene mucho peso cuando hablamos del texto de la narrativa de los viajes en Lucas, con todas sus parábolas, semitismos y traducciones al griego. Así, con todas estas consideraciones en mente, preferimos interpretar que el fariseo está en pie alejado de demás fieles.

Las razones que llevan al fariseo a actuar así son obvias. Se considera justo y, por la descripción que hace de los demás, podemos ver su desprecio por los de su alrededor. Los que cumplían la Ley de forma estricta eran conocidos como «miembros» (*haberim*). Los que no lo hacían, eran llamados «gente de la tierra» (*am-haaretz*). Danby define esta última expresión de la siguiente forma:

> Aquellos judíos que no conocían la Ley y que no observaban las regulaciones de pureza e impureza y que no diezmaban de forma meticulosa (es decir, que no observaban el medio diezmo, el primer diezmo, el segundo diezmo ni el diezmo del pobre) (Danby, 793).

En nuestra parábola se menciona el diezmo de forma específica. A ojos de un fariseo estricto, el mejor candidato para formar parte de los *am-haaretz* era un recaudador de impuestos. Además, había un tipo de impureza que se contraía por sentarse o *incluso apoyarse en* algo impuro (*Ibíd.*, 795). Esta impureza recibía el nombre de «impureza *midras*». La Mishná dice de forma específica: «Para los fariseos, el contacto con la vestimenta de un *am-haaretz* significa contraer la impureza *midras*» (Mishna *Hagiga* 2:7, Danby, 214). Si tenemos esto en cuenta, no es de sorprender que el fariseo quisiera quedarse apartado del resto de los fieles. Si de forma accidental se rozaba con el recaudador de impuestos (o cualquier otro *am-haaretz* que hubiera entre los fieles), contraería la impureza *midras*. Para un fariseo, no contaminarse era muy importante. Para ello, tenía que hacer todo lo que estuviera a su alcance; como, por ejemplo, mantenerse apartado de todas las personas que se reunían en torno al altar.

Además, el problema del hombre orgulloso que en el templo se mantiene alejado de los demás era un problema contemporáneo. Uno de los libros intertestamentarios, llamado *La Asunción de Moisés* nos proporciona una clara ilustración. Este libro, probablemente escrito en tiempos de Jesús (Charles, II, 411), contiene duras palabras sobre los dirigentes de la nación en tiempos de su desconocido autor. Describe a esos «gobernantes impíos» de la siguiente forma:

> Y aunque sus manos y sus mentes tocaban cosas impuras, sus bocas proferían grandes cosas, y además decían: «No me toquéis, no sea que me contaminéis en el lugar (donde estoy)…» (7:9-10, Charles, II, 420).

Este texto tiene muchas cosas en común con nuestra parábola. En cada uno de los casos se ataca a los dirigentes. En ambos textos, estos «hablan de grandes cosas». El fariseo de la parábola desciende a su casa sin estar justificado ante Dios, y en este texto dice que los gobernantes impíos se han contaminado con cosas impuras. En ambos textos se critica la actitud inadecuada. Por Juan 11:48 sabemos que «el lugar» puede significar «el área del templo», y es posible que el texto de arriba tenga ese significado y también esté haciendo referencia al templo. Por último, y lo más significativo para nuestro debate, ambos hablan de alguien que quiere estar aislado de los demás.

La crítica que Jesús hace de los fariseos también concuerda con el consejo que da el gran Hillel, que dijo «No te apartes de la congregación y no confíes en ti mismo hasta el día de tu muerte, y no juzgues a los demás hasta que tú mismo hayas estado en su lugar» (Mishná *Pirke Abot* 2:5; Danby, 448). El comentario de Hillel es una prueba más de que algunos líderes religiosos tenían la tendencia a «mantenerse apartados de la congregación».

Resumiendo, el fariseo de la parábola sube al templo para asistir al sacrificio propiciatorio de la mañana o la tarde. En un gesto de superioridad religiosa, se mantiene apartado de los demás fieles.

Cuando la problemática expresión *pros heauton* se une a la descripción de su posición («en pie»), es posible entender que está orando en voz alta. La sinaítica original, junto con otras versiones importantes tanto latinas como coptas, no recogen el «consigo mismo» y traducen que oró en voz alta. Marshall observa que «la práctica judía era orar en voz audible» (Marshall, 679). Esta posibilidad da más color a nuestra historia, porque el fariseo está predicando a los «impuros y menos afortunados» que hay a su alrededor. Estos no tienen muchas oportunidades de ver de cerca a un «hombre justo», y él les ofrece de forma «misericordiosa» unas palabras de juicio junto con alguna que otra instrucción sobre la justicia. (La mayoría de nosotros nos hemos visto obligados en algún momento a escuchar cómo alguien usaba una oración para insultar a su prójimo). Como hemos visto, el sacerdote que estaba oficiando el sacrificio estaba probablemente en el santuario. En ese momento del rito, la delegación de Israel tenía la responsabilidad de hacer que los impuros se pusieran en pie en la puerta del este (Mishná *Tamid* 5:6, Danby, 587). El fariseo quizá está preguntándose por qué no sacan también al publicano. Sea como sea, durante esta pausa en la liturgia, es probable que el fariseo aprovechara para instruir a los «injustos» que había a su alrededor.

Parece ser que la descarga inicial del fariseo sobre los demás fieles revela más sobre él de lo que él habría querido. En la piedad judía, la oración comenzaba alabando a Dios y dándole gracias por todos sus dones, y pidiéndole por las necesidades personales. Pero este fariseo no menciona nada de eso. No da gracias a Dios por sus regalos, sino que se jacta de la justicia que él mismo ha conseguido. Y no tiene ninguna petición. Vemos que sus palabras no encajan en la categoría de oración sino que no son más que una propaganda de su propia persona. Jeremias traduce una sorprendente ilustración de una oración similar de aquel mismo periodo (Jeremias, *Parábolas*, 175, p. 142 de la edición en inglés; B.T. *Berakhot* 28b, Sonc., 172; cf. Edersheim, *Life*, II, 291). Por tanto, Jesús no está haciendo una caricatura, sino que está hablando de una realidad bien conocida por sus oyentes. Hemos optado por traducir *hoti* por «porque» en lugar de «por», pues el uso del «porque» enfatiza la autosatisfacción de esa primera frase. A medida que va avanzando, la oración va «de mal en peor».

3 —extorsionadores, malhechores, adúlteros—	RECAUDADOR
ni mucho menos como ese recaudador de impuestos.	DE IMPUESTOS
	(LA IMAGEN)

Las dos primeras palabras también se pueden traducir por *ladrón* y *estafador* (Jeremias, *Parábolas*, 172, p. 140 de la edición en inglés). Está claro que las palabras han sido seleccionadas porque tienen que ver específicamente con el recaudador de impuestos, al que ya ha visto desde la distancia. A los recaudadores del Imperio Romano se les conocía por ser extorsionadores y estafadores. La tercera palabra, «adúlteros», el fariseo la añade a modo de exageración (como el hijo mayor en Lucas

15:30). No nos dice nada sobre el recaudador de impuestos, pero nos dice algo sobre la mentalidad del que habla. Ibn al-Salibi comenta lo siguiente:

> Sabemos que, aunque uno no sea un ladrón y un adúltero, eso no significa necesariamente que sea un buen hombre. Además, la experiencia demuestra que la búsqueda de las faltas y errores hace daño sobre todo al que critica, por lo que debemos evitar esa acción por encima de todo (Ibn al-Salibi, II, 181).

Por lo que aquí vemos a un hombre que tira por tierra su propia espiritualidad.

El tema a tratar en esta estrofa es la traducción del principio de la segunda línea (*e kai hos*). Tenemos que examinar la primera palabra (*e*) y la tercera (*hos*). La pregunta es si tenemos una lista, o dos listas. ¿Está diciendo el fariseo «Yo no soy como el tipo A (extorsionadores, malhechores y adúlteros), ni tampoco como el tipo B (recaudadores de impuestos)? ¿O tenemos tan solo una lista, a la que también pertenece el recaudador de impuestos, como ilustración específica? Intentaremos probar que se trata del segundo caso.

La partícula *e* es la palabra clave a la hora de elegir entre las dos alternativas que acabamos de sugerir. Esta partícula es muy poco común en Mateo y Marcos, pero muy común en Lucas. En este Evangelio aparece ocho veces en los primeros capítulos y seis en el relato de la pasión; pero en la sección central (9:51-19:49) ¡aparece un total de veintitrés veces! Por tanto, es importante observar el uso que se hace de ella en esta sección central. Esta partícula normalmente se traduce por «o». Al igual que en castellano, en griego la partícula *e* puede contrastar dos alternativas u opciones, pero también puede unir elementos equivalentes o similares. Así, Bauer observa que esta partícula puede separar «opuestos o elementos excluyentes», o puede separar «términos similares o relacionados, elementos que se complementan o que son intercambiables» (Bauer, 342). Y cita Mateo 5:17 como un claro ejemplo de esta segunda acepción: «No he venido a abrogar la ley o (*e*) los profetas». (La versión inglesa RSV, entendiendo la continuidad y similitud que hay entre esos dos términos, traduce la partícula *e* por «y»: «No he venido a abrogar la ley y [*e*] los profetas»). En esa sección central de Lucas, diecinueve de las veintitrés apariciones de *e*, la partícula se usa para separar términos *similares*. Solo en cinco ocasiones tiene valor disyuntivo. En cuatro ocasiones se podría traducir fácilmente por «y», como en Mateo 5:17 (cf. Lc 11:12; 13:4; 14:31; 15:8). Es interesante el uso que encontramos en Lucas 17:23, donde la partícula *e* conecta términos similares. En este versículo tenemos tres variantes textuales:

«Véanlo allí», o «Véanlo aquí».

«Véanlo allí», y «Véanlo aquí».

«Véanlo allí»,   «Véanlo aquí».

Es decir, en muchas ocasiones, la partícula *e* une términos similares que la tradición textual a veces sustituye por *kai* («y») o simplemente omite, y en la traducción muchas veces se sustituye por una coma. Resumiendo, podemos ver que, en la parte central de Lucas, la partícula *e* conecta términos similares en tres ocasiones de cuatro. En algunos textos se puede traducir por «y» e incluso sustituir por una coma. En Lucas 18:11, donde aparecen adjetivos que se han seleccionado para describir a los recaudadores de impuestos, está claro que ocurre lo mismo: la partícula *e* une elementos similares. En nuestra interpretación deberíamos tener esto en mente. La combinación de *e kai* que tenemos en este texto aparece también en 11:11, 12 (?). En esos versículos también une términos similares. A todo este detallado estudio le tenemos que añadir el análisis de la palabra *hos*.

La palabra griega *hos* («como») es una partícula comparativa común en todo el Nuevo Testamento. No obstante, uno de sus usos «digno de mención» (Bauer, 906) es introducir un ejemplo. El texto de Lucas 9:54 dice: «Señor, ¿quieres que mandemos que descienda fuego del cielo y los consuma, como (*hos*) hizo Elías?». Primero aparece la afirmación general y luego la ilustración específica introducida por *hos*. En 1 Pedro 3:6 encontramos el mismo uso, donde aparece una afirmación general sobre las esposas sumisas y luego se menciona a Sara a modo de ilustración (de nuevo, introducida por la partícula *hos*). La conocida expresión «como (*hos*) está escrito» es otro ejemplo común de este uso de *hos* (cf. Lc 3:4). Concluimos, pues, que en nuestro texto tenemos otro caso de este uso especial de *hos*.

Resumiendo, el fariseo da una lista de características que se pueden aplicar al recaudador de impuestos que tiene allí cerca. Y concluye esa lista con una ilustración: el mismo recaudador de impuestos. La conjunción *e* une términos similares. Optamos pues por unir los adjetivos con la ilustración y traducir «incluso como ese recaudador de impuestos». Así, la oración se convierte en un ataque cruel, una acusación pública ante el altar basada en ideas preconcebidas y formuladas a través de una comparación con la justicia propia del mismo fariseo:

<table>
<tr><td>4</td><td>Ayuno dos veces a la semana
y doy la décima parte de todo lo que recibo."</td><td>SU JUSTICIA PROPIA</td></tr>
</table>

Aquí el fariseo expresa en qué se basa, según él, su justicia. Moisés dijo que había que ayunar una vez al año, el día de la expiación (Lv. 23:27, 29). Este hombre va más allá y ayuna dos veces *cada* semana, una práctica «reservada para algunos círculos entre los fariseos y sus discípulos» (Safrai, *JPFC*, II, 816). En cuanto al diezmo, la regulación del Antiguo Testamento era clara y limitada. Se tenía que diezmar el grano, el vino y el aceite (Lv. 27:30; Nm. 18:27; Dt. 12:17). Pero, como observa Safrai, «en el periodo tanaítico la Ley se amplió para incluir todo tipo de alimento» (Safrai, *JPFC*, II, 825; cf. Mishná *Maaserot* 1:1, Danby, 66). Pero incluso esta regulación tenía excepciones, porque la ruda, la verdolaga, el apio y otros productos agrícolas quedaban exentos (Mishná *Shebiit* 9:1, Danby, 49). La práctica del diezmo en los productos no agrícolas estaba comenzando a aparecer, y «la costumbre nunca acabó por extenderse y quedó solo entre los que eran particularmente estrictos» (Safrai, *JPFC*, II, 825). Los recaudadores de impuestos también pagaban *algunos* diezmos (*Ibíd.*, 819). Pero el fariseo se considera superior, porque él, ¡él pagaba *todos* los diezmos! Ibn al-Salibi observa: «Se está comparando con los grandes ejemplos de justicia como Moisés y los Profetas» (Ibn al-Salibi, II, 181). Sus actos son obras de supererogación (Jeremias, *Parábolas*, 172, 140 de la edición en inglés). Amós dijo palabras muy duras en contra de ese tipo de religión (cf. Am 4:4). Tenemos aquí a un hombre que se enorgullece de observar de forma perfecta las exigencias de su religión.

Esta estrofa es el centro, el clímax de la parábola. Podemos ver cómo llegamos a este clímax si miramos cómo avanza la acción en las líneas anteriores. Manteniéndose alejado para no contaminarse por el contacto con los «injustos», el fariseo se congratula (2) y critica de forma cruel a un recaudador de impuestos que hay allí cerca (3). Entonces se jacta de que, además de guardar la Ley, ha cumplido con una serie de exigencias que la ley ni siquiera demanda (4). El punto de inflexión consiste en la repetición de los temas centrales, pero con marcadas diferencias.

<table>
<tr><td>5</td><td>En cambio, el recaudador de impuestos, que se
había quedado en pie a cierta distancia,
ni siquiera se atrevía a alzar la vista al cielo,</td><td>RECAUDADOR DE
IMPUESTOS (LA REA-
LIDAD)</td></tr>
</table>

El punto de inflexión en la forma literaria es intenso y espectacular. La imagen del recaudador de impuestos que el fariseo tiene en mente (3) es muy diferente de la realidad de este hombre contrito y arrepentido que se ha quedado alejado de los demás fieles (5). En Lucas 7:36-50, el pasaje de Simón y la mujer, también vimos este mismo contraste entre la idea que el orgulloso tiene de los demás y la realidad. En aquel texto también encontramos a un hombre que se creía perfecto y que, ante una bella y genuina expresión de piedad, solo es capaz de ver a una mujer impura, una pecadora a la que hay que evitar.

Este recaudador de impuestos arrepentido no está «apartado de los demás», sino que se queda alejado porque cree que no es digno de estar junto al pueblo de Dios ante el altar. Él ha venido a expresar su petición; él (como la mujer en 7:38) entra en acción de una forma inesperada.

6	sino que se golpeaba el pecho y decía:	SU ACTITUD
	"¡Oh Dios, ten compasión de mí, que soy pecador!"	SU ORACIÓN

La postura de oración aceptada consistía en cruzar las manos sobre el pecho y mantener la mirada gacha (Edersheim, *Temple*, 156). Pero este hombre no mantiene las manos inmóviles sobre el pecho, sino que las mueve para golpearse. Este gesto aún se usa en los poblados de todo Oriente Próximo, desde Irak hasta Egipto. Con los puños cerrados, se golpean el pecho de forma rápida y sucesiva. Este gesto se usa en tiempos de angustia o de rabia. En el Antiguo Testamento no aparece y en los Evangelios tan solo en dos ocasiones (ambas en Lucas). Pero lo curioso es que se trata de un gesto característico de las mujeres. Después de veinte años, solo he encontrado una ocasión en la que los hombres se golpean el pecho de esta forma. Se trata del ritual *ashura* de los musulmanes chiítas. Es la conmemoración del asesinato de Hussein, el hijo de Alí (el yerno del profeta del Islam). El ritual consiste en representar la escena del asesinato y los devotos se laceran las cabezas rapadas con cuchillos en señal de angustia mientras recuerdan este evento en comunidad. En este ritual, los hombres sí se golpean el pecho. Las mujeres se golpean el pecho en los entierros, pero los hombres no. Para los hombres es un gesto de dolor extremo, y no lo usan casi nunca. Por eso en la Biblia solo lo encontramos en dos ocasiones, aquí y ante el horror de la cruz (Lc 23:48). En este texto dice que toda la multitud se marchó golpeándose el pecho. Esa multitud debía de estar formada por hombres y mujeres, naturalmente. Parece ser que es necesario algo de la magnitud de lo que ocurrió en el Gólgota para hacer que los hombres de Oriente Próximo hagan uso de este gesto.

Además, se nos dice que se golpea en el *pecho*. ¿Por qué en el pecho? En un comentario judío de Eclesiastés 7:2 se nos explica el porqué:

R. Mana dijo: *Y los vivos lo tendrán presente en sus corazo-*
nes: los justos son los que, al pensar en la muerte, piensan en
su corazón; ¿y por qué se golpean sobre el corazón? Porque es
como si dijeran: «Ahí dentro está todo…» (nota: … los justos se
golpean sobre el corazón porque saben que es la fuente de todo
deseo pecaminoso). (Midrash, *Rabba*, Ecl. VII, 2,5, Sonc., 177).

Ibn al-Salibi afirma la misma idea cuando en el siglo XI comenta sobre el recaudador de impuestos:

el corazón que había bajo su pecho era la fuente de todos sus pensamientos pecaminosos, por lo que estaba golpeándolo como evidencia de su dolor, como hacen las personas arrepentidas que se
golpean el pecho (Ibn al-Salibi, II, 182).

Así, este clásico gesto de Oriente Próximo es un reconocimiento profundo de la realidad de la que habla Mateo 15:19: «del corazón salen
los malos pensamientos, los homicidios … los robos, los falsos testimo-
nios y las calumnias». Conocer este trasfondo nos ayuda a entender la
sinceridad del remordimiento del recaudador de impuestos. Entonces,
realmente, ¿en qué consiste su oración?

Durante siglos, la Iglesia tanto de Oriente como de Occidente ha traducido la expresión *hilastheti moi* como «ten misericordia de mí». No
obstante, más abajo, en 18:38, el ciego clama *eleeson me*, que significa
claramente «ten misericordia de mí». Pero esta última expresión tan
común no es la que el recaudador de impuestos usa en 18:13. La palabra
hilaskomai solo aparece como verbo aquí y en Hebreos 2:17. Como sustantivo aparece en cuatro ocasiones (Ro 3:25; Heb 9:5; 1Jn 2:2; 4:10),
y está claro que se refiere al sacrificio propiciatorio. Las palabras castellanas expiación y propiciación se tienen que combinar con la purificación y la reconciliación para obtener el significado de la palabra hebrea
kaffar, que es la idea que hay detrás de la palabra griega *hilaskomai*. El
recaudador de impuestos no está pidiendo por la misericordia de Dios
en general. Está pidiendo de forma muy concreta que se le concedan los
beneficios de la propiciación. Tanto la versión aramea clásica como la
siríaca harcleana de los primeros siglos de la vida de la Iglesia traducen
literalmente «haz una propiciación para mí». Las palabras de Dalman
nos ayudan a entender mejor la escena. Describiendo el área del templo,
dice:

El que viene aquí para orar a la hora del sacrificio de la tarde, es
decir, a la novena hora (tres de la tarde) … ve en primer lugar la
matanza del cordero para el sacrificio, y luego al sacerdote que

> entra en el santuario para quemar el incienso (Lc 1:9). En estos dos actos, los israelitas no eran unos meros observadores, porque se realizaban en nombre del pueblo, al que el sacerdote representaba, para afirmar la relación diaria de Israel con su Dios, según el mandamiento divino; después, los sacerdotes pronunciaban la bendición con las manos extendidas ... y ponían el Nombre de Dios sobre los hijos del Israel ... el pueblo «se arrodillaba» para recibir la bendición (Eclo. 1:21) al escuchar el Nombre inefable ... Todo esto se hacía con la conciencia de que Dios en su misericordia iba a aceptar la ofrenda, aceptando el sacrificio que se había llevado al altar (Dalman, *Sacred*, 303).

Dalman continúa explicando los otros elementos de la liturgia, el estruendo del címbalo, el toque de las trompetas, la lectura de los Salmos, el cántico del coro de los levitas y la postración final del pueblo. Al leer a Dalman y a Edersheim (*Temple*, 156ss.), casi puedo oler el penetrante incienso, oír el sonido de los címbalos y ver subir la gran nube de denso humo. El recaudador de impuestos está ahí. Se mantiene alejado, para que no le vean, porque cree que no es digno de estar entre los demás. Quebrantado, anhela formar parte de todo eso. Desea poder estar entre los «justos». Profundamente arrepentido, se golpea el pecho y grita con arrepentimiento y con esperanza: «¡Oh Señor! ¡Permite que yo pueda disfrutar de eso también! ¡Haz propiciación también para mí, un pecador!». Allí en el templo, este hombre humilde, consciente de su propio pecado y su indignidad, sin ningún mérito propio, desea que el gran sacrificio de propiciación pueda aplicársele a él también. La última estrofa nos informa de que ese sacrificio también es para él.

7 «Les digo que éste, y no aquél, volvió a su casa justificado ante Dios.»	DOS DESCIENDEN RECAUDADOR DE IMPUESTOS, FARISEO

En la primera estrofa vimos que dos hombres subían al templo a la misma hora y que el fariseo iba primero. Ahora, esos mismos hombres descienden (de nuevo a la misma hora). El culto ha acabado. Ahora se menciona en primer lugar al recaudador de impuestos. Él es el que ha sido justificado en presencia de Dios. Durante siglos, la Iglesia ha debatido si los sacramentos tienen un efecto automático sobre el creyente, independientemente del estado espiritual de este. Aquí, en esta sencilla parábola, tenemos la respuesta. ¡Y la respuesta es que no! El fariseo estaba perdiendo el tiempo. El que se cree justo vuelve a casa sin estar justificado. De hecho, como dice Ibn al-Salibi, «el orgullo del fariseo ha intensificado su culpabilidad y su pecado» (Ibn al-Salibi, II,

182). Se ha sacrificado el cordero por los pecados del pueblo; pero el de corazón contrito, que vino reconociéndose indigno y confiando en la propiciación de Dios, es el que recibe la justificación de Dios. Así acaba la parábola. A continuación, encontramos un principio general a modo de resumen y conclusión.

CONCLUSIÓN

> Pues todo el que a sí mismo se enaltece será humillado,   (CONCLUSIÓN)
> y el que se humilla será enaltecido.

Esta afirmación, aunque con otras palabras, aparece en el Nuevo Testamento en varias ocasiones (cf. Mt 18:4; 23:12; Lc 14:11; 1P 5:6). Se trata de un paralelismo antitético y probablemente era un proverbio de Jesús que Lucas o su fuente añadió al final de la parábola, que llega a su propia conclusión. A la vez, un buen número de las parábolas están seguidas de un proverbio que se añadió justo detrás de la conclusión de la parábola (cf. Lc 8:8; 12:21, 48; 16:8b; 18:8b; 19:26). No hay razón para negar la posibilidad de que Jesús mismo dijera un proverbio de este tipo al acabar de narrar una parábola. De hecho, ese podría ser el caso aquí. Sea como sea, este proverbio encaja perfectamente con la parábola, pues trata del que ha sido el tema central: cómo alcanzar la justicia. Como vimos más arriba, Lucas o su fuente añadieron una introducción a la parábola que hacía hincapié en el tema de la justicia y de cómo podemos alcanzarla. Así, esta conclusión, que trata el mismo tema, le da a la parábola un equilibrio perfecto.

Este último versículo afirma que los únicos que serán enaltecidos serán los humildes. La palabra «exaltación» o «enaltecimiento» ocupa un lugar importante en la teología del Nuevo Testamento en relación a la persona de Cristo. Sin embargo, aquí se usa con el significado que tenía en el Antiguo Testamento. En cuanto al uso veterotestamentario, Bertram dice: «Puesto que el nombre de Dios es el único nombre que se puede exaltar ... Dios es el único que puede enaltecer y exaltar a los hombres» (Bertram, *TDNT*, VIII, 606). Por tanto, el significado de «exaltar» se acerca al significado de «liberar, redimir» (*Ibíd.*, 607). Bertram explica: «Exaltación significa acercarse a Dios; el justo que es manso y humilde puede tener la esperanza de que Dios le exaltará, y puede reclamarlo» (*Ibíd.*). En cuanto al uso de esta palabra en los Evangelios Sinópticos, Bertram observa: «En la línea de la revelación del Antiguo Testamento, hay un rechazo de cualquier intento de exaltación por parte del hombre ... La exaltación es un acto que solo Dios puede realizar» (*Ibíd.*, 608).

Por tanto, está claro que el versículo 14 de nuestro texto no está hablando de rango social o de la humildad o elevación del hombre entre sus semejantes. De nuevo, Bertram observa que la exaltación «siempre tiene para el oyente o lector cristiano una referencia escatológica» (*Ibíd.*). Es obvio que este versículo habla de la exaltación del hombre con relación a Dios. Como en el Antiguo Testamento, es casi sinónimo de «liberar» y «redimir». La introducción a la parábola habla de los que se enaltecen a sí mismos (es decir, los que se consideran justos) y que humillan a los demás (es decir, desprecian a los demás). Al final, el que se enaltece será humillado, y el que se humilla será enaltecido.

Por último, pues, ¿qué busca la parábola que el oyente entienda o haga? ¿Y qué conceptos teológicos aparecen?

La parábola enseña a los oyentes que confiaban en su propia justicia de qué forma se consigue la verdadera justicia. Jesús proclama que la justicia es un regalo de Dios, hecho posible por el sacrificio expiatorio, que reciben aquellos que en humildad se acercan a Dios como pecadores, confiando en su gracia y no en su propia justicia. Como dice Jeremias, «Nuestro pasaje muestra … que la doctrina paulina de la justificación tiene sus raíces en la enseñanza de Jesús» (Jeremias, *Parábolas*, 114 de la edición en inglés).

Los temas teológicos presentes en la parábola son los siguientes:

1. La justicia es un regalo de Dios otorgado gracias al sacrificio expiatorio a los pecadores que se acercan a Dios confesando su pecado y conscientes de que son incapaces de alcanzar la justicia por ellos mismos.

2. El sacrificio expiatorio no cubre al que confía en su propia justicia.

3. Encontramos el siguiente patrón de oración: la oración no puede constar de congratulaciones, en ella no se puede hacer alarde de la piedad, ni se puede usar para criticar a otros; lo que sí se debe hacer es, de forma humilde, confesar los pecados y exponer nuestra necesidad, esperando que a través del sacrificio expiatorio se cubran esos pecados y se suplan esas necesidades. Y no solo se habla de los elementos a incluir en la oración, sino de la actitud: se debe evitar el orgullo y practicar la humildad.

4. El cumplimiento de la Ley, e incluso la práctica exagerada de esta, no nos garantiza que alcanzaremos la justicia.

5. La justicia propia distorsiona la visión. El fariseo tuvo ante sus ojos a un hombre sinceramente arrepentido en plena demostración de su profundo dolor y remordimiento. Pero él solo supo ver a un pecador al que tenía que evitar a toda costa.

Esta parábola no contiene una cristología evidente. El sacrificio expiatorio que aparece aquí es el del Antiguo Testamento. En ningún momento se menciona, ni tan siquiera de forma implícita, la persona de Jesús y su papel en la historia de la salvación. No obstante, nos ofrece una rica comprensión teológica de la justicia que está a nuestro alcance gracias a la expiación. Desde estas líneas sugerimos que esta manera de entenderlo se convirtió en el fundamento de la teología de la Iglesia primitiva. Resumiendo, los inicios de la idea de la justicia a través de la expiación que impregna todo el Nuevo Testamento los podemos encontrar en el mismo Jesús de Nazaret.

Capítulo 10

EL CAMELLO Y LA AGUJA
(Lucas 18:18-30)

Los temas principales de este increíble diálogo están organizados siguiendo el principio de la inversión. Si reducimos el pasaje a los temas principales, el esquema que nos queda es el siguiente:

1   Heredar la vida eterna

    2   Cinco requisitos con un énfasis especial:
       - lealtad a la familia
       - actitud frente a las posesiones

      3   Las demandas de la nueva obediencia:
         - vende todo lo que tienes
         - ven y sígueme

         4   La nueva obediencia vista como:
            - demasiado difícil

            5   La PARÁBOLA DEL CAMELLO Y LA AGUJA
              (entrar en el reino)

         4' La nueva obediencia vista como:
            - demasiado difícil
            - solo es posible con Dios

      3'   Las demandas de la nueva obediencia se llevan a cabo:
       - hemos dejado todo
       - te hemos seguido

    2'   Cinco nuevos requisitos con un énfasis especial:
      - actitud frente a las posesiones
      - lealtad a la familia

1'   Recibe vida eterna

A continuación presentamos todo el texto y su estructura:

1   Cierto dirigente le preguntó: VIDA ETERNA
    «Maestro bueno, ¿qué tengo que hacer para heredar la vida   LOS VIEJOS
    eterna?».   REQUISITOS
2   respondió Jesús.   - cumplidos
        «¿Por qué me llamas bueno?»,
        «Nadie es bueno sino solo Dios.
    Ya sabes los mandamientos:
        No cometas adulterio,   7 (lealtad a la familia)
        no mates,   6
        no robes,   8 (propiedades)
        no presentes falso testimonio, 9
    honra a tu padre y a tu madre».   5 (lealtad a la familia)
    «Todo eso lo he cumplido desde que era joven»,
    dijo el hombre».
3   Al oír esto, Jesús añadió: LA NUEVA
        «Todavía te falta una cosa: OBEDIENCIA
    vende todo lo que tienes   - explicada
        y repártelo entre los pobres,   (el dirigente)
        y tendrás tesoro en el cielo.
    Luego ven y sígueme».
4   Cuando el hombre oyó esto,   NUEVA
        se entristeció mucho,   OBEDIENCIA
        pues era muy rico.   – demasiado difícil
        5   Al verlo tan afligido, Jesús comentó:
            «¡Qué difícil es
                para los que tienen posesiones
                    entrar en el reino de Dios!   ENTRAR
        5′ En realidad, le resulta más fácil a un camello   EN EL REINO
                pasar por el ojo de una aguja,
                    que a un rico
                        entrar en el reino de Dios».
        4′ Los que lo oyeron preguntaron: NUEVA
            «Entonces, ¿quién podrá salvarse?».   OBEDIENCIA
            «Lo que es imposible para los hombres   – demasiado difícil
            es posible para Dios», aclaró Jesús.   – posible con Dios
    3′ «Mira», le dijo Pedro,   NUEVA
        «nosotros hemos dejado todo lo que teníamos   OBEDIENCIA
        para seguirte».   - cumplida
                                                                 (discípulos)

2' «Les aseguro», respondió Jesús,
  «que todo el que haya dejado
    casa,   (propiedad)
    esposa,   (lealtad a la familia)
    hermanos,   (lealtad a la familia)
    padres   (lealtad a la familia)
    o hijos   (lealtad a la familia)
  por causa del reino de Dios
1' recibirá mucho más en este tiempo;
  y en la edad venidera, la vida eterna».

LOS NUEVOS
REQUISITOS
- cumplidos (todos
los creyentes)

VIDA ETERNA

En Lucas 10:25-37 vimos el mismo tema que aparece en este texto. Al estudiarlos, podemos apreciar que se trata de dos textos paralelos (cf. Bailey, *Poet*, 80-82). Ambos empiezan con una discusión sobre la Ley, discusión que va seguida de un diálogo y de una parábola insertada en medio de este. No obstante, estos dos textos están estructurados de forma diferente. En el primero (10:25-37) aparecen dos rondas de debate, y en cada ronda aparecen dos preguntas y dos respuestas. En el pasaje que ahora vamos a estudiar encontramos cinco temas, que repiten, a la inversa, después de una parábola. Vamos a ver esta estructura con más detenimiento.

El pasaje empieza y acaba con el tema de la vida eterna. Pero hay una diferencia entre el principio y el final. En la primera estrofa, el joven dirigente quiere hacer algo para ganarse el derecho de heredar la vida eterna. Al final de la conversación vemos que la vida eterna es un regalo, no un premio merecido. En la segunda estrofa se mencionan cinco de los mandamientos del Decálogo. Estos no aparecen en el orden original (véanse los números que hemos colocado a la derecha de cada mandamiento, que corresponde con el lugar que ocupan en la lista de los diez mandamientos). Nos vemos casi obligados a pensar que la ordenación que encontramos en este texto es intencional, que tiene algún propósito. Es obvio que los responsables del texto tal como nos ha llegado conocían el orden original, y no habrían repetido la lista desordenada si no hubieran detectado que Jesús los ordenó así por algún motivo. Por ejemplo, el mandamiento sobre el adulterio suele aparecer antes del mandamiento sobre el asesinato (Dt 5:17; Ro 13:9; Stg 2:11; Papiro Nash). Sin embargo, Oseas lo coloca al final de la lista y Jeremías a la mitad (Os 4:2; Jer 7:8-9). Que sepamos, colocar el mandamiento sobre la honra debida a los padres al final de una selección de mandamientos como esta no tiene ningún precedente. Marshall afirma que no se ha encontrado ninguna explicación para el orden que encontramos en este texto (Marshall, 685). Nosotros, sin embargo, queremos, con humildad, sugerir una explicación. Creemos que la selección de estos cinco mandamientos, y su orden, es deliberada.

¿Qué propósito puede haber detrás de este orden? En nuestra opinión, el texto se ordenó de esta forma para hacer hincapié en los temas de la lealtad a la familia y de la actitud frente a las posesiones. La cuestión del adulterio (es decir, la lealtad a la familia) aparece en primer lugar. Y la lista acaba con la honra debida a los padres. «No robes» aparece en el medio. Es posible que estemos ante una inversión y que la estructura que el autor tuviera en mente fuera la siguiente:

No cometas adulterio (lealtad a la familia)

No mates (destrucción física del otro)

No robes (respeto por la propiedad)

No presentes falso testimonio (destrucción verbal del otro)

Honra a tu padre y a tu madre (lealtad a la familia).

La lista de Lucas 14:26 presenta un orden similar (ver abajo). En ese texto encontramos una introducción y una conclusión, y, en medio, siete elementos. Está claro que los elementos más importantes aparecen al principio (el padre) y al final de la lista (uno mismo). Estos dos elementos son, de todos, los más importantes para una persona de Oriente Próximo. Aparecen al principio y al final de la lista para hacer un énfasis especial en ellos. De una forma similar, en Lucas 18:20, el orden de los mandamientos otorga un lugar especial al tema de la lealtad a la familia colocándolo al principio y al final de la lista. También se da cierta importancia al tema del respeto por la propiedad, pues aparece en el centro. Luego, en la estrofa 2', se presenta una segunda lista de demandas. En ella encontramos, de nuevo, cinco elementos y, curiosamente, los cinco tienen que ver con la lealtad a la propiedad y a la familia. Por tanto, creemos que la selección y la disposición del material extraído del Decálogo es una acción deliberada para que haya un equilibrio temático entre las estrofas 2 y 2'.

Lucas 14:26

Si alguno viene a mí y no sacrifica

el amor a su padre

y a su madre,

a su esposa

y a sus hijos,

a sus hermanos

y a sus hermanas,

y aun a su propia vida,

no puede ser mi discípulo.

En la tercera estrofa, al dirigente se le piden dos cosas. En la estrofa 3′, los discípulos dejan claro que ellos han cumplido esas dos demandas. En la cuarta estrofa, el dirigente deja ver que esas nuevas demandas son demasiado difíciles. En la estrofa 4′, los oyentes opinan igual. La estrofa 4′ también es el punto de inflexión del pasaje. En muchas de estas estructuras literarias vemos que justo después de la mitad aparece un cambio de dirección. En este caso ocurre lo mismo. En la segunda parte, que es como la primera pero con el orden invertido, se introduce un elemento nuevo y muy importante: la salvación solo es posible gracias a la intervención de Dios.

Al pasar a la segunda parte encontramos otro cambio, pues se pasa del singular al plural. La primera parte está dirigida a un solo individuo, el dirigente rico, por lo que todos los verbos están en singular. En el centro, la parábola hace una aplicación generalizada y, a partir de ahí, se usa el plural y se habla de colectivos. Este dato es realmente importante para entender bien este pasaje. En la conversación con el joven dirigente se discute un tema que es de vital importancia para *todos los discípulos*.

En el centro de la estructura encontramos una breve parábola que es crucial para la comprensión del pasaje. Y finalmente, como suele ocurrir, el tema principal que aparece tanto al principio como al final de la estructura se repite en el centro. Esta característica también la podemos ver aquí. El tema de la vida eterna, que aparece al principio y al final del pasaje, tiene que ver con el tema de «entrar al reino de Dios», que se repite dos veces en la parábola que aparece en el centro. Por tanto, este pasaje tiene todas las características principales del paralelismo invertido. Se presenta una serie de temas que luego se repiten en orden inverso. Además, en el centro se repite el tema con el que se abre y se cierra el pasaje. Y justo después de la mitad aparece un punto de inflexión. Con una estructura así, tan cuidadosamente elaborada, es evidente que se debe examinar todo el pasaje y estudiar la parábola a la luz del mosaico teológico del que forma parte.

Esta estructura literaria es sorprendentemente similar a la forma que estudiamos en Lucas 7:35-50. Ese texto también contenía una breve parábola como clímax de una discusión más extensa. Y en ambos textos se usa desde el inicio hasta el fin el principio de inversión. Por tanto, tenemos dos claros ejemplos de una breve parábola que funciona como el centro de una discusión más extensa, discusión que se deberá tener en cuenta para interpretar la parábola de forma adecuada. Con esta estructura en mente, vamos ahora a examinar cada una de las estrofas.

ESTROFA UNO

Cierto dirigente le preguntó:

«Maestro bueno, ¿qué tengo que hacer para heredar *la vida eterna*?».

En este pasaje encontramos un grupo de términos paralelos:

Heredar/recibir la vida eterna = sígueme = entrar en el reino = ser salvo.

La similitud de estos términos se irá viendo de forma más clara a medida que avancemos.

Está claro que el dirigente cree que puede ganar la vida eterna por sus propios esfuerzos: *¿qué tengo que hacer...?* Vemos que piensa en el futuro y que da por sentado que una conducta determinada en el presente le va asegurar la vida eterna en el futuro. Para él, el tema de la vida eterna solo tiene que ver con el futuro. En su respuesta al final del pasaje, vemos que Jesús da un giro a esta manera de entenderlo. Y también aparece aquí, aunque de forma indirecta, el tema de las recompensas en el cielo. Se presenta al final del pasaje, pero en un contexto completamente nuevo. La acción de Dios que es «imposible para los hombres» tiene que darse primero, y luego, solo luego, se puede hablar de recompensa. La frase que tenemos aquí es idéntica a la del intérprete de la Ley de Lucas 10:25; la única diferencia es que aquí se añade la palabra «bueno». La respuesta de Jesús empieza centrándose en esta forma inusual de dirigirse a un maestro.

ESTROFA DOS

2   respondió Jesús.
        «¿Por qué me llamas bueno?»,
        «Nadie es bueno sino solo Dios.
    Ya sabes los mandamientos:
        No cometas adulterio,   7 (lealtad a la familia)

no mates,	6
no robes,	8 (propiedades)
no presentes falso testimonio,	9
honra a tu padre y a tu madre».	5 (lealtad a la familia)

«Todo eso lo he cumplido desde que era joven»,
dijo el hombre».

La primera afirmación de Jesús ha creado polémica durante siglos. La frase «Nadie es bueno sino solo Dios» se ha usado a menudo para decir que, al parecer, Jesús no creía ser el Cristo. Volver al estéril debate del pasado no tendría ningún sentido. Sin embargo, para hacer justicia al pasaje, es cierto que hemos de analizar esta frase con mayor detenimiento.

Un posible acercamiento sería entender que Jesús está preguntando: «¿Por qué me llamas bueno? ¿De verdad crees que soy bueno? Sabes que esa palabra solo se puede usar para referirse a Dios, ¿no? ¿Realmente crees que merezco ser llamado con ese título?». No obstante, el dirigente no contesta. Si Jesús le está preguntando si cree que él es el Cristo, ¿no crees que lo normal sería obtener una respuesta? No obstante, se podría argumentar que la pregunta se deja sin responder de forma deliberada para que el lector responda por sí mismo. Son muchas las parábolas que tienen un final abierto, dejando al lector con la tarea de dar una respuesta. Lucas 9:57-62 es un claro ejemplo, pues al lector no se le da ninguna pista de cuál es la respuesta de los tres personajes de este pasaje. Tampoco sabemos cuál es la respuesta del hermano mayor, cuando se le invita al banquete en honor de su hermano menor (Lc 15:32); ni lo que ocurre al final del gran banquete (14:24); ni conocemos el destino del administrador astuto (16:8). En este sentido, aquí en 18:19 podríamos estar ante una pregunta tan seria como la siguiente: «¿Estás hablando en serio cuando te diriges a mí usando un título que solo es apropiado para dirigirse a Dios? ¿Estás listo para aceptar las implicaciones de una afirmación así?». Sin descartar esta interpretación, vamos a examinar otra posibilidad.

En la literatura rabínica, el título «maestro bueno» solo lo encontramos en una ocasión, cuando se le pide a un rabino que explique un sueño que ha tenido:

> En mi sueño se me decía lo siguiente: Saludos al maestro bueno
> de parte del Señor bueno que da generosamente cosas buenas a su
> pueblo (B.T. *Taanit* 24b, Sonc., 126).

En este texto se habla de un sueño, no de una salutación formal. Además, hay una repetición exagerada y, por lo tanto, claramente intencional de la palabra «bueno». Sea como sea, este saludo es realmente poco común. Por eso, es lógico entender que Jesús está contestando a alguien que se está dirigiendo a él de una forma un tanto «exagerada». El joven dirigente se está esforzando demasiado. Intenta impresionar a Jesús con un cumplido y quizá espera que Jesús también le salude con algún título especial. En el mundo oriental, cuando alguien te hace un cumplido, tienes que responder con otro cumplido. El dirigente empieza diciendo «Maestro bueno» y quizá espera que Jesús le diga algo como «Noble dirigente». Al parecer, esto es lo que crea tensión, porque Jesús no se dirige a él haciendo uso de un título especial; y en los Evangelios esta respuesta puede provocar cierta irritación (cf. Lc 15:29; Jn 4:17). Esta abrupta respuesta de Jesús es una técnica que Jesús usa en más de una ocasión. Parece ser que el propósito es probar la seriedad de las intenciones de su interlocutor (cf. Mt 15:26; Jn 3:3). Encontramos el mismo tipo de introducción y respuesta en Lucas 12:13-14, donde el interlocutor de Jesús también se dirige a él haciendo uso de un título y Jesús le contesta de una forma un tanto dura. Por tanto, creemos que la mejor explicación de la respuesta de Jesús en nuestro texto es que está queriendo probar la intención del joven dirigente.

Además de analizar el tono de la respuesta de Jesús, aún nos tenemos que preguntar si el texto está afirmando la insignificancia de su persona, particularmente en lo que a su divinidad se refiere. Cuando examinamos todo el pasaje, está claro que no es así. En la primera estrofa, el dirigente quiere saber qué debe *hacer* para heredar la vida eterna. Jesús le dice (3) que venda todo lo que tiene y «ven y sígue*me*». Si el pasaje tenía la intención de destacar la insignificancia de Jesús en relación con Dios, Jesús habría tenido que decir «sigue los caminos de Dios (del mismo modo que yo los sigo)», o algo por el estilo. En cambio, al dirigente se le dice que el requisito que debe cumplir es seguir a Jesús. Así, de nuevo se presenta a Jesús como el agente único de Dios, y obedecer a Dios pasa por aceptar quién es Jesús.

Ya hemos visto el hincapié que se hace en los temas de la familia y la propiedad mediante la selección y ordenación de las leyes que aparecen en el texto. La respuesta del dirigente, en la que dice que las ha observado todas desde su juventud, tiene precedente y puede considerarse un tanto presuntuosa. En el Talmud se recoge que Abraham, Moisés y Aarón guardaron toda la Ley (Plummer, 423). Al parecer, el joven rico se ve a sí mismo en una posición similar a la de tales personajes. Por eso la respuesta de Jesús suena como una advertencia a alguien que se cree más de lo que es.

ESTROFA TRES

Al oír esto, Jesús añadió:
«Todavía te falta una cosa:
vende todo lo que tienes
y repártelo entre los pobres,
y tendrás tesoro en el cielo.
Luego ven y sígueme». .

La idea de que «todavía falta una cosa» también aparece como respuesta ante la pregunta sobre la vida eterna en la historia de María y Marta (Lc 10:42). La cosa que María tiene, y a Marta le falta, es una expresión adecuada de lealtad a la persona de Jesús. A este dirigente le falta la misma cosa. Como ocurre una y otra vez en Lucas, este tema aparece dos veces; en una ocasión, ilustrado por una mujer, y en la otra, por un hombre (cf. 4:25-27; 15:3-10; etc.).

Cabe la posibilidad de que «y repártelo entre los pobres» y «tendrás tesoro en el cielo» se hayan añadido al texto original. La línea paralela de la estrofa 3' no contiene ninguna referencia a un tesoro en los cielos. Esta preocupación particular ya se ha introducido en el texto en Lucas 6:23 (como ya vimos en el capítulo 6). La estructura literaria de 14:12-14 sugiere que 14:14b, que trata sobre el mismo tema, también es un breve comentario añadido a modo de explicación (el tesoro en el cielo es la vida eterna que él busca). La teoría de las dos capas literarias (una composición original y una posterior revisión donde se ha añadido alguna información) se puede defender fácilmente en el caso de Lucas 6:23. Pero no se puede afirmar de forma tan contundente en el caso de 14:14b y 18:22. Estos añadidos (en el caso de que eso se puedan demostrar) son evidencia de que existió un texto más antiguo en la época de la Iglesia primitiva, al que le añadieron algún detalle. Y nos obligan a pensar que la fecha de composición de ese material es anterior a la de Lucas.

Las demandas que Jesús menciona (vende todo lo que tienes y sígueme) tienen que ver con los dos valores sugeridos en la reordenación de los mandamientos: la propiedad y la familia. En la sociedad de Oriente Próximo, el patrimonio de la familia tiene un valor altísimo porque es un símbolo de la cohesión familiar. Para entender qué es lo que se le está pidiendo aquí al dirigente, deberíamos observar todo lo que una familia oriental está dispuesta a hacer para mantener a la mayor parte posible de la familia en el hogar ancestral (incluso hoy en día). Al dirigente se le está pidiendo que ponga a Jesús por encima de su familia y del patrimonio de la misma. Abraham se tuvo que enfrentar en dos ocasiones a una demanda similar. Dejó sus tierras de Ur solo por obediencia. Luego, en el monte de Moria, Dios le pidió si estaba dispuesto a poner la obediencia a Él por encima de la lealtad a su propia familia. Abraham pasó aquella gran prueba de obediencia/fe. El dirigente ni siquiera pasó la primera prueba. Quizá si hubiera cumplido la primera demanda Dios le hubiera devuelto sus posesiones para que las usara para su servicio. Pero, en cuanto a esto, lo único que podemos hacer es especular. Lo que está claro es que el tipo de lenguaje sobre la cuestión de las posesiones claramente implica también a la familia (como veremos en las estrofas 3′ y 2′). Por tanto, en esta estrofa, vemos a un hombre seguro de sí mismo que se enfrenta a las demandas radicales de la obediencia. Su respuesta aparece en la estrofa 4.

ESTROFA CUATRO

Cuando el hombre oyó esto,

se entristeció mucho,

pues era muy rico.

La nueva obediencia no contradice a la ley antigua, sino que va aún más allá. Lo que ahora se le pide al joven dirigente está más allá de sus posibilidades. Se trata de algo que no puede cumplir. Sin embargo, su tristeza no es solo el resultado de su amor por sus riquezas. Se entristece, sobre todo, porque se da cuenta de que no puede *ganarse* el regalo de Dios. Las personas ricas normalmente se sienten orgullosas de sus propios logros. No aceptan favores, no quieren que se les dé ninguna ventaja y acumulan riquezas sobre la base de un esfuerzo excepcional. Pero la entrada a la presencia de Dios no es algo que podamos ganar. Lo único que podemos hacer es recibirla con un corazón agradecido. Cuando una persona segura de sí misma tiene la necesidad de sentirse aceptada por Dios, se ve obligada a reevaluar su manera de entender el mérito y el valor. La confianza de una persona que se cree autosuficiente se deshace como las olas en la arena, cuando se trata de entrar en la vida eterna. El dirigente oye (4) lo mismo que los oyentes (4′); y estos últimos verbalizan lo primero que les viene a la mente (y, quizá, lo que también pensó nuestro protagonista). Por tanto, no nos sorprende que se entristezca por su amor por las riquezas. Pero, como hemos dicho, una parte importante de esas riquezas es el patrimonio de su familia, que es un símbolo visible de la familia, de la que él, como dirigente, es el líder. Jesús le está diciendo que la lealtad a su persona debe estar por encima de la lealtad a ese símbolo tan preciado. El dirigente, apenado, guarda silencio. Su vanidad y confianza en sí mismo se desmoronan. Al ver esto, Jesús contesta con una parábola de seis líneas construida a partir de un paralelismo escalonado.

ESTROFA CINCO

Al verlo tan afligido, Jesús comentó:
«¡Qué difícil es
para los que tienen posesiones
entrar en el reino de Dios!
En realidad, le resulta más fácil a un camello
pasar por el ojo de una aguja,
que a un rico
entrar en el reino de Dios».

Si las tomamos aparte, las tres últimas líneas forman una estructura de cuatro líneas:

En realidad, le resulta más fácil a un camello

pasar por el ojo de una aguja,

que a un rico

entrar en el reino de Dios».

Pero, como vimos en Lucas 7:44-48, la longitud de las líneas no es crucial si el objetivo es construir un paralelismo semántico cuyo interés principal no es encajar en un molde poético. Por tanto, para construir este estrofa de seis líneas quizá se ha tomado este breve proverbio de cuatro líneas, se ha reestructurado y se han añadido tres líneas más. Las tres ideas que unen estos seis versos son «demasiado difícil», «riquezas» y «entrar en el reino de Dios». Los dos grupos de tres versos son paralelos, aunque podemos observar que existe cierta progresión. Entrar en el reino a través de la confianza en las posesiones y las riquezas es difícil (1); de hecho, es imposible (2). Cualquiera que cuenta con posesiones tiene una tendencia natural a querer ganarse el regalo de Dios. Es difícil, o más bien imposible, seguir con esta tendencia de «querer lograrlo todo por uno mismo» y, a la vez, aceptar la gracia.

En la historia de la interpretación hay dos intentos de suavizar el sentido del texto. Uno de ellos es lingüístico, y muy antiguo. Consiste en cambiar una vocal griega. Si, en lugar de *kamelon*, pusiera *kamilon* (como en algunos antiguos manuscritos), ya no estaríamos hablando de un animal cuadrúpedo de un tamaño considerable, sino de una cuerda. Así, imaginad una cuerda fina (¿un cordel?) y una aguja grande. Enhebrar la aguja será bastante difícil, pero no imposible. Perece ser que algunos copistas de los primeros siglos intentaron suavizar el texto y dejar entrever que un rico podía salvarse si se esforzaba lo suficiente. Pero la evidencia textual a favor de «cuerda» es muy poco convincente. En el siglo XI, Ibn al-Tayyib ya descartó esta opción:

> Algunos dicen que en este texto, la palabra «camello» en realidad significa «cuerda gruesa». Otros piensan que se refiere a la viga principal que sostiene un techo; y otros, que simplemente hace referencia al conocido animal; y esta última es la opción correcta (Ibn al-Tayyib, Manqariyus, I, 323).

Una segunda alternativa proviene de una escena cotidiana de la vida rural de Oriente Próximo. Muchas casas tienen un portón doble que se abre hacia dentro para poder entrar la mercancía al patio de la casa. El portón tiene que ser lo suficientemente grande para que pueda entrar un camello cargado. Por tanto, las puertas deben medir al menos tres metros de altura por tres y medio de ancho. Esas puertas se construyen con grandes vigas de madera. Para moverlas se necesita a muchas personas, así que solo se abren cuando tiene que entrar un camello cargado. Si no, la gente entra y sale por una puerta más pequeña que hay en el mismo portón, que es mucho más ligera y fácil de abrir. En el pasado, algunos comentarios bíblicos explicaban que esta pequeña puerta era el «ojo de la aguja» de nuestro texto. F.W. Farrar cita correspondencia privada que recoge viajes por Oriente Próximo en 1835 en la que se menciona ese tipo de puerta llamada ojo de aguja (Farrar, 375ss.). Sin embargo, unos años después, Scherer, que llevaba muchos años viviendo en Oriente Próximo, escribió de forma tajante: «No hay ningún indicio de esa identificación. En ninguna lengua se ha llamado a esa puerta ojo de la aguja, ni tampoco se llama así ahora» (Scherer, 37). Nuestra experiencia respalda las palabras de Scherer. Pero, de hecho, Farrar mismo desecha la información que encuentra en esa antigua correspondencia y opta por la evidencia que encuentra en el Talmud.

En el Talmud, Rabí Nahman sugiere que los sueños de un hombre son el reflejo de sus pensamientos. Y luego dice:

> Eso queda demostrado por el hecho de que en los sueños nunca aparecen cosas tales como una palmera que da dátiles de oro, o un elefante que pasa a través del ojo de una aguja (B.T. *Berakhot* 55b, Sonc., 342).

Es decir, en los sueños nunca aparece algo que es claramente imposible. El elefante era el animal más grande de Mesopotamia, y el camello, el más grande de Palestina. En ambos casos se está ilustrando algo que es realmente imposible, como el texto mismo afirma (v. 27). Deberíamos ver como errores interpretativos todos estos intentos por explicar esta expresión y, con ella, todo el texto. La parábola presenta de una forma deliberada una imagen de algo *realmente imposible*. Como dice Ellis, «El proverbio sobre el camello y la aguja (25) debe entenderse de forma literal. La salvación de cualquier persona es un puro milagro» (Ellis, 219). Un hombre rico (por sus propios esfuerzos) *no puede* entrar en el reino. No puede destronar a las riquezas él solo. Necesita ayuda. Los oyentes no detectan la profundidad teológica de la parábola. Lo que sí entienden es que un hombre rico no puede entrar en el reino. Las reacciones no se hacen esperar. Veamos la estrofa siguiente.

ESTROFA CUATRO

> Los que lo oyeron preguntaron:
>
> «Entonces, ¿quién podrá salvarse?».
>
> «Lo que es imposible para los hombres
>
> es posible para Dios», aclaró Jesús.

La pregunta de los oyentes surge de una mentalidad concreta. Esa mentalidad dice:

> Los hombres ricos son los que pueden construir sinagogas, crear orfanatos, dar limosnas a los pobres, amueblar templos y financiar otras muchas cosas. Si hay alguien que se podrá salvar, ¡sin duda serán los ricos! Jesús dice que ellos no pueden entrar en el reino por medio de esas acciones tan nobles. Nosotros los pobres no tenemos el dinero para poder realizar acciones tan nobles. Entonces, ¿quién podrá salvarse?

El dirigente concluyó que las demandas de Jesús eran demasiado duras (4). Los oyentes se hacen eco de ese pensamiento y lo expresan en forma de pregunta (4').

Ya hemos comentado que en una estructura literaria invertida suele haber un punto de inflexión justo después de la parte central. Justo después de la mitad se suele introducir una parte crucial para la comprensión de todo el pasaje. Fiel a este principio, en nuestro texto también se introduce una afirmación de este tipo. Se afirma que la salvación es posible por la acción de Dios. Sin ella, nadie puede *entrar* en el reino. No hay nadie que pueda hacer grandes cosas y entonces *heredar* la vida eterna. Una herencia es un regalo, no algo que se obtiene acumulando logros. Nadie tiene derecho a entrar en el reino, ni tan siquiera los ricos, con todas las buenas obras que pueden hacer. Si Jesús le hubiera dado al dirigente rico una lista de buenas obras costosas, seguro que el dirigente se habría puesto manos a la obra de forma diligente y con gran entusiasmo. Pero eso no es lo que Jesús le dice. Jesús le asegura que sus mejores esfuerzos no valen nada para lograr el objetivo de *entrar* en el reino. Los hombres no pueden alcanzar la salvación; solo es posible con Dios. Como Marshall dice: «Dios puede obrar el milagro de la conversión incluso en los corazones de los ricos» (Marshall, 686). El diálogo invertido vuelve de forma natural al tema de las demandas que el dirigente considera difíciles (3). La pregunta que ahora surge es la siguiente: ¿Alguien ha logrado cumplirlas? La estrofa 3′ nos da la respuesta.

ESTROFA TRES

«Mira», le dijo Pedro,

«nosotros hemos *dejado todo lo que teníamos*

para *seguirte*».

Hace siglos Ibn al-Salibi (I, 387) ya hizo referencia al paralelismo entre los requisitos que se le han dado al dirigente y las palabras de Pedro:

El dirigente (3)	*Los discípulos* (3′)
Jesús añadió:	Pedro dijo:
«Vende todo lo que tienes…	«Nosotros hemos dejado
Luego ven y sígueme».	todo lo que teníamos para
	seguirte».

Hemos argumentado que las demandas que se le ponen al dirigente no solo tienen que ver con las riquezas, sino también con el destronamiento de las demandas de la familia. Y aquí ocurre lo mismo. Podemos verlo mejor en la siguiente estrofa. Pedro dice: «Nosotros hemos dejado *ta idia* para seguirte». Creemos que estamos ante un plural neutro que normalmente hace referencia a cosas. En Juan 1:11 leemos: «Vino a su propia casa (*ta idia*), pero los suyos (*hoi idioi*) no lo recibieron». Por tanto, parece que hay una distinción entre la casa o nación (*ta idia*), y la gente (*hoi idioi*). El primero es neutro, y el segundo, masculino. No obstante, en este texto de Lucas es evidente, a partir de la respuesta de Jesús, que Pedro está hablando de más que casas y muebles. Muchas de las versiones árabes antiguas recogen una comprensión más amplia del *ta idia* de Pedro: «Hemos dejado lo que es nuestro». Esta expresión puede englobar tanto a personas como a cosas. Así, Pedro y los discípulos, a quienes representa, son un ejemplo vivo del milagro del que Jesús habla. Ellos también tenían familias y posesiones. También eran de aquella cultura de Oriente Próximo en la que esos dos elementos eran la prioridad por excelencia. Pero Dios hizo un milagro con ellos. Eran un ejemplo de que lo que es imposible para los hombres es posible para Dios. De hecho, los hombres y las mujeres de fe de todas las épocas son una muestra de que las imposibles demandas de obediencia se vuelven posibles a través del milagro de la gracia de Dios. Pedro afirma la realidad de ese milagro en las vidas de aquellos discípulos de Jesús. Ibn al-Salibi comenta: «Seguir a Jesús era la única razón por la que pudieron dejarlo todo» (Ibn al-Salibi, I, 378ss.). La respuesta que Jesús le da a Pedro abarca las estrofas 2' y 1'.

ESTROFA DOS

«Les aseguro»,

respondió Jesús,

«que todo el que haya dejado

casa,	(lealtad a la propiedad)
esposa,	(lealtad a la familia)
hermanos,	(lealtad a la familia)
padres	(lealtad a la familia)
o hijos	(lealtad a la familia)

por causa del reino de Dios

ESTROFA UNO

recibirá mucho más en este tiempo;

y en la edad venidera, *la vida eterna*».

En el caso del dirigente observamos que su relación con sus riquezas era tal que no pudo rendir lealtad a algo superior. Así que aquí, Ibn al-Salibi observa:

> Con estas palabras, Jesús no está diciendo que deberíamos romper con nuestro matrimonio o nuestros lazos con la familia; lo que enseña es que hemos de dar prioridad o mayor honor a nuestro temor a Dios que a nuestro matrimonio, hermanos, nación y parientes (Ibn al-Salibi, I, 389).

No es un error que la palabra «casa» aparezca la primera de la lista. Luego, los miembros de la familia son los otros cuatro elementos que forman esta lista de cinco. Ya vimos que en la estrofa 2 aparecen cinco de los diez mandamientos, y se presentan ordenados de tal modo que los temas más enfatizados son la propiedad y la familia. Aquí, esos son los únicos temas que aparecen en la lista. Podemos apreciar una comparación entre los viejos requisitos y los nuevos, entre la vieja y la nueva obediencia.

En el viejo sistema, a los fieles se les pedía que no robaran, que no tomaran la propiedad que no era suya. En el nuevo sistema, puede que uno tenga que dejar atrás su propiedad. En la vieja obediencia, se decía que no se debía molestar a la mujer del prójimo. En la nueva obediencia, al discípulo se le dice que quizá tendrá que dejar a su propia mujer. En la antigua obediencia, los fieles debían honrar a su padre y a su madre, lo que quería decir (y sigue siendo así hoy) quedarse en casa y cuidar de ellos hasta su muerte y su debido entierro. En la nueva obediencia, al discípulo se le dice que quizá tendrá que dejarlos. Es casi imposible explicar todo lo que eso significa en el contexto de Oriente Próximo. Los dos valores intocables en cualquier cultura oriental son la *familia* y el *hogar*. Cuando Jesús los puso en esa lista y luego dijo que había algo por encima de eso, estaba pidiendo algo realmente imposible para alguien de Oriente Próximo, dadas las expectativas de aquella cultura. Los diez mandamientos se pueden soportar; pero eso otro es demasiado. Esas cosas solo son posibles con Dios. Esta claro que este pasaje choca a cualquier persona, venga de la cultura que venga. Lo que queremos decir es que este impacto es mucho más fuerte en una cultura tradicional donde esos valores son aún más fuertes que en nuestra cultura occidental. Jesús es plenamente consciente de la radicalidad de sus palabras en una sociedad como la suya. Por eso introduce sus palabras con la expresión «De cierto os digo». En Lucas, esta expresión solo aparece seis veces, y en cada ocasión introduce unas palabras fuertes que impactan enormemente al oyente. Su uso aquí no es una excepción.

En la última estrofa vuelve a aparecer la cuestión de la recompensa. Aquí vemos este importante tema presentado en dos aspectos. El dirigente ya tiene su recompensa en mente. Él quiere la vida eterna. Por eso pregunta qué tiene que hacer para ganarse esa recompensa. Se le explica cuáles son los requisitos, y son requisitos que no puede cumplir. Queda claro que la salvación es obra de Dios, no un logro de las personas. A los discípulos Dios les ha dado la gracia de responder a un nuevo patrón de obediencia. Ya lo han hecho (hemos dejado todo lo que era nuestro). Rompieron con las expectativas de su sociedad y transmitieron que para ellos era más importante la obediencia a Jesús que la lealtad a la familia y a la propiedad. Jesús responde y confirma que el reino tiene recompensas infinitas para aquellos que responden en obediencia sin pensar en la recompensa. Marshall afirma que las palabras de Pedro no son una «exigencia egoísta de una recompensa», sino «una oportunidad de lanzar la premisa de que la negación a uno mismo por causa del reino será vindicada» (Marshall, 688). Además, esas recompensas son para el presente *y* para el porvenir. Y la vida eterna la *reciben*, no la ganan. En el texto también se hace énfasis en el tema de la seguridad de la salvación. *Todo* el que responda al llamamiento de la obediencia recibirá la vida eterna. Por tanto, esta última estrofa, con el regreso al tema de la vida eterna, está cargada de ricas afirmaciones teológicas.

Concluyendo, ¿cuál es la respuesta que Jesús espera del dirigente, y cuál es el grupo de cuestiones teológicas de este pasaje? El objetivo es que el dirigente entienda que la vida eterna no se gana a través de buenas obras, sino que se recibe como un regalo que es para aquellos que dejan que Dios obre lo imposible en ellos. La capacidad del dirigente de hacer buenas obras (a través de su riqueza) es una piedra de tropiezo para llegar a aceptar de forma humilde el milagro de la gracia que le puede capacitar para responder con la obediencia radical que se le está pidiendo.

Las cuestiones teológicas que aparecen en el pasaje son las siguientes:

1. La salvación está fuera del alcance humano; solo es posible gracias a la acción de Dios.

2. Hay una nueva obediencia que no anula la antigua, sino que construye sobre ella y la supera.

3. La salvación, entrar en el reino y recibir la vida eterna son conceptos inseparables de la idea de seguir a Jesús.

4. La vida de fe se define en términos de lealtad a la persona de Jesús. Y esa lealtad tiene que ser más fuerte que la lealtad a la familia y a la propiedad.

5. Aquellos que buscan ganar recompensas, como el dirigente, encuentran en su camino obstáculos infranqueables.

6. Los discípulos como Pedro, que aceptan el milagro de la salvación de Dios y responden en obediencia radical, tienen la seguridad de que recibirán las recompensas del reino, recompensas que todos los discípulos recibirán de forma gratuita y que son tanto para esta vida como para la futura.

7. Las posesiones y lo que representan pueden ser un obstáculo enorme para responder de forma obediente al llamamiento a seguir a Jesús.

Nuestro estudio acaba como empezó. Este pasaje no solo coincide con el de la escena en casa de Simón en su forma literaria, sino que en ambos pasajes se habla de que la salvación es un regalo de la gracia. En ambos vemos a alguien que lo acepta y a alguien que lo rechaza. Nuestra esperanza es que este modesto esfuerzo haya sacado a la luz el encanto de la persona de Jesús, la claridad de su pensamiento y el atractivo de un discipulado tan costoso.

Capítulo 11^{NT}

EL AMIGO A MEDIANOCHE
(Lucas 11:5-8)

La del amigo a medianoche es una parábola de dos estrofas de seis unidades cada una, y ambas estrofas se invierten. En esta sección pretendemos demostrar que esta parábola empieza con una pregunta que espera como respuesta un «no» enfático. La pregunta se podría parafrasear de la siguiente forma: «¿Puedes imaginarte que tienes un invitado, que vas a casa del vecino para que te preste un poco de pan y tu vecino te da unas excusas ridículas diciéndote que la puerta ya está cerrada y que los niños ya están durmiendo?». Un oyente de Oriente Próximo enseguida responderá: ¡No, claro que no puedo imaginármelo! ¡Eso es inconcebible!». El clímax de la parábola gira en torno a la cuestión del «sentido del honor» o «actitud intachable» del hombre que está durmiendo, que le lleva a responder, aun en medio de la noche, a la petición de su amigo. Es importante entender que el concepto de «importunidad» no existía en aquella cultura, y que es un elemento que se ha «colado» en la parábola debido a que aparece en los versículos que la siguen. Entenderemos correctamente los elementos culturales de la parábola una vez entendamos de forma adecuada la palabra clave: ἀναίδεια. La parábola enseña que Dios es un Dios de honor y que el hombre puede estar completamente seguro de que sus oraciones van a ser escuchadas. Por último, después de la parábola aparece un poema sobre un aspecto diferente de la oración (11:9-13).

La estructura del Documento de Jerusalén coloca este pasaje en paralelo con Lucas 18:1-14. En ese texto, como en 11:1-13, vemos que un compilador ha unido dos unidades de tradición que originalmente eran

---

N. de la T. Este capítulo no pertenece a este libro, sino que es parte del capítulo 6 de otro libro de K. E. Bailey, titulado *Poet & Peasant*. Con el permiso de la editorial, se ha creído conveniente añadirlo aquí.

independientes. Bultmann identifica tres unidades: versículos del 1 al 4, del 5 al 8 y del 9 al 13[1].

Nuestra primera tarea es examinar la estructura de la parábola:

Supongamos —continuó— que uno de ustedes tiene un amigo, y a medianoche va

(LO QUE NO OCURRIRÁ)

A 1	y le dice: «Amigo, préstame tres panes,	PETICIÓN (DAR)
2	pues se me ha presentado un amigo recién llegado de viaje,	RAZÓN DE LA PETICIÓN
3	y no tengo nada que ofrecerle.»	LLAMADO A CUMPLIR SU DEBER
3′	Y el que está adentro le contesta:	
	«No me molestes.	DEBER DENEGADO
2′	Ya está cerrada la puerta, y mis hijos y yo estamos costados.	RAZÓN DE LA RESPUESTA NEGATIVA
1′	No puedo levantarme a darte nada.»	PETICIÓN DENEGADA (DAR)

Les digo que,   (LO QUE SÍ OCURRIRÁ)

B 1	aunque no le dará nada	NO RESPONDE A LA PETICIÓN (DAR)
2	habiéndose levantado	LEVANTÁNDOSE
3	por ser amigo suyo,	NO POR SU AMISTAD
3′	por evitar la vergüenza	SINO POR HONOR
2	sí se levantará	SE LEVANTARÁ
1′	y le dará cuanto necesite.[2]	CONCEDE LA PETICIÓN (DAR)

Una vez visualizamos la estructura de la parábola, podemos extraer una lista de características. Observamos que las líneas 1 y 1′ tienen en común el tema de *dar*. La parte central de ambas estrofas tiene que ver con el tema del *honor*. Para entenderlo mejor hemos de examinar cuidadosamente cómo es la cultura en la que se escribe esta historia. Tengamos en cuenta que, en los poemas de dos estrofas donde la segunda

---

1. Bultmann, *Historia*, p. 324 de la edición en inglés. Así, en el caso de este pasaje, los estudiosos están dispuestos a reconocer que la parábola va seguida de un texto que, aunque relacionado, forma parte de otro material.
2. Esta estructura literaria refleja el orden del original griego.

estrofa sigue el patrón de la primera, el clímax del poema aparece en la parte central de la segunda estrofa. Esto queda especialmente claro aquí, justo en el lugar donde hemos traducido la palabra clave por «evitar la vergüenza». Ahora, pues, analizaremos de forma detallada el texto y su contexto cultural.

La parábola del amigo a medianoche empieza con la expresión familiar τίς ἐξ ὑμῶν. Esta característica expresión aparece tres veces en Q,[3] cuatro veces en la fuente especial de Lucas[4] y una en Juan.[5] Según Jeremias, esta expresión «es notable porque no parece tener paralelos en la literatura contemporánea de Jesús».[6] También argumenta de forma convincente que esta expresión «quiere incitar a los oyentes a una enfática actitud»,[7] es decir, a definirse.

Antiguamente, algunos decían que la partícula interrogativa τίς ἐξ ὑμῶν se perdía en medio de la frase en la que estaba insertada.[8] Jeremias cree que la pregunta se extiende hasta el final del versículo 7 y que está formulada para provocar una respuesta rotundamente negativa.[9] Un análisis detallado de las veces que aparece en el Nuevo Testamento respalda la opinión de Jeremias.

La traducción tradicional de algunos de los textos que contienen esta partícula necesita algún retoque si queremos que reflejen la expectativa de una respuesta claramente negativa. Pero, en todos los casos, hacer dicho retoque aporta al texto una clara lucidez. Lucas 14:5 quedaría:

> ¿Quién de ustedes puede imaginarse que su hijo cae en un pozo y no lo saca inmediatamente porque es sábado?

Y Lucas 15:4 se traduciría de la siguiente forma:

> ¿Quién de ustedes puede imaginarse que pierde una de las cien ovejas que tiene y no deja a las noventa y nueve en el campo para ir a buscar a la que se ha perdido?

---

3. Mt 6:27 es paralelo a Lc 12:25; Mt 7:9 es paralelo a Lc 11:11; Mt 12:11 es paralelo a Lc 14:5.

4. Lc 11:5; 14:28; 15:4; 17:7.

5. Jn 8:46.

6. Jeremias, *Parábolas*, p. 128, p. 103 de la edición en inglés.

7. *Ibíd.*, 127.

8. Plummer, *St. Luke*, p. 298; Arndt, *St. Luke*, p. 297.

9. Jeremias, *Parábolas*, pp. 128 y 194, pp. 103 y 157 de la edición en inglés.

Otros textos que contienen esta partícula sí se han traducido de tal forma que la respuesta que se espera sea negativa; como, por ejemplo, Lucas 17:7:

> Supongamos que uno de ustedes tiene un siervo que ha estado arando el campo o cuidando las ovejas. Cuando el siervo regresa del campo, ¿acaso se le dice: «Ven en seguida a sentarte a la mesa»?

Entender que la expresión τίς ἐξ ὑμῶν en Lucas 11:5 tiene el objetivo de provocar una respuesta negativa es crucial para hacer una buena interpretación de esta parábola. Jesús está preguntado: ¿Quién de ustedes puede imaginarse que va al vecino pidiéndole ayuda para atender a un invitado y recibe esa respuesta?». La responsabilidad que un oriental siente ante un invitado es por todos conocida. Cuando se trata de cuidar bien a un invitado, el oyente/lector oriental no puede imaginarse excusas tan tontas como «la puerta está cerrada» o «los niños ya están durmiendo». Para entender esto en profundidad, hemos de detenernos e introducirnos en la mentalidad y las costumbres de aquella época.

La literatura exegética contemporánea está llena de referencias a la necesidad de viajar de noche a causa del calor. Esto ocurre en las zonas desérticas de Siria, Jordania y Egipto. No es tan común en Palestina y el Líbano, que tienen algunas colinas en el interior y cuentan en la costa con la brisa del mar.[10] Por tanto, la llegada del amigo a media noche es algo poco habitual.

Es probable que la información que recogen muchos libros modernos, diciendo que la comida de una persona consistía en tres piezas de pan, provenga de Rihbany.[11] Esta información podría ser verdad si se tratara de las pequeñas piezas de pan de Siria. Pero no si pensamos en el pan que se come en el resto de Oriente Próximo. En algunos lugares, el pan más común es una barra delgada de unos sesenta centímetros. En otros, un pan redondo, pero más grande que el de Siria. Al invitado se le da una barra entera, que es más de lo que normalmente come una persona. El anfitrión, como dice Rihbany, «tenía que poner delante de su invitado

---

10. Este es otro ejemplo de confusión entre los campesinos y los beduinos del desierto. En verano, por causa del calor, es costumbre que los beduinos viajen de noche. Sin embargo, un campesino, especialmente de Palestina, solo viajaría por la noche en casos muy excepcionales.

11. Rihbany, *Syrian*, p. 215.

más del número exacto de piezas correspondiente a la comida de un adulto».[12]

Jeremias dice que el campesino de Palestina cuece pan todos los días y que «en la aldea se sabe quién tiene todavía pan por la noche».[13] El campesino indio hace pan todos los días, pero el campesino de Oriente Próximo no. Nuestra experiencia en estas tierras confirma lo que Bishop escribe:

> Parece también como si la casa en cuestión [la casa del amigo que ya está durmiendo] hubiera acabado de hornear unas cuantas barras —a veces suficientes para durar toda una semana o más— … Las subsistencias [del anfitrión] se habían acabado hasta que pudieran llevar la masa que había hecho la familia al horno del pueblo [a la mañana siguiente].[14]

Las mujeres de las aldeas trabajan juntas para hacer el pan, por eso se sabe quién ha hecho pan recientemente. Puede que haya algo de pan en la casa del anfitrión, pero debe ofrecer al invitado una pieza entera. Darle a un invitado una pieza empezada en otra comida era un insulto.

Es obligación del anfitrión servir a su invitado, y el invitado a su vez tiene la obligación de comer lo que le sirven. Rihbany escribe: «[El anfitrión] debe servirle algo, aunque el viajero no tenga mucha hambre».[15] Aunque la cuestión no es tanto la comida en sí, sino que sea comida adecuada para la ocasión. Sa'id escribe: «[El anfitrión oriental] tiene la magnánima responsabilidad de ofrecer al invitado aquello que está fuera de su alcance».[16]

El elemento crucial en esta parte inicial de la parábola es que el invitado es un invitado de la *comunidad*, no solo de una persona. Esto queda

---

12. Rihbany, *Syrian*, p. 215. Said observa que una es para el invitado, otra para el anfitrión, y otra para «el ángel de la mesa», que, según él, es una costumbre rabínica. Pero no ofrece ninguna documentación que respalde lo que dice. Sa'id, *Luqa*, p. 30.

13. Jeremias, *Parábolas*, p. 193, p. 157 de la edición en inglés. Jeremias documenta esta última observación haciendo referencia a A.M. Broker, *De Gelijkenessen* (Leiden: Brill, 1946), p. 211.

14. Bishop, *Jesus*, p. 176. Las evidencias que yo aporto, junto con evidencias de fuentes palestinas y libanesas, confirman las palabras de Bishop, no las de Jeremias.

15. Rihbany, *Syrian*, p. 214.

16. Said, *Luqa*, p. 300.

reflejado incluso en el lenguaje positivo con el que hay que dirigirse a él: «Tu visita honra a *nuestra aldea*», y nunca «Me honras con tu visita».[17] Así, la comunidad es la responsable de cuidar y atender al visitante. El invitado se tiene que ir de la aldea con una buena impresión de la hospitalidad de esa comunidad. De nuevo Rihbany escribe: «Debido al carácter homogéneo de la vida en Oriente, tomar cosas prestadas se ha convertido en todo un arte».[18] Al ir al vecino, el anfitrión está pidiéndole al amigo que ya está durmiendo que cumpla con su deber como miembro de la comunidad.[19] Si la petición es modesta, es impensable que los miembros de la comunidad den una respuesta negativa. En este caso, lo que se pide es el elemento más humilde de toda la comida: el pan que sirve para acompañar la comida principal.

El pan no es solo comida. El pan hacía las veces de cuchillo, tenedor y cuchara. La comida se pone sobre un plato para todos y a cada persona se le da una pieza de pan. Hay que cortar un trozo del tamaño de un bocado, usarlo para coger comida del plato comunitario e introducírselo todo en la boca. El siguiente paso es repetir la misma operación, cortando de la hogaza otro pedazo de pan. El plato comunitario no se contamina aunque todos coman del mismo, porque cada vez que los comensales toman del plato, lo hacen con un trozo nuevo de pan. El pan siempre se come con algo más. Cuando no hay nada más, el último recurso es restregarlo por un plato lleno de sal. Así, la expresión oriental «comer pan y sal» hace referencia a una situación de pobreza. El anfitrión de la parábola pide pan. Todo el mundo sabe que también necesitará que le presten la comida principal, como vemos en la última línea de la parábola.

Sa'id dice que el anfitrión está convencido de que su amigo le va a conceder su petición. Y esa convicción, dice, se basa en tres puntos:

---

17. Al invitado también se le puede decir «Tu visita nos honra», refiriéndose a la familia, pero son mucho más comunes las referencias a una comunidad más amplia. Y no encontramos casos en los que se mencione a una sola persona.

18. Rihbany, *Syrian*, pp. 214ss. Viviendo en aldeas bastante primitivas de Oriente Próximo, hemos descubierto para nuestra sorpresa que esta costumbre de pedir a los vecinos para poder ofrecer algo adecuado a los invitados es tan común que se pregunta incluso a los mismos invitados. ¡A veces aceptábamos una invitación a comer en casa de alguien y acabábamos comiendo de nuestros propios platos, que el anfitrión había cogido sigilosamente de nuestra cocina!

19. La estructura de la estrofa coloca este llamamiento a cumplir con el deber en el centro, como clímax.

1. Él (el anfitrión) es un anfitrión, no alguien que pide para sí mismo.

2. Va a pedir a un amigo, para honrar a otro amigo.

3. Está pidiendo el elemento más básico para la subsistencia.[20]

El anfitrión empieza la ronda. Visitando a los vecinos, juntará un buen plato de comida. También le dejarán la mejor bandeja, jarra, servilleta y copa del vecindario.[21] Al final de la parábola vemos que tiene una larga lista de necesidades, pues el amigo que estaba durmiendo le da «cuanto necesite».

El anfitrión tiene suficiente comida. Las olivas que se recogen durante la cosecha se ponen en sal, y así duran todo el año; también almacenan melaza de uva y queso (casi todo elaborado cuando las vacas están frescas). La familia prepara cada año reservas y las almacena en un altillo que hay en uno de los rincones de la casa del campesino que, recordemos, no es más que una gran habitación. Cuando el anfitrión dice «No tengo nada», estamos ante una forma de hablar. Lo que realmente quiere decir es que «No tengo nada que sea lo suficientemente adecuado para ofrecerle a mi invitado, así que la reputación de nuestra comunidad está en juego». Vemos que el tema destacado es, de nuevo, el deber de la comunidad.

Si tenemos en mente este trasfondo, el versículo 7 es muy claro. Los versículos del 5 al 7 forman esa pregunta que está formulada de tal forma que la única respuesta posible es un «no» rotundo. Jesús está diciendo: «¿Puedes imaginar que vas a un amigo y le haces la sagrada petición de que te ayude a atender a un invitado, y este te da excusas tan estúpidas como que los niños ya están durmiendo o que la puerta ya está cerrada?». El oyente/lector oriental sabe de la responsabilidad comunitaria que el anfitrión tiene y responde: «No, no me lo puedo imaginar».[22]

---

20. Sa'id, *Luqa*, pp. 300ss. La palabra que traducimos por «el elemento más básico para la subsistencia» es *al-kafaf*. En árabe es una palabra muy fuerte, pues hace referencia a la cantidad suficiente para que alguien no muera de inanición. Sa'id quiere decir que el que pide prestado está pidiendo muy poco, el mínimo de lo que podría pedir.

21. Si no tomamos Juan 2:6 como una alegoría, tenemos allí una ilustración de algo parecido: los vecinos han reunido entre todos para la celebración un número considerable de tinajas. Normalmente, las familias solo tenían una.

22. Cf. Jeremias, *Parábolas*, p. 158 de la edición en inglés. Los detalles del enfado hipotético son auténticos. El amigo que estaba durmiendo está en-

Se ha hablado mucho del hecho de que los niños ya estaban durmiendo y que la puerta ya estaba cerrada. Pero, en mi opinión, son consideraciones de poco peso. El cerrojo de la puerta no era tan pesado como muchas veces se dice. Y, por lo general, los niños se vuelven a dormir con mucha facilidad. Esas hipotéticas excusas son tan impensables que hasta hacen reír.

Algunos estudiosos dicen que hay cierta ambigüedad en cuanto al sujeto de πορεύσεται. Jeremias entiende los versículos 5-7 de la siguiente manera:

> ¿Os podéis imaginar que uno de vosotros tiene un amigo y viene a medianoche y te dice: «Amigo, préstame tres panes, porque mi amigo ha venido de viaje y no tengo nada que ofrecerle»; y que tú dijeras…?[23] [NT]

Por tanto, Jeremias interpreta que φίλον es el antecedente del verbo πορεύσεται. No obstante, en Lucas 17:7 aparece una construcción casi idéntica pero, esta vez, sin ningún tipo de ambigüedad. Vale la pena comparar ambos textos. Lucas 17:7 dice así:

Alguno de vosotros – que tenga un siervo – dice – a él (el siervo)

τίς δὲ ἐξ ὑμῶν   δοῦλον ἔχων ἐρεῖ αὐτῷ

Lucas 11:5 es bastante similar:

τίς ἐξ ὑμῶν   ἕξει φίλον πορεύσεται αὐτόν

(el amigo)

---

fadado. Las casas de los campesinos en Palestina tienen un único espacio, la mayor parte del cual es un lugar un poco más elevado, que hace las veces de habitación para toda la familia. Los niños están dormidos junto a los padres en esa especie de habitación. Han cerrado la puerta justo antes de irse a dormir (Rihbany, *Syrian*, pp. 215ss.). La referencia a ἤδη que encontramos aquí significa «hace mucho tiempo»; cf. Jeremias, *Parábolas*, p. 215, p. 176 de la edición en inglés, donde la traduce por «ahora» o «ya».

23. Jeremias, *Parábolas*, p. 194, p. 158 de la edición en inglés.

N.T. El lector observador verá que esta cita de Jeremias no concuerda exactamente con lo que aparece en la edición castellana de *Parábolas*. Ocurre que, en este punto, la edición castellana difiere significativamente de la edición en inglés y, para poder seguir la argumentación que Bailey elabora, era necesario dejar a un lado lo que aparece en la edición castellana y hacer una nueva traducción ciñéndonos a la cita que aparece en el texto original de Bailey.

Así, el antecedente del verbo «ir» es «tú», no «el amigo». Entonces, es más probable que «el amigo» esté haciendo referencia al que está durmiendo, y que lo que se busque es que el oyente de la parábola se identifique con el anfitrión, no con el que estaba durmiendo.[24]

La importancia de este pasaje depende del significado de la palabra clave ἀναίδεια del versículo 8. En el contexto cristiano, la palabra llegó a tener dos significados: «descaro o importunidad» (cualidad negativa) y «persistencia» (cualidad positiva). Tendremos que determinar si el segundo significado encaja en este texto tanto lingüística como teológicamente.

En la literatura griega antigua, la palabra significa «descaro». Desde Arquíloco del siglo VII a.c., pasando por Platón, Sófocles, Herodoto y Píndaro en el siglo V, hasta Demóstenes en el siglo IV, todas las referencias apuntan a este significado.

En la obra de Epicteto (50-130 D.C.) encontramos un uso importante que une ἄπιστος con ἀναιδής. Epicteto está ofreciendo consejo sobre la necesidad de rechazar las cosas externas que destruyen el propósito de la vida. Su interlocutor le pregunta sobre la posición que debería sostener en la ciudad y Epicteto responde lo siguiente:

> La posición que puedas, siempre que mantengas tu fidelidad (πιστόν) y tu sentido de decoro o de vergüenza (αἰδήμονα). Pero si cuando quieras ser útil para el estado pierdes esas cualidades, ¿de qué utilidad vas a ser si te presentas como alguien descarado o sinvergüenza (ἀναιδής) e infiel (ἄπιστος)?[25]

Por tanto, vemos que a principios del siglo II la palabra se usaba con un sentido negativo, por lo que era un término que se podía unir a ἄπιστος. En Epicteto no encontramos nada que apunte al significado de «persistencia».

Volviendo a los papiros, Moulton y Milligan nos ofrecen tres ejemplos. En uno de ellos, ἀναιδής se usa para describir a un hombre que impone contribuciones sobre los habitantes. En otro, del 49 D.C., se habla de gente que «descaradamente se niega a pagar» (ἀναιδευόμενοι

---

24. Todas las versiones orientales que tenemos identifican sin ninguna ambigüedad al oyente con el anfitrión. En la parábola paralela del juez injusto, de nuevo se identifica al oyente con la viuda, no con el juez.

25. Epicteto *Enchiridion* xxiv. En cuanto al texto griego, cf. *Simplicii Commentarius in Epicteti Enchiridion*, ed. Iohannes Schweighaeuser (Lipsiae: en Libraria Weidmannia, 1800).

μὴ ἀποδῶναι). Y el último contiene un párrafo en el que dice «A manos de los avariciosos (πλεονεκτικῶς) y los sinvergüenzas (ἀναιδῶς) las autoridades habían tenido bastante».[26] De nuevo vemos que cuando se menciona esta cualidad se hace en sentido estrictamente negativo. De nuevo vemos que no hay ninguna indicación de que se pueda traducir por «persistencia».[27] Preisigke da dos ilustraciones de ἀναιδής, que él mismo traduce por *schamlos* y *rücksichtslos*.[28]

A partir de la literatura cristiana temprana, Lampe toma ἀναιδεύομαι, que él traduce por «falta de decoro» y «comportamiento vergonzoso/ descarado», y ἀναιδίζομαι, que traduce por «actuar con insolencia/descaro».[29]

En el griego del Antiguo Testamento canónico, la forma ἀναιδής se asocia con un «semblante descarado» y un «rostro airado».[30] En la porción aramea de Daniel, el profeta, cuando oye que el rey ha ordenado la muerte de todos los sabios de Babilonia, pregunta cautelosamente: «¿Por qué viene un edicto tan duro y severo de parte del rostro del rey (ἡ γνώμη ἡ ἀναιδής)?».[31] La palabra en arameo es *hasaf*. En esta referencia vemos que esta misma palabra aramea es la palabra siria que se corresponde con ἀναίδεια que aparece en todas las versiones siríacas y tiene (¿o quizá ha adquirido?) el significado secundario de «persistencia». Claramente, en el texto de Daniel no hay ninguna indicación de que ese sea el significado.

La otra referencia poco usual en la Septuaginta es Jeremías 8:5. El texto habla de «apostasía perpetua» (*meshubah nissahat*), que en la Septuaginta se traduce por ἀποστροφὴν ἀναιδῆ. Por tanto, aquí sí tenemos una clara referencia a que ἀναίδεια puede tener el sentido de

---

26. J.H. Moulton y G. Milligan, *The Vocabulary of the Greek Testament* (Grand Rapids: Eerdmans, 1930), p. 33; mi traducción.

27. Aunque, en el segundo de estos textos, la frase sigue teniendo sentido si traducimos la palabra de la que estamos hablando por «persistente». No obstante, Moutlon y Milligan la traducen por «descarado».

28. Friedrich Preisigke, *Wörterbuch der griechischen Papyrusurkunden* (Berlin: Selbstverlag der Erben, 1925), I, p. 88.

29. G.W.H. Lampe, *A Patristic Greek Lexicon* (Oxford: Clarendon, 1961), p. 103.

30. Pr 25:23; 7:13; Dt 28:50; Ec 8:1; Dn 8:23. Las palabras hebreas son עז זעם עזז. El adverbio aparece en Pr 21:29. En Is 56:11 se describe a los perros como ἀναιδεῖς τῇ ψυχῇ.

31. Dn 2:15. En la LXX dice πικρῶς.

«continuo» o «perpetuo», aunque aún aparece en un contexto negativo. Cabe la posibilidad de que el traductor de la Septuaginta está haciendo una interpretación, en la cual una «apostasía descarada» es igual a una «apostasía perpetua». No obstante, la interpretación que la Septuaginta hace de Jeremías 8:5 se puede aceptar como un precedente del uso cristiano posterior de dicho término. Ben Sirá usa tanto el adjetivo como el sustantivo abstracto. En todo caso, la referencia es negativa y significa «descarado».[32]

Resumiendo, en la Septuaginta, ἀναίδεια tiene un sentido negativo casi sin excepción, y su sentido general es, por tanto, «descarado, desvergonzado» o «severo, airado, insolente».

Si pasamos a Josefo, según nuestra investigación, esta palabra significa exclusivamente «descarado» o «insolente». Marcus la traduce como «descaro».[33] Thackeray usa «insolente».[34] De nuevo, se trata de una cualidad negativa. Sin excepción, no hace referencia a continuidad o persistencia.

La cuestión es que, en la parábola del amigo a media noche, el sentido negativo de la palabra «descaro» o «inoportunidad» nos crea un problema. ¿Es un «descaro» o es «inoportuno» que el creyente pida a Dios en oración? Claro que no. Para que la parábola tuviera sentido, parece ser que la Iglesia vio la necesidad de quitar una cualidad negativa (importunidad) y sustituirla por una cualidad positiva. La respuesta aceptada de forma casi universal fue «persistencia». La victoria de «persistencia» sobre «importunidad» era tan absoluta hacia el siglo XII, que Eutimio, un monje griego, pudo definir ἀναίδεια como τὴν ἐπιμονὴν τῆς αἰτήσεως.[35] No podemos decir a ciencia cierta cuándo se produjo este cambio, pero sí podemos apreciar algunas indicaciones que apuntan hacia él.

En latín, el cambio se da a través de una mutación en el vocabulario. *Improbitatem*[36] gradualmente llegó a convertirse en *importunitatem*,[37] que al final llegó a imponerse sobre el término más antiguo. En las versiones coptas aparecen dos palabras, *las* y *matlas*. Ambas significan

---

32. Cf. *Eclesiástico* 23:6; 26:11; 40:30 para el adjetivo y 25:23 para el sustantivo abstracto.

33. Josefo, *Antigüedades*, xvii. 119.

34. Josefo, *La guerra de los judíos*, i. 224.

35. Cf. Bruce, *Synoptic Gospels*, p. 548; no se da ninguna referencia.

36. Latín antiguo d f i l q vg.

37. BF c ff^{22} r aur.

principalmente «inoportunidad» o «descaro», pero adquieren además el significado de «persistencia».[38] El copto, como el griego, ¿adquirió ese nuevo significado principalmente, si no exclusivamente, como resultado de este texto? ¿Y ocurre lo mismo con el término siríaco *hasaf*?

Las versiones árabes traducen de forma unánime «persistencia». Así, en todas las versiones que hemos examinado, el problema del sentido negativo de la palabra «importunidad» que aparece en la parábola del amigo a medianoche se solucionó cambiando el sentido de ἀναίδεια y traduciéndolo por «persistencia».

Contextualmente hablando, al igual que teológica, lingüística y estilísticamente, esta solución al problema es totalmente inadecuada. La persistencia en la oración es uno de los temas dominantes de la parábola del juez injusto. La mujer es persistente. Y al final recibe una respuesta. No obstante, a diferencia de Lucas 18, el anfitrión de Lucas 11 recibe una respuesta de forma inmediata. Y la respuesta es «¡No!». Presumiblemente, el que está llamando a la puerta persiste hasta que el que está en la cama se ve forzado a cambiar de idea. La enseñanza sinóptica sobre la oración es que los piadosos han de ser persistentes *hasta* que reciban una respuesta. Pero una vez reciben una respuesta, ¿pueden molestar a Dios para pedirle que cambie de opinión, si la respuesta que les ha dado no les satisface? ¿O deben aceptarla y responder «Hágase tu voluntad»? Cadoux, refiriéndose a la persistencia que supuestamente hará que Dios cambie, comenta: «Si esa parábola se explicara hoy con ese significado, sería tachada de extraña, engañosa, peligrosa e irrelevante».[39] Sa´id evita el problema diciendo: «La persistencia no consiste en lograr que Dios nos trate de forma compasiva, sino en que nos prepare para recibir sus bendiciones».[40] Puede que la teología de esta afirmación sea correcta, pero no la exégesis. No obstante, Sa´id reconoce el problema. Está cla-

---

38. El Profesor Wahib G. Kamil, del Instituto Copto de Estudios Superiores del Cairo, ha tenido la gentileza de compilar para mí la información sobre las versiones coptas. Ha analizado las versiones que estaban a su alcance, y también los diccionarios bilingües copto-árabe. *Qamus Qaladiyus Labib*, p. 251, y *Qamus Kiram*, p. 151.

39. Cadoux, *Parables*, p. 36. Cadoux ha identificado el problema. Su solución consiste en divorciar la parábola totalmente de su contexto lucano y de la parábola del juez injusto. Su conclusión es que el objetivo de la parábola es transmitir una enseñanza ética. Está justificado forzar una relación por el bien de otra relación (*Ibíd.*, p. 152). Como veremos más adelante, es innecesario practicar una cirugía tan brutal.

40. Sa´id, *Luqa*, p. 301.

ro que traducir ἀναίδεια por «persistencia» produce serias dificultades teológicas.

La historia no recoge ninguna otra mención sobre la persistencia aparte de esta palabra tan discutida. Tradicionalmente, hemos dado por sentado que el que viene a pedir prestado persiste llamando a la puerta. De hecho, no golpea la puerta, sino que llama a viva voz. El golpe en la puerta en mitad de la noche asustaría al que está durmiendo. Cuando el que llegaba era un extraño, golpeaba en la puerta. Pero si se trataba de un amigo, llamaba gritando, porque así su amigo reconocía su voz y no se asustaba. En el poema que tenemos después de la parábola (vv. 9-13) aparece una clara referencia a persistir y a golpear en la puerta. Lo más probable es que este poema sea el causante del cambio que ha habido de «descaro» a «persistencia». La idea de persistencia que aparece en el poema debió de «salpicar» la parábola, pues, de hecho, en ella no se dice que el hombre persistiera.

Por último, la idea de la persistencia no encaja en la estructura de esta segunda estrofa de la parábola. La clave del problema es la identificación de los antecedentes de algunas de las preposiciones y sustantivos. Para que quede más claro, observaremos de nuevo la inversión de esta segunda estrofa, esta vez centrándonos en el sujeto de cada una de las líneas.

	Les digo que,	*El sujeto de cada línea es:*
B 1	aunque no le *dará* nada	el que duerme
2	habiéndose levantado	el que duerme
3	por ser amigo suyo,	el que duerme
3′	por su (ἀναίδεια)	?
2′	sí se levantará	el que duerme
1′	y le *dará* cuanto necesite.[41]	el que duerme

---

41. Fue Bengel quien observó la naturaleza invertida de esta frase. Él comenta: «La ordenación de las palabras está muy estudiada: δώσει, ἀναστάς, ἐγερθεὶς, δώσει; aunque no *dará, levantándose,* no obstante *habiéndose levantado, dará*» (Bangel: *Gnomon,* I, 446). Black, *Aramaic Approach,* p. 59, incluye este versículo en una lista de ejemplos de asíndeton. El escritor ha colocado ἀναστάς después de la parte introductoria a pesar de que la precede en el tiempo.

Está claro que toda la estrofa está hablando del que duerme y que, por ello, lo lógico es que la línea 3′ también esté haciendo referencia a él. Sea cual sea el significado de la discutida palabra, hace referencia al hombre que ya está en la cama, no al anfitrión que ha venido a tomar algo prestado. Además, la línea similar que aparece en la primera estrofa de la parábola (A–3′) recoge el rechazo inicial del que duerme a cumplir con su deber. Aquí, en la segunda estrofa, lo normal es esperar una discusión que haga referencia al mismo hombre y al mismo tema. Por tanto, la manera tradicional de entender esta línea tiene dos problemas: una traducción equivocada de la palabra clave ἀναίδεια y una asociación equivocada (pues dicha palabra se atribuye al hombre equivocado).

En resumen: teológicamente hablando, la persistencia después de haber recibido una respuesta no es coherente con la manera sinóptica de entender la oración. En la historia, la acción de llamar pidiendo ayuda no se repite. Por la estructura poética que tenemos delante, la única opción es que la palabra ἀναίδεια se aplique al que estaba durmiendo. Es evidente que tener la palabra «descaro» o «inoportunidad» en un texto sobre la oración es un problema. La solución tradicional ha sido traducirla en el versículo 8 por «persistencia». Pero esta solución es inadecuada.

Los estudiosos modernos han reconocido que ἀναίδεια significa «descaro». Principalmente se han propuesto cuatro soluciones diferentes.

La primera consiste en aceptar la traducción de «descaro» e interpretar que se refiere al anfitrión. Algunos estudiosos consideran que muestra descaro al montar semejante escándalo en medio de la noche. Otros combinan «descarado» con «persistente». El anfitrión es descarado por aparecer en medio de la noche, y también por persistir. Por tanto, traducen ἀναίδεια por «persistencia descarada».[42]

También dentro del marco de esta solución, encontramos a los que suavizan el sentido de «descaro» traduciéndolo por «valentía», convirtiéndolo así en una cualidad positiva. El cambio es sutil, pero significativo. Argumentan que tenemos que ser valientes e ir a Dios en oración, y que se trataba de un mensaje dirigido a los tímidos gentiles cristianos.

---

42. Cf. Jülicher, *Gleichnisreden*, II, 273; B.T.D. Smith, *Parables*, p. 147; Leaney, *St. Luke*, p. 187; y muchos otros.

Harris escribe: «Esta enseñanza era relevante para los gentiles cristianos que no tenían el bagaje de los judíos en cuanto a la piedad».[43]

Las dificultades de estas soluciones son evidentes. Como vimos, a lo largo del siglo I la palabra ἀναίδεια no significa «persistencia», y en la parábola no hay ninguna referencia a dicha cualidad. Dejar atrás la característica negativa «descaro» para optar por la traducción positiva «valentía» no tiene ningún respaldo ni fundamento. (Si no, ¿por qué el autor no usó παρρησία si eso era lo que quería transmitir?).

Levison, un hebreo cristiano de Palestina, ofrece una segunda solución. Él observa que ἀναίδής tiene que ver con 'zz, que recoge la idea de «fortalecer». Sugiere que el término griego probablemente incluya esta idea, por lo que dice: «[El que duerme] no se levantará a darle [el pan] porque sea su amigo, sino para fortalecerlo o animarlo».[44] Levison dice que esta parábola no tiene nada que ver con la parábola del juez injusto.[45] Así, convierte al que duerme en un hombre de corazón noble que se preocupa por su amigo y su necesidad. Esta descripción del personaje que está durmiendo es perfectamente cuestionable. Si no ofrece ayuda en honor a la amistad, ¿qué sentido tiene decir que es un hombre de corazón noble? La parábola apunta a excusas que él querría usar; pero, como veremos, no las usa. La estructura literaria del Documento de Jerusalén asocia las parábolas del amigo que llega a medianoche y del juez injusto. Al juez no le importa la mujer y al que duerme no le importa el que llega pidiendo ayuda, por lo que no le va a ayudar en honor a la amistad. Está claro que estamos ante un hombre de carácter innoble. Levison reconoce claramente el problema de la traducción «persistencia», pero la solución que aporta también es inadecuada.

Anton Fridrichsen ofrece una tercera solución. Escribe lo siguiente:

> Al contrario de lo que se suele explicar, esta palabra [ἀναίδεια] en este contexto solo puede interpretarse de la siguiente forma: [el que duerme] responderá a la petición pensando en *su propio* descaro, es decir, el descaro del que se le tachará si se niega a ayudar al que le pide ayuda. Por eso le ayuda, no por la amistad

---

43. O.G. Harris, «Prayer in Luke-Acts» (tesis doctoral no publicada, Vanderbilt University, 1966), pp. 87ss.
44. N. Levison, «Importunity? A Study of Luke XI.8», *The Expositor*, Series 9, 3(1925), p. 460; también Levison, *Local Setting*, pp. 78-84.
45. Levison, «Importunity?», p. 459.

que les une, sino para que luego nadie diga que él es un ἀνὴρ ἀναιδής.[46]

Fridrichsen acepta «descaro» como una característica negativa, y la aplica al que duerme, no al que va a pedir ayuda. Reconoce un contexto en el que existe la presión de la comunidad, e interpreta que lo que quiere decir es que el que duerme no tiene «descaro», que no quiere ser etiquetado de «descarado», y por eso actúa para evitar que eso ocurra. Sin embargo, esta solución no encaja con αὐτοῦ. Si el texto dijera que «debido al descaro», el que dormía hizo esto y lo otro, sería una solución excelente. Pero se nos informa sobre «su descaro», que claramente describe una característica que este personaje ya tiene, no una característica que quiere evitar. Fridrichsen ha desechado la idea de «persistencia» y está en lo cierto al interpretar que la característica en cuestión describe al que duerme. También es consciente de la presencia de la comunidad. No obstante, su solución también es inadecuada.

Jeremias no rechaza la idea de «persistencia» pero acepta la solución de Fridrichsen. Refiriéndose a este autor, Jeremias dice: «a causa de su —propia— desvergüenza, es decir, para no pasar por un desvergonzado».[47] La dificultad aquí es que Jeremias ha realizado un giro sutil pero extremadamente significativo, pasando de una característica negativa a una cualidad positiva. Cuando cita a Fridrichsen y dice «a causa de su —propia— desvergüenza», está hablando de una característica negativa. Cuando Jeremias añade su propio comentario, «es decir, para no pasar por un desvergonzado», pasa a una cualidad positiva de suprema importancia en la cultura oriental. Este giro podría aparecer de forma implícita en Fridrichsen, pero Jeremias lo introduce de forma explícita. Si he sabido entender a estos autores, dicen lo siguiente:

Fridrichsen: Actúa para evitar la característica del descaro, que no tiene.

Jeremias: Actúa para preservar una cualidad positiva que sí tiene.

De hecho, las dos ideas son las dos caras opuestas de la misma moneda; no obstante, no nos ofrecen ninguna explicación de cómo han llegado a esta conclusión. Volvemos, pues, al mismo problema que también tuvieron los padres en los primeros siglos de nuestra era. ¿De qué forma convertir la característica negativa «descaro» en una cualidad positi-

---

46. A. Fridrichsen, «Exegetisches zum Neuen Testament», *Symbolae Osloensis* 13 (1934), p. 40; la traducción es mía.
47. Jeremias, *Parábolas*, p. 193, p.158 de la edición en inglés.

va apropiada para una parábola que pretende enseñar sobre la oración? Estamos convencidos de que tanto Fridrichsen como Jeremias van por buen camino, y que Jeremias ha llegado a la conclusión correcta. Ahora intentaremos demostrar que hay evidencias que respaldan este «salto» hacia una cualidad positiva.

En todos los idiomas la «d» y la «t» son dos fonemas muy similares, y aquí encontramos una posible solución para nuestro problema. Los occidentales pronuncian ambas letras colocando la lengua en el cielo de la boca, más arriba de los dientes. En Oriente Próximo se coloca la lengua contra los dientes superiores, pero sin tocar el cielo de la boca. Esto nos da dos sonidos aún más similares. Hablando sobre las consonantes dentales, Wright dice: «ד a menudo se confunde con ת, como en los radicales hebreos תור y דור, en árabe [tar] y [dar]».[48] También comenta:

> En hebreo y arameo, la ד y la ת experimentan una leve modificación cuando van precedidas de una vocal. Cuando aparecen en esa posición, el sonido es muy aproximado al de la «z» (más suave en el primer caso y más marcado en el segundo) ... Debemos destacar que cuando la ד y la ת se mantienen en el siríaco moderno de Urmía se trata de un sonido duro, y la diferencia entre ambas letras es casi imperceptible.[49]

La información que O'Leary recoge apunta en la misma dirección:

> En mandeo, la *t* se convierte en *d* con mucha frecuencia, y lo mismo suele ocurrir en las transcripciones arameas del griego, pero aquí hemos de recordar que en el griego medieval y moderno la *t* suele sonar como la *d*, por ello ἀρτάβη = ארדבא...[50]

En el Nuevo Testamento, concretamente en Lucas 16:6, también encontramos esta confusión: algunos textos contienen βάτους, mientras que otros contienen βάδους.

¿No es posible entonces que esta misma confusión se haya dado en Lucas 11:8 y ἀναίδεια fuera originalmente ἀναίτιος? Así, el texto se traduciría de la forma siguiente: «Por su *sentido de honor*, se levantará y le dará lo que necesite». Este es exactamente el sentido que sugiere Je-

---

48. W. Wright, *Lectures on the Comparative Grammar of the Semitic Languages* (2ª ed., Amsterdam: Philo Press, 1966), p. 53.

49. *Ibíd.*, pp. 53-55.

50. De Lacy O'Leary, *Comparative Grammar of the Semitic Languages* (London: Kegal Paul, Trench, Trubner, 1923), p. 55.

remias y que ofrece una posible explicación de cómo entender el texto. Sin embargo, a diferencia de Lucas 16:6, no tenemos ningún manuscrito de Lucas 11:8 que pruebe que hubo un cambio de *d* a *t*. Esta sugerencia, pues, es realmente atractiva, pero solo podemos aceptarla si lo hacemos con mucha precaución.

Hay, aún, otra alternativa. La palabra ἀναίδεια equivale etimológicamente a la palabra αἰδώς con un alfa privativa. Αἰδώς tiene dos significados:

1. sentido de la vergüenza, sentido del honor, respeto por uno mismo (cualidad positiva)

2. vergüenza, escándalo (característica negativa)

En griego, ἀναίδεια es la negación de lo primero, no de lo segundo. Por tanto tenemos:

αἰδώς   +alfa privativa =   ἀναίδεια

significado: sentido de la vergüenza (cualidad positiva)

significado: sin sentido de la vergüenza (característica negativa)

No obstante, en las lenguas semíticas, según mi conocimiento limitado, no existe una palabra que recoja el sentido de «vergüenza» y el de «sentido de la vergüenza» a la vez, la primera idea es una característica negativa, y la segunda, positiva.

En la cultura oriental, la vergüenza o deshonra es un elemento extremadamente importante. Algunas áreas de la vida están gobernadas por la Ley, pero lo que realmente ejerce de freno es la «vergüenza» (negativo) en la que la gente evita caer, debido al «sentido de vergüenza» (positivo) tan arraigado en las personas de aquella zona geográfica. El primero es un elemento negativo, y se evita a toda costa; el segundo es positivo, que todo buen ciudadano debe anhelar. La importancia del concepto de la vergüenza en Oriente la vemos en que existe una lista de palabras para referirse de forma especial a la «vergüenza» y otra lista diferente para referirse al «sentido de vergüenza».

Jeremias menciona una de las palabras semíticas más comunes para referirse al «sentido de la vergüenza» (*kissuf*), la cual él asocia a esta parábola. Esta asociación es bastante acertada si la sugerencia que estamos planteando puede sostenerse. Para una persona de habla aramea, «vergüenza» era, que sepamos, una palabra con connotaciones exclusivamente negativas. Puede que el que tradujo esta historia del arameo al griego intentara hacer lo siguiente:

αἰδώς   +alfa privativa =   ἀναίδεια

significado: vergüenza   significado: evitar la vergüenza
(característica negativa)   (positiva)

En castellano conseguimos ese mismo cambio con la palabra «irreprochable»:

reprochable (negativo)   + negación =   irreprochable (positivo)

Por tanto, nuestro texto podría ser una traducción literal del arameo.[51] El traductor empezó con una palabra negativa, añadió un alfa privativa, dando como resultado algo que para él era una cualidad positiva (evitar la vergüenza). El término *kissuf* sugerido por Jeremias tiene precisamente ese sentido del que hablábamos arriba: «para no tenerse que avergonzar». Esta sugerencia encaja muy bien con el contexto cultural de la historia. El que estaba durmiendo sabe que el que llama a la puerta tiene que reunir todo lo que necesita, recurriendo a todos los vecinos, para así poder servir a su invitado. Si el que estaba durmiendo rechaza darle algo tan insignificante como una pieza de pan, el que está a la puerta continuará su ronda maldiciéndolo y hablando de su tacañería, pues no fue capaz de levantarse para hacerle ni tan siquiera ese favor tan pequeño. A la mañana siguiente, la noticia habrá llegado a todo el pueblo. Cuando se pasee por el pueblo, todos lo abuchearán avergonzándolo allá por donde pase. Para no tenerse que avergonzar, para evitar esa vergüenza, se levanta y le da al que está a la puerta todo lo que necesita.

Este detalle del final de la parábola, que normalmente se pasa por alto, es una prueba clara de que no es necesario atribuirle al anfitrión la cualidad de «persistencia» o de «descaro». Si el anfitrión fue descarado a la hora de hacer su petición, o si continuó llamando hasta que el que estaba en la casa finalmente se levantó en contra su voluntad para darle lo que quería a fin de deshacerse de él, entonces está claro que tan solo le habría dado lo que pedía, y *nada más*. Si le dio lo que pedía irritado o enfadado, está claro que no estaba de humor para darle «todo lo que necesitara». El hecho de que el anfitrión recibe mucho más que el pan que pide prueba que la transacción se realizó en un espíritu de buena voluntad.

---

51. Jeremias, *Parábolas*, p. 194, p. 158 de edición en inglés.

Aunque la tesis de que *kissuf* podría ser la palabra aramea original es muy posible, también deberíamos considerar las palabras *tam* y *naqi*. Estas nos llevan a la familia de ἄμωμος, ἄμεμπτος, ἀμώμητος y ἀναίτιος, que a su vez nos llevan a la misma palabra sugerida arriba. *Naqi*, como sustantivo abstracto arameo (*neqqiyuth*), significa «respetabilidad» o «dignidad», que es una posibilidad interesante.

La enseñanza teológica de esta parábola se puede dividir en dos grandes temas. El primero tiene que ver con *la naturaleza de Dios*. Al oyente/lector original, la parábola le dice lo siguiente: «Cuando vas a un vecino como este, lo tienes todo en contra. Es media noche. Tu vecino está en la cama, durmiendo. La puerta ya está cerrada. Los niños ya están durmiendo. Lo que vas a hacer no le hace ninguna gracia. Y sin embargo, recibirás más de lo que vas a pedir. Eso es porque tu vecino es un hombre íntegro y no va a violar esa virtud. El Dios al que oras también es íntegro, y no puede ir en contra de su integridad; y más allá de eso, te ama».

El segundo tema teológico es *la seguridad que Dios ofrece al hombre*. De nuevo estamos ante una inferencia que va de menor a mayor. Si puedes estar seguro de que, cuando vas a un vecino como ese en mitad de la noche, te va a dar lo que necesitas, ¡cuánto más cuando llevas tus peticiones a tu Padre que te ama!

Resumiendo, la parábola del amigo a media noche tiene que entenderse como una historia de la cultura oriental sobre un hombre que sabe que cuando va a pedir ayuda a su vecino en mitad de la noche, aunque al vecino no le apetezca ayudar, va a recibir su ayuda. La clave de esta parábola es la definición de la palabra ἀναίδεια. Con el tiempo, la palabra llegó a tener el significado de «persistencia». Pero creemos que hay una mejor traducción: «evitar la vergüenza» o «evitar caer en vergüenza» (una cualidad positiva). La estructura literaria de toda la parábola deja claro que esa cualidad hace referencia al hombre que duerme. Por tanto, la parábola nos habla de un vecino que está durmiendo, que está interesado en mantener su reputación y por ello dará al que está a la puerta lo que necesite y más. Y el hombre, ante Dios, tiene mucha más razón para estar seguro de que va a recibir lo que pida.

CONCLUSIÓN

Al final de nuestro breve estudio quizá convenga unir algunas ideas. Estamos ansiosos por poder extraer observaciones generales y temas principales. Si pensamos en todas las parábolas, ¿encontramos observaciones y temas teológicos generales que se repiten?

Nuestra primera observación general es que las parábolas son una serie de escenas dramáticas, y que estas escenas siguen una variedad de patrones: cuatro de ellas siguen un orden normal; dos de ellas siguen el patrón ABAB; y en seis ocasiones encontramos algún tipo de paralelismo invertido. El reconocimiento de estas escenas y estos patrones ha sido importante para la interpretación de las parábolas.

Una segunda observación es el hecho de que la persona de Jesús hecho hombre aclara muchas cosas. En el banquete es muy crítico con su anfitrión, y sin embargo es cuidadoso y procura no sugerir que su anfitrión debería haberle lavado los pies. De una forma sutil, ataca los prejuicios raciales convirtiendo a un odiado samaritano en un héroe. Eleva la posición de la mujer y la iguala al hombre al tomarla también como ejemplo de fe. Le vemos como alguien atento y compasivo, y sin embargo está dispuesto a usar palabras duras y penetrantes. En estos pasajes se unen la inteligencia audaz y una sensibilidad enorme, elementos que se presentan de forma tan interrelacionada que tocar uno es tocar el otro. Los detalles típicos de Oriente Próximo en la escena en casa de Simón son culturalmente muy precisos, por lo que el pasaje está dotado de una gran credibilidad. En numerosas ocasiones podemos vislumbrar una valentía impresionante. Resumiendo, de entre las líneas que hemos analizado emerge una personalidad sin precedentes cuya integridad se mantiene a lo largo de los diferentes énfasis teológicos de los evangelistas.

Nuestra tercera observación es el retrato de Jesús como teólogo. El alcance de su pensamiento es increíble. Durante mucho tiempo se nos ha hecho pensar que los únicos teólogos del Nuevo Testamento son Pablo, los evangelistas y los autores de las epístolas restantes. A Jesús se le ha solido ver, exclusivamente, como aquel a través del cual Dios obra para traer el reino, pero del que poco sabemos, debido a los retoques por parte de los teólogos de la Iglesia primitiva. El predicador cita a Jesús cuando necesita ejemplos éticos, no cuando necesita contenido teológico. Si podemos sostener los descubrimientos que hemos hecho en este estudio, esa perspectiva necesita una seria revisión. Estamos convencidos de que es posible hablar de Jesús el teólogo y de que, en las parábolas que hemos estudiado, destacan cuatro temas:

1. El amor de Dios se ofrece de forma gratuita y aceptarlo es la única forma de obtenerlo, pues no podemos hacer nada para ganarlo. El hombre no puede alcanzar la justicia por sus propios esfuerzos. Los fariseos, orgullosos de sus obras de supererogación, no pueden alcanzar la justicia. El siervo trabaja, pero no tiene ningún mérito. El dirigente ha cumplido la Ley, pero no ha conseguido obtener la vida eterna. Los invitados al gran banquete no merecen estar allí. El intento del intérprete de la Ley de justificarse a sí mismo fracasa totalmente.

2. El tema de la demostración costosa del amor inesperado aparece una y otra vez. El samaritano arriesga su propia vida por hacer misericordia. La mujer ante Simón sabe que Jesús va a ser rechazado por aceptar su regalo y por lo que dice para defenderla. El amor inesperado ofrecido a los de fuera en el gran banquete hará enfadar a los invitados originales, y todo el mundo lo sabe. Este tema aparece de forma más completa en la parábola del hijo pródigo, pero también lo encontramos de manera implícita en muchas de las parábolas que hemos estudiado en este volumen. De hecho, es inseparable de todo lo que significa la pasión de Jesús.

3. La aceptación del amor de Dios supone una respuesta en forma de actos sacrificados de amor. La mujer en casa de Simón muestra mucho amor. Sus discípulos han dejado casa y familia. El siervo trabaja, sabiendo que nadie le debe nada. A los que están entusiasmados con la idea de seguir a Jesús se les habla del coste del discipulado.

4. La persona de Jesús es el agente único de Dios, cuyo llamamiento «sígueme» se ve una y otra vez como el equivalente a «sigue los caminos de Dios». Él media el perdón y acepta la respuesta agradecida de amor. Él es el anfitrión del banquete, y el servicio a él se iguala a la participación en el reino de Dios.

Por tanto, el estudio de la cultura de Oriente Próximo y de las formas literarias de estos dichos de Jesús nos lleva a una percepción un poco más clara, en la medida de lo posible, de la persona de Jesús y de su papel como teólogo.

BIBLIOGRAFÍA EN ESPAÑOL

Barth, K., *Esbozo de dogmática*. Presencia Teológica, 108. Santander: Sal Terrae, 2000.

Bornkamm, G., *Jesús de Nazaret*. Biblioteca de estudios bíblicos, 13. Salamanca: Ediciones Sígueme, 1996.

Bultmann, R., *Historia de la tradición sinóptica*. Biblioteca de estudios biblicos, 102. Salamanca: Sigueme, 2000. (Abreviado, *Historia*)

_____, *Teología del Nuevo Testamento*. Biblioteca de estudios bíblicos, 32. Salamanca: Ediciones Sígueme, 1997.

Burton, R. F., *Mi peregrinación a Medina y la Meca*. Barcelona: Laertes, 1984.

Edersheim, Alfred. *El Templo: su ministerio y servicios en tiempos de Cristo*. Terrassa (Barcelona): Editorial CLIE, 1990.

_____, *La vida y los tiempos de Jesús el Mesías*. Terrassa (Barcelona): CLIE, 1988

_____, *Usos y costumbres de los judíos en los tiempos de Cristo*. Barcelona: Editorial Clie, 1990.

Jeremias, J., *La última cena: palabras de Jesús*. Colección sagrada escritura. Madrid: Ediciones Cristiandad, 2003, 2ª ed. (Abreviado, *Palabras*)

_____, *La promesa de Jesús para los paganos*. Actualidad bíblica (brevior), 5. Madrid: Ediciones Fax, 1974. (Citamos de la edición en inglés, abreviada *Promise*).

_____, *Las parábolas de Jesús*. Estella (Navarra): Verbo Divino, 1981, 6ª ed. (Abreviado, *Parábolas*)

_____, *Teología del Nuevo Testamento*. Salamanca: Ediciones Sígueme, 1985, 5ª ed. (Abreviado, *Teología*)

Jiménez, M. y F. Bonhomme, *Los Documentos de Qumrán*. Madrid: Ediciones Cristiandad, 1976.

Josephus, Flavius. *Antigüedades de los judíos*. Barcelona: CLIE, 1986.

Valle Rodríguez, Carlos del. *La Mishná*. Biblioteca de Estudios Bíblicos, 98. Salamanca: Ediciones Sígueme, 1997.

BIBLIOGRAFÍA EN OTRAS LENGUAS

Aland, K., «Evangelium Thomae Copticum,» *Synopsis Quattuor Evangeliorum.* Stuttgart: Württembergische Bibelanstalt, 1964.

Aland, K., M. Black *et al.,* editores. *The Greek New Testament.* Second Edition. New York: The United Bible Societies, 1968.

Arberry, A. J. *The Koran Interpreted.* London: George Allen Ltd., 1955.

Arndt, W. F. *The Gospel According to St. Luke.* St. Louis: Concordia, 1956.

Bailey, Kenneth E. *The Cross and The Prodigal.* St. Louis: Concordia, 1973. (Abreviado, *Cross*); publicado en español como El Hijo Prodigo, Biblioteca Teológica Vida, Miami, Vida, 2009.

_____,«Hibat Allah Ibn al- 'Assal and His Arabic Thirteenth Century Critical Edition of the Gospels (with special attention to Luke 16:16 and 17:10),» *Theological Review* (Near East School of Theology, Beirut, Lebanon), I (April 1978), 11-26. (Abreviado, *Hibat Allah)*

_____, *Poet and Peasant: A Literary-Cultural Approach to the Parables in Luke.* Grand Rapids: Eerdmans, 1976. (Cited as: *Poet)*

_____, «The Manger and the Inn: The Cultural Background of Luke 2:7,» *Theological Review* (Near East School of Theology, Beirut, Lebanon), 2 (November 1979), 33-44.   (Abreviado, *Manger)*

_____, «Women in Ben Sirach and in the New Testament,» *For Me To Live. Essays in Honor of James L. Kelso.* Cleveland: Dillon/ Leiderback, 1972, pp. 56-73. (Abreviado, *Women)*

_____, «Recovering the Poetic Structure of I Cor. i 17-ii 2: A study iu Text and Commentary,» *Novum Testamentum,* 17 (1976), pp. 265-296.

Barth, K., *The Doctrine of the Word of God.* Vol. I, Parte II, en Church Dogmatics. Edinburgh: T. and T. Clark, 1956.

Bauer, W., *A Greek-English Lexicon of the New Testament,* Traducción y adaptadción al inglés de W. F. Arndt y F. W. Gingrich, Chicago: University Press, 1957. (Abreviado, Bauer).

Bengel, J. A., *Gnomon of the New Testament,* 2 vols, New York: Sheldon, 1963 (1742).

Bertram, G., «Symmetrical Design in the Book of Ruth,» *Journal of Biblical Literature* 84 (1965), pp. 165-68.

Bishop, E. F. F., *Jesus of Palestine,* London: Lutterworth Press, 1955,

Black, M., *An Aramaic Approach to the Gospels and Acts,* 3ª ed, Oxford: Clarendon Press, 1967.

Blass, F. W. y A. Debrunner. Traducido y revisado a partir de la 9ª y 10ª ed. Alemanas por R. W. Funk, *A Greek Grammar of the New Testament and Other Early Christian Literature,* Chicago: University of Chicago Press, 1961.

Blauw, Johannes, *The Missionary Nature of the Church,* London: McGraw-Hill, 1962.

Bornkamm, G., *Jesus of Nazareth,* New York: Harper, 1960.

Bruce, A, B., *The Parabolic Teaching of Christ,* New York: A, C, Annstrong and Sons,1896. (Abreviado, *Parabolic)*

_____, *The Synoptic Gospels,* Vol. I of *The Expositor's Greek Testament,* New York: Doran, n.d. (Abreviado, *Synoptic)*

Brueggemann, W., «The Bible and The Consciousness of the West,» *Interpretation,* 29 (1975), pp. 431-35.

Buckingham, J. S., *Travels in Palestine,* London: Longman, Hurst, Rees, Onne, and Brown, 1821.

Bullinger, E. W., *The Companion Bible,* Oxford: University Press, 1948 (1913).

Bultmann, R., *The History of the Synoptic Tradition,* Oxford: Basil Blackwell, 1963.

_____, *Jesus and the Word,* New York: Charles Scribner's Sons, 1958 (1934). (Abreviado *Jesus).*

_____, *Theology of the New Testament,* 2 vols, New York: Harper, 1951. (Abreviado, *Theology).*

Burton, Richard F., *Personal Narrative of a Pilgrimage to al-Madinah and Meccah,* London: G. Bell and Sons, 1924 (1855).

Cadoux, A. T., *The Parables of Jesus,* London: James Clarke, n.d.

Carlston, C. E., *The Parables of the Triple Tradition,* Philadelphia: Fortress Press, 1975.

Charles, R. H., editor. *The Apocrypha and Pseudepigrapha of the Old Testament,* 2 vols. Oxford: The Clarendon Press, 1963 (1913).

Cohen, A., traductor. *Midrash Rabbah Lamentations,* London: The Soncino Press, 1939. (Abreviado con la referencia y Sonc.).

Creed, J. M., *The Gospel According to St, Luke,* London: St. Martin, 1930.

Crossan, J., *In Parables,* New York: Harper, 1973.

Dalman, G., *Sacred Sites and Ways*, London: SPCK, 1935. (Abreviado, *Sacred*).

_____, *The Words of Jesus,* Edinburgh: T. and T. Clark, 1902. (Abreviado, *Words*).

Danby, H., editor y traductor, *The Mishnah,* Oxford: The Clarendon Press, 1933.

Daube, David, «Inheritance in Two Lukan Pericopes,» *Zeitschrift der Savigny-Stiftung für Rechtsgeschichte, Romanistische Abteilung,* 72 (1955), pp. 326-334. (Abreviado, *Inheritance*).

Dembitz, L. N., «Procedure in Civil Causes,» *The Jewish Encyclopedia,* X, New York: Funk and Wagner, 1905, pp. 102-106.

Derrett, J. D. M., *Law in the New Testament,* London: Darton, Longman and Todd, 1970.

_____, «Law in the New Testament: The Parable of the Unjust Judge,» *New Testament Studies,* 18 (1971-72), pp. 178-191. (Abreviado *Judge*).

Dodd, C. H., *More New Testament Studies,* Grand Rapids: Eerdmans, 1968. (Abreviado, *More*).

_____, *The Parables of the Kingdom,* Revised edition, New York: Charles Scribner's Sons, 1961. (Abreviado, *Parables)*

Edersheim, A., *The Life and Times of Jesus the Messiah,* 2 vols, New York: Longmans, Green and Co., 1896. (Abreviado, *Life,* I o II).

_____, *Sketches of Jewish Social Life in the Days of Christ,* Grand Rapids: Eerdmans, 1974 (1876). (Abreviado, *Social)*

_____, *The Temple: Its Ministry and Services as they were at the Time of Jesus Christ,* London: The Religious Tract Society, n.d. (Abreviado, *Temple).*

Ehlen, A, J., «The Poetic Structure of a Hodayat from Qumran,» Ph.D. Thesis inédita, Harvard Divinity School, Harvard University, Cambridge, Mass, 1970.

Ellis, E. Earle, editor, *The Gospel of Luke* en *The Century Bible,* London: Nelson and Sons, 1966.

Epstein, I., editor. *The Babylonian Talmud,* 35 vols, London: Soncino, 1935-1960, (Cita abreviada con tratado, verso y Sonc, con número de página).

Farrar, F. W., «Brief Notes on Passages of the Gospels, II, The Camel and the Needle's Eye,» *The Expositor (First Series),* Vol. 3 (1876), pp. 369-380.

Freedman, D. N., «Prolegomenon,» en *The Forms of Hebrew Poetry,* de G. B. Gray, New York: Ktav Publishing House, 1972, pp. vii-lvi.

Freedman, H., y M. Simon, editores, *Lamentations* en *Midrash Rabbah,* London: Soncino Press, 1939,

Glueck, N., *The River Jordan,* Philadelphia: The Westminster Press, 1946.

Gray, G. B., *The Book of Isaiah (ICC),* Vol. I. New York: Scribner's Sons, 1912.

Hunter, A. M., *Interpreting the Parables,* London: SCM Press, 1960. (Abreviado, *Interpreting)*

_____, *The Parables Then and Now,* Philadelphia: Westminster Press, 1971. (Abreviado, *Then).*

Ibn al-Salībī, Diyūnīsiyūs Ja'qūb, *Kitāb al-Durr al-Farīd fi Tafsīr al-'Ahd al-Jadīd,* 2 vols, (Libro de las perlas únicas de interpretación del Nuevo Testamento) Escrito en siriaco hacia 1050. Traducido al árabe por Abd al-Masīh al-Dawlayānī en 1728. Publicado en árabe en El Cairo, n.p., 1914.

Ibn al-Tayyib. *Tafsīr al-Mishriqī* (Comentario de al-Mishriqi). 2 vols. Editado por Jūsif Manqariyūs. Cairo: al-Tawfīq, 1908.

_____, Commentary on the Four Gospels, Paris Arabic Manuscript 86. Biblioteca Nacional de París.

Jeremias, J. *The Eucharistic Words of Jesus.* New York: Charles Scribner's Sons, 1966 (Abreviado: *Palabras)*

_____, *New Testament Theology.* New York: Scribner, 1971. (Abreviado, *Teología)*

_____, *The Parables of Jesus.* London: SCM Press, 1963. (Abreviado, *Parábolas).*

_____, *The Promise of the Nations.* London: SCM Press, 1958. (Abreviado, *Promise)*

Jones, G. V., *The Art and Truth of the Parables.* London: SPCK, 1964.

Josephus. *Jewish Antiquities* (Loeb Classical Library). Cambridge: William Heinemann, 1961 (1926).

Jowett, William. *Christian Researches in Syria and the Holy Land.* Second Edition. London: L. B. Steeley, 1826.

Jülicher, A., *Die Gleichnisreden.* 2 vols. Tübingen: J. C. B. Mohr, 1910.

Kitāb al-Injīl al-Sharif al-Tāhir (El Santo, Noble, Puro Evangelio). Al-Shawayr (Líbano): Monasterio de San Juan, 1818 (1776).

Kittel, G., y G. Friedrich, editores. *Theological Dictionary of the New Testament.* 9 vols. Traducción y edición inglesa por G. W. Bromiley, Grand Rapids: Eerdmans, 1964-1974. (Abreviado, *TDNT)* Artículos citados:

Bertram, G., «Hupsos,» Vol. VIII, pp. 602-620.

_____, «Phren,» Vol. IX, pp. 220-235.

Bultmann, R., «Euphrainō,» Vol. II, pp. 772-75.

Foerster, W., «Klēeros,» Vol. III, pp. 758-769.

Horst, J., «Makrothumia,» Vol. IV, pp. 374-387.

Windisch, H., «Aspazomai,» Vol. I, pp, 496-502.

Kümmel, W. G., *Promise and Fulfillment.* No. 23 en *Studies in Biblical Theology.* Naperville: Alec R. Allenson, 1957.

Lamartine, Alphonse. *A Pilgrimage to the Holy Land; comprising Recollections, Sketches, and Reflections, Made During a Tour in the East in 1823-1833.* Philadelphia: Carey, Lea, and Blanchard, 1838.

Lees, G. Robinson, «Village Life in the Holy Land,» *Pictorial Palestine Ancient and Modern.* Compilado y editado por C. Lang Neil. London: Miles and Miles, n.d. pp. 163-247.

Levison, L., *The Parables: Their Background and Local Setting.* Edinburgh: T. and T. Clark, 1926.

Lightfoot, John., *Horae Hebraicae et Talmudicae: Hebrew and Talmudical Exercitations upon the Gospels and the Acts.* 4 vols. Oxford: University Press, 1859.

Linnemann, E.. *Parables of Jesus.* London: SPCK, 1966.

Louw, J. P., «Discourse Analysis and the Greek New Testament,» *Technical Papers for the Bible Translator,* 24 (1973), pp. 101-118.

Lund, N. W., *Chiasmus in the New Testament.* Chapel Hill: U. of North Carolina Press, 1942.

Manson, T. W., *The Sayings of Jesus.* London: SCM, 1937. (Abreviado, *Sayings*)

_____, *The Servant Messiah.* Cambridge: University Press, 1966 (1953). (Abreviado, *Messiah)*

_____, *The Teaching of Jesus.* Cambridge: University Press, 1935. (Abreviado, *Teaching)*

Marshall, I. Howard, *The Gospel of Luke.* Exeter: Paternoster Press, 1978.

Martin, R. P., «Salvation and Discipleship in Luke's Gospel,» *Interpretation.* 30 (1976), pp. 366-380.

Meyer, H. A. W., *Critical and Exegetical Handbook to the Gospels of Mark and Luke.* New York: Funk and Wagnalls, 1884.

Miller, D. G., *Saint Luke.* London: SCM Press, 1959.

Montefiore, C. G., *Rabbinic Literature and Gospel Teaching.* London: Macmillan, 1930. (Abreviado, *Rabbinic*)

_____, *The Synoptic Gospels.* 2 vols. London: Macmillan and Co., 1909. (Abreviado, *Gospels*)

Maule, C. F. D., «Mark 4:1-20 Yet Once More,» en *Neotestamentica et Semitica: Studies in Honour of Matthew Black.* Ed. by E. E. Ellis and M. Wilcox. Edinburgh: T. & T. Clark, 1969, pp. 95-113.

Muir, William. *The Caliphate: Its Rise, Decline, and Fall.* Second Edition, London: The Religious Tract Society, 1892.

Neusner, J., «Pharisaic Law in New Testament Times,» *Union Seminary Quarterly Review,* 26 (1971),pp, 331-340.

Newbigin, Lesslie, *The Open Secret.* Grand Rapids: Eerdmans, 1978.

Oesterley, W. O. E. *The Gospel Parables in the Light of their Jewish Background.* London: SPCK, 1936.

Plummer, A., *The Gospel According to S. Luke.* Edinburgh: T. and T. Clark, 1975 (1896).

Rice, E. W., *Orientalisms in Bible Lands.* Philadelphia: The American Sunday School Union, 1912.

Rihbany, A. M., *The Syrian Christ.* Boston: Houghton Mifflin, 1916.

Robertson, A. T., *A Grammar of the Greek NT in the Light of Historical Research.* Nashville: Broadman, 1934.

Sa'īd, Ibrāhim. *Sharh Bishārit Lūqā* (Comentario al Evangelio de Lucas). Cairo: The Middle East Council of Churches, 1970 (1935).

Safrai, S., y M. Stem, editores. *The Jewish People in the First Century: Historical Geography, Political History, Social, Cultural and Religious Life and Institutions.* Sección Uno de Dos Volúmenes en *Compendia*

Rerum Judaicarum ad Novum Testamentum. Philadelphia: Fortress Press, 1976. (Abreviado, *JPFC*) Artículos citados:

Flusser, D., «Paganism in Palestine,» Vol. II, pp. 1065-1100.

Foerster, G., «Art and Architecture in Palestine,» Vol. II, pp. 971-1006.

Rabin, Ch., «Hebrew and Aramaic in the First Century,» Vol. II, pp. 1007-1039.

Safrai, S., «Education and the Study of the Torah,» Vol. II, pp. 945-970.

_____, «Home and Family,» Vol. II, pp. 728-792.

_____, «Religion in Every Day Life,» Vol. II, pp. 793-833.

_____, «The Temple,» Vol. II, pp. 865-907.

Stern, M., «Aspects of Jewish Society. The Priesthood and Other Classes,» Vol. II, pp. 561-630.

_____, «The Reign of Herod and the Herodian Dynasty,» Vol. I, pp. 216-307.

Scharlemann, M. H., *Proclaiming the Parables.* St. Louis: Concordia, 1963.

Schegloff, E. A., «Notes on Conversational Practice: Formulating Place» en *Studies in Social Interaction.* David Sudnow, ed. New York: The Free Press, 1972. pp. 78-89.

Scherer, G. H., *The Eastern Colour of the Bible.* London: The National Sunday-School Union, n.d.

Sim, K., *Desert Traveller: The Life of Jean Louis Burckhardt.* London: Victor Gollancz Ltd., 1969.

Smith, B. T. D., *The Parables of the Synoptic Gospels.* Cambridge: University Press, 1937.

Smith, C. W. F., *The Jesus of the Parables.* Revised edition. Philadelphia: United Church Press, 1975.

Strack, H. L. y Paul Billerbeck, *Kommentar zum Neuen Testament erläutert aus Talmud und Midrasch.* 6 vols. München: C. H. Beck'sche, 1924-61.

Summers, R., *Commentary on Luke*. Waco: Word Books, 1973.

Thomson, W. M. *The Land and the Book*. 2 vols. New York: Harper and Brothers, 1871.

Trench, R. C., *Notes on the Parables of Our Lord*. New York: D. Appleton and Company, 1881.

Tristram, H. B., *Eastern Customs in Bible Lands*. London: Hodder and Stoughton, 1894.

Vermes, G., *The Dead Sea Scrolls in English*. Baltimore: Penguin Books, 1962.

Via, D. O., *The Parables*. Philadelphia: Fortress Press, 1967.

VERSIONES ORIENTALES USADAS EN ESTE ESTUDIO

Siglo	Versión
2 (?)	Siríaca antigua
4 (?)	Pesita
7	Siríaca harcleana (Vat. Syr. 268)
9	Árabe vaticana 13
9 (?)	Árabe vaticana borgiana 71
10 (?)	Árabe vaticana borgiana 95
11	Árabe Diatessaron
11	Los Cuatro Evangelios de 'Abd Allah Ibn al-Tayyib (Vat. Syr. 269)
13	Copta vaticana 9
13	Los Cuatro Evangelios de Hibat Allah Ibn al-'Assāl (British Mus. Or. Mss. 3382)
17	Versión Políglota Londinense
17	Versión Propagandista
18	Versión Shawayr
19	Versión Shidiyāq
19	Versión Van Dyke-Bustānī
19	Versión Jesuita

(Para una descripción completa de estas versiones, cf.. Bailey, *Poet,* pp. 208-212; la versión Shawayr es un Leccionario publicado por primera vez en el Monasterio de San Juan de Shawayr, en el Líbano, en 1776. El texto se trajo desde Alepo en el siglo XVII. Nuestra copia se imprimió en 1818.)

ABREVIATURAS DE REFERENCIA BIBLIOGRÁFICAS

ABREVIATURA DE REFERENCIA	REFERENCIA
Babylonian Talmud, tratado, verso y Sonc, con número de página	Epstein, I., editor. *The Babylonian Talmud,* 35 vols, London: Soncino, 1935-1960.
Bailey, *Cross*	Bailey, Kenneth E., *The Cross and The Prodigal.* St. Louis: Concordia, 1973.
Bailey, *Hibat Allah*	_____,«Hibat Allah Ibn al- 'Assal and His Arabic Thirteenth Century Critical Edition of the Gospels (with special attention to Luke 16:16 and 17:10),» *Theological Review* (Near East School of Theology, Beirut, Lebanon), I (April 1978), 11-26.
Bailey, *Manger*	_____, «The Manger and the Inn: The Cultural Background of Luke 2:7,» *Theological Review* (Near East School of Theology, Beirut, Lebanon), 2 (November 1979), 33-44.
Bailey, *Poet*	_____, *Poet and Peasant: A Literary-Cultural Approach to the Parables in Luke.* Grand Rapids: Eerdmans, 1976.
Bailey, *Women*	_____, «Women in Ben Sirach and in the New Testament,» *For Me To Live. Essays in Honor of James L. Kelso.* Cleveland: Dillon/Leiderback, 1972, pp. 56-73.

Bauer	Bauer, W., *A Greek-English Lexicon of the New Testament,* Traducción y adaptadción al inglés de W. F. Arndt y F. W. Gingrich, Chicago: University Press, 1957.
Bruce, *Jesus*	Bruce, A, B., *Jesus and the Word,* New York: Charles Scribner's Sons, 1958 (1934).
Bruce, *Parabolic*	_____, *The Parabolic Teaching of Christ,* New York: A, C, Annstrong and Sons, 1896.
Bruce, *Synoptic*	_____, *The Synoptic Gospels,* Vol. I of *The Expositor's Greek Testament,* New York: Doran, n.d.
Bruce, *Theology*	_____, *Theology of the New Testament,* 2 vols, New York: Harper, 1951.
Bultmann, *Historia*	Bultmann, R., *Historia de la tradición sinóptica.* Biblioteca de estudios biblicos, 102. Salamanca: Sigueme, 2000.
Dalman, *Sacred*	Dalman, G., *Sacres Sites and Ways,* London: SPCK, 1935.
Dalman, *Words*	_____, *The Words of Jesus,* Edinburgh: T. and T. Clark, 1902.
Daube, *Inheritance*.	Daube, David, «Inheritance in Two Lukan Pericopes,» *Zeitschrift der Savigny-Stiftung für Rechtsgeschichte, Romanistische Abteilung,* 72 (1955), pp. 326-334.
Daube, *Judge*	_____, «Law in the New Testament: The Parable of the Unjust Judge,» *New Testament Studies,* 18 (1971-72), pp. 178-191.
Dodd, *More*	Dodd, C. H., *More New Testament Studies,* Grand Rapids: Eerdmans, 1968.

Dodd, *Parables*	_____, *The Parables of the Kingdom,* Revised edition, New York: Charles Scribner's Sons, 1961.
Edersheim, *Life,* I o II	Edersheim, A., *The Life and Times of Jesus the Messiah,* 2 vols, New York: Longmans, Green and Co., 1896.
Edersheim, *Social*	_____, *Sketches of Jewish Social Life in the Days of Christ,* Grand Rapids: Eerdmans, 1974 (1876),
Edersheim, *Temple*	_____, *The Temple: Its Ministry and Services as they were at the Time of Jesus Christ,* London: The Religious Tract Society, n.d.
Hunter, *Interpreting*	Hunter, A. M., *Interpreting the Parables,* London: SCM Press, 1960,
Hunter, *Then*	_____, *The Parables Then and Now,* Philadelphia: Westminster Press, 1971.
Jeremias, *Parábolas*	Jeremias, J., *Las parábolas de Jesús.* Estella (Navarra): Verbo Divino, 1981, 6ª ed. _____, *The Parables of Jesus.* London: SCM Press, 1963.
Jeremias, *Teología*	_____, *Teología del Nuevo Testamento.* Salamanca: Ediciones Sígueme, 1985, 5ª ed.
Jeremias, *Palabras*	_____, *La última cena: palabras de Jesús.* Colección sagrada escritura. Madrid: Ediciones Cristiandad, 2003, 2ª ed.
Jeremias, *Promise*	_____, *The Promise of the Nations.* London: SCM Press, 1958. _____, *La promesa de Jesús para los paganos.* Actualidad bíblica (brevior), 5. Madrid: Ediciones Fax, 1974.

Jeremias, *Teología*	_____, *New Testament Theology.* New York: Scribner, 1971.
Manson, *Messiah*	Manson, T. W., *The Servant Messiah.* Cambridge: University Press, 1966 (1953).
Manson, *Sayings*	_____, *The Sayings of Jesus.* London: SCM, 1937.
Manson, *Teaching*	_____, *The Teaching of Jesus.* Cambridge: University Press, 1935.
Midrash Rabbah, referencia y Sonc.	Cohen, A., traductor, *Midrash Rabbah Lamentations,* London: The Soncino Press, 1939.
Montefiore, *Gospels*	Montefiore, C. G., *The Synoptic Gospels.* 2 vols. London: Macmillan and Co., 1909.
Montefiore, *Rabbinic*	_____, *Rabbinic Literature and Gospel Teaching.* London: Macmillan, 1930.
Safrai, *JPFC*	Safrai, S., y M. Stem, editores. *The Jewish People in the First Century: Historical Geography, Political History, Social, Cultural and Religious Life and Institutions.* Sección Uno de Dos Volúmenes en *Compendia Rerum Judaicarum ad Novum Testamentum.* Philadelphia: Fortress Press, 1976.
TDNT	Kittel, G., y G. Friedrich, editores. *Theological Dictionary of the New Testament.* 9 vols. Traducción y edición inglesa por G. W. Bromiley, Grand Rapids: Eerdmans, 1964-1974.

NOTAS

NOTAS

NOTAS

Nos agradaría recibir noticias suyas.
Por favor, envíe sus comentarios sobre este libro
a la dirección que aparece a continuación.
Muchas gracias.

Vida@zondervan.com
www.editorialvida.com

Printed in the USA
CPSIA information can be obtained
at www.ICGtesting.com
LVHW020708050824
787165LV00009B/49